JN033404

日本学術会議

SCIENCE COUNCIL of JAPAN

歴史と実績を踏まえ、在り方を問う

大西隆
Onishi Takashi

日本評論社

はじめに

会長に選ばれた理由

「どうしても大西さんに会長になってもらいたい人たちがいるようだね」、東日本大震災の年、二〇一一年一〇月三日のことである。この日に行われていた日本学術会議総会（以下、日本学術会議は学術会議と略す、必要に応じて正式名称を用いる）での会長選挙の開票作業中の休憩時間に、会場の学術会議講堂を出たところで、旧知のMさんが声をかけてきた。会長選挙は、総会出席会員による互選で行われる。[1]この時は二一〇名の会員のうち一六〇名程が出席して、新しい期の最初の総会の最初の議事として会長の互選が行われていた。筆者は、当日の午前中に首相官邸で、改選された一〇五名の新人会員の一人として辞令を交付されたばかりであり、もちろん選挙は初めてであった。直前に説明を受けて知ったことだが、会長選挙は誰かが過半数を得票するまで繰り返し行われる。立候補や推薦制度はなし、会員であれば誰に投票してもいい。毎回、得票数の多い者から一票獲得者に至るまで選挙管理を務める事務局から結果が報告され、それを参考に、同じ条件で投票を繰り返すというのがルールである。ちょうど二回目の投票結果が報告され、三回目の投票が行われた後の休憩だった。筆者に票が集まっていたものの、過半数には達していなかった。[2]三回同じように投票して過半数獲得者がいなければ、上位二人による決選投票になる。Mさんは、筆者の票を見て、声をかけてきたのであろう。筆者は、学術会議について右も左の分からない身なのだから、会長になりたい、というより会長になるなどとは思っていなかったが、自分の意思を超えた力が働いているのを感じていた。

結局三回目の投票で筆者の得票が過半数を超えた。受諾するかどうかの意思表示を直ぐに求められ、戸惑いはあったもののこうして長時間の投票の挙句に選ばれた以上、引き受けざるを得ないと思い、〝…会員の皆さんに協力していただけると信じて一大決心してお引き受けする〟、という趣旨の受諾スピーチを行い会長に就任した。

その後、自分でもだんだんと知ることとなったが、新会員の、したがって〝学術会議のいろは〟を知らない筆者が選出されたのには理由があったようだ。一番大きな理由は、六年間会長を務める可能性があることである。学術会議の会員は六年任期、一方、会長任期は三年で、三年ごとの会員半数交代に合わせて会長選挙が行われる。そこで現職会長が再選されれば、六年間会長を務めることになる。しかし、冒頭のシーンにある二〇一一年の会長選挙では、すでに前期の会長は会員任期を終えていた。そして会員を経験して事情が分かっている会員を会長に選んだのでは、会員任期が三年しか残っていないため再選はあり得ないことになる。六年間会長を継続する可能性がある者を選ぶには新人会員の中から会長を選ぶ必要があるという認識が、特に継続会員の中にかなり共有されていたようである。

では、なぜ六年間継続の可能性を持つ会長を選ぶ必要があったのか？　それは、二〇一五年頃までに、学術会議の組織の在り方に関する再検討に結論を出すことが政府内で決められており、国会もその結論に関心を持っていたからである。経緯については第四章と第六章で詳しく述べることにするが、〇四年春に日本学術会議法（以下、日学法と略す）の改正を行った際に、衆参委員会の付帯決議で設置形態の在り方に関する検討を、「今回の法改正後の日本学術会議の活動状況の適切な評価に基づき、できる限り速やかに開始」するとされ、改正法施行から一〇年、つまりこの時の会長選挙の次の会長の在任時にその時期が来ることになっていた。学術会議は法定設置であるから、在り方を決めるのは学術会議ではなく、国会である。政治的に決まることとはいえ、学術会議としてこの問題に的確に対応していくためには、これから期をまたいで議論される可能性のある問題に、一貫して臨む体制を整えること、特に責任者である会長はこの六年間を継続して担当することが望ましいと考えられていたようだ。こうした事情は、会長就任後に、役員経験者や、事務局から断片的に聞かされていくことになる。というのは、学術会議は、独特の組織で、継続性が希薄なのである[3]。会員の六年任期は絶対的で例外はない。会員終了後、連携会員となってそれぞれの専門に関わる事項の審議に加わることはあるものの、組織の設置形態といった問題に関連して学術会議での検討が必要となれば、当然ながら各期の役員や会員が担当することになり、任期を終えた者が意思決定に関わることはない[4]。

設置形態は学術会議にとっては相当重要なテーマである。学術会議には常勤者五〇名強の国家公務員からなる事務局があり、活動に対応して総会やシンポジウムを行える講堂や大小規模の会議室がある建物を専用している。さらに会議には全国に勤務先や住まいが散っている会員や連携会員が参加するので、旅費と手当を支給する。また、様々な国際組織に加入していてその会費や会議への参加旅費を支出する。これらは年間で一〇億円程の国の予算として確保されている。したがって、もし学術会議の設置形態が国の機関でなくなれば、予算はもとより、建物の使用や国家公務員からなる事務局の存在にも影響が及ぶ可能性があり、文字通りその根幹が大きく変わる可能性がある。もちろんこうした予算、スタッフ、施設もさることながら、〝国を代表する科学者の組織〟という位置づけは、対外活動を行う上で重要な意味を持つことは言うまでもない。したがって、じっくりと議論して、学術会議の在り方について国民が納得する結論を得ることができるよう、学術会議としても設置形態再検討の過程に関わっていくことが必要と考えられていたのである。

会長の責任

総会で会長に選出されたからといってこうした大きな課題に責任を持つことになるのを直ぐに自覚していたわけではない。会長選挙後は、通常の総会議事が始まったので、議長役を務めたり、一緒に事に当たる小林良彰さんや春日文子さん等の副会長を指名したり、と慌ただしく過ごしながら、やや漠然と会長としての仕事について考えていた。特に気になったのは、本務とのバランスであった。当時、筆者は現役の大学教授だったので、自分の研究はもとより、講義や学生指導、その他でそれなりに多忙な日々を送っていた。そこに非常勤とはいえ会長業務が入ってきたのである。[5]ただ、それまでも政府や自治体の審議会の委員等の大学外の仕事をかなり引き受けていたので、それらを多少減らせば、本務と会長職は両立できると考えていた。どうもそれは甘いかもしれないと思うようになったのは、ある出来事が総会に続いて起こったからである。

　会長としての総会を終えて直ぐに、かねて約束していた九州への出張に出かけた。すると、携帯電話に学術会議の事務局長から着信があり、「職員が外部で不祥事を起こした。もしそのことが全国紙で取り上げられるようなことになれば、組織を代表して会長に記者会見で謝罪してもらわなければならないかもしれない」というのである。事件は半年前のこととというので、筆者が会員になる前であり、いくら何でも責任があるとは思えない。そう率直に反発すると、ごもっともだが、組織の長として管理責任という観点から説明＝お詫びしてもらわないと済まない場合があります、と諭された。テレビで見かける組織の長が記者会見で深々と頭を下げる光景が目に浮かんだ。幸い、この件はさほど大きくは取り上げられずに、新会長としての初仕事がお詫びという事態は免れた。しかし、管理責任といっても、もっぱら研究室や学科の学生について責任を感じればいい大学教授と、学術会議という総勢で二千名を超える組織の長の責任の違いを実感して、責任を問われることがあるのだから、それに応えられるように学術会議の活動やその在り方について積極的に理解しようという気になった。[6]

　そこでまず行ったのは、事務局幹部から話を聴いて、事務局の仕事内容を理解することである。加えて、国の機関だからルールに基づいて活動しているはずなので、法律から運営方針に至るまで

6

の諸規則を理解することが必要だと思った。また、学術会議には、かなり詳細に歴史をまとめた記録冊子があり、これまでの活動を知る上で参考になる。それを読めば、これまでどんなことに取り組んできたのかが分かる。早速、法規集や関連文献を入手して、土日を利用して読みながら、事務局に質問を繰り返した。そうすると、規則の解釈に関する疑問や、現実に行われていることと規則との間に齟齬があるのではないかといった疑問が出てきて担当者に再び質問することになる。最初のうちは、疑問が湧く都度、質問メールを担当部署の幹部に送っていたのだが、しばらくして、月曜日の朝にメールを開くのが怖くなってきたという声が聞こえてきた。会長からの厳しいメールが週末に来ているのを週のはじめに開くことになるからである。毎週月曜日にいろいろ細かな質問に対応せざるを得ないのは確かにストレスだろうなと反省して、質問のメールを週日に出すようにしたり、メールの文体を柔らかいタッチにしたり、など工夫するようにした。ストレス解消にどれほどの効果があったかは分からないが、職員に無理を強いたり、詰問することが会長の本意ではなく、規則等を重んじ、慣行に合理性があれば尊重して、改めるべきところは改めるという考えの下で組織を運営しようとしていることは伝わったのではないかと思う。

それとともに、職員は業務に精通しているから新人会長の質問に容易に答えられる、という認識が必ずしも正しくないことも悟った。学術会議は内閣府のひとつの局に相当するから、職員のほとんどは二〜三年で交代していく[7]。また戻ってくる職員もいるが、部署が変わったりするので、職員といえども、独自の法律の下で他の部局とは異なる運営が行われている学術会議について熟知しているとは限らないからである。段々とそれが分かってきたので、自分が抱く疑問についてはむしろ職員と一緒に考えるという姿勢が適切なのだと思うようになった。

こうして学術会議の活動に、当初想定していた以上に深く関わるにつれ、本務との両立が難しいのではないかと思うようになった。会長に選ばれた時、たまたま所属する学科の長をしていたのであるが、これについては、同僚が気を遣って交代してくれた。ただ、それでも研究室の運営が大変だなと考えて、教授を辞して、責任者として運営していた寄付講座に移って、教授ポストを補充できるようにしようと考えて、責任者である研究科長に、辞表を用意して相談に行ったところ、直ぐに事情を察して、辞表を留めて、特別の補充人事を可能としてくれた。これで、大学の方は、迷惑はかけるものの、何とか態勢を整える目途がつき、次第に深く知るようになった会長として自分に課せられた役割に取り組む気持ちを高めることができるようになった。ただ、会長選考の経緯を振り返ると、どうも学術会議の設置形態だけが重点的に取り組むべき課題とは言えないという思いが強くなった。

東日本大震災と学術会議

実は、会長選挙後になぜ自分が選ばれたのだろうと考え、到達した答えは設置形態とは別なことだった。設置形態は後日その大きさを認識するようになったものの、選挙の時点では、学術会議を取り巻く政府の動きについてはほとんど知識を持っていなかったので、自分で思い当たったのは、東日本大震災における学術会議、あるいはそれが象徴する専門家の責任や役割であった。東日本大震災では、科学の粋を集めたといえる原子力発電所が津波によって大きな事故を引き起こし、無残な姿をさらけ出すことになった。

学術会議は、震災直後から、文字通り組織を挙げて活動し、シンポジウムを開いたり、提言をまとめたり、様々な角度から精力的に大震災に関連した問題と取り組んできた。そのことは、学術会議のＨＰに掲載されている活動記録からも見て取ることができた。東日本大震災が起こったのは、学術会議にとっては三年を単位とする期（筆者が会長となる前の二〇〇八年一〇月から一一年九月までの第二一期）の二年半が経過しようとする時である。したがって、この期の活動の成果である提言や報告をまとめるための詰めの審議をそれぞれの委員会が行っていた時期に当たっていた。[8]しかし、そこで学術の分野にとっても極めて重大な意味を持つ大震災が起こったので、急遽それぞれの活動を大震災に関連した取り組みに切り替えることになった。ここでいう重大な意味とは、地震、津波、原子力災害で被害を受けたり、避難を余儀なくされた被災者の方々の救助や被災地の復旧、復興を進めていく上で、学術の蓄積を生かすことである。しかし、実はそれ以上に深く突き付けられていたのは、これまでの学術の営みが東日本大震災の被害を拡大することに結びついてはいなかったのかという反省であった。つまり、東日本大震災では、構造物や居住地の安全性、さらに原子力発電所の安全性が根本から覆されることになった。三陸地方のある町では、高さ一〇メートルを超える防潮堤が二重に張り巡らされて、その内側は津波が来ても大丈夫とされて居住地に充てられていた。しかし、東日本大震災では大津波が防潮堤を破壊したり、乗り越えたりして守られるはずの町を飲み込んで大きな被害を出した。防潮堤を安全と考えたのには学術の裏付けがあったはずだ。

原子力発電所に至っては、原発を推進してきた東京電力や専門家たちが起こるはずがないと言ってきた原子炉の冷却不全が起こり、メルトダウンや大量の放射性物質の拡散という最悪の事態を招いてしまった。学術会議には、こうした分野の専門家も会員として加わっていながら、それまで積極的に警鐘を鳴らしたり、改善を求めたりしてきたとは言えなかった。原子力平和利用については、学術会議の発足の頃から強い関心を持ちながら、原子力船むつ放射線漏れ事故、スリーマイル島原発事故、チェルノブイリ原発事故、東海村ＪＣＯ臨界事故等の国内外の事故の際に原因究明のための的確な活動や警鐘を鳴らす活動を行ってきたとは言えなかった。しかも、だんだんと物を言わなくなってきたとすらいえる。つまり、専門家集団を擁しながら、その専門知識を利用した施設の安全性等について公益的な観点からいうべきことを言うというスタンスではなく、専門知識の利用を拡大すること――つまり原発の建設や堤防等の整備――に熱心になってきたのではないかという反省が求められていたのである。そして、震災直後の段階では、科学者・技術者としての反省が必要だという問題意識は共有できていたとしても、どのように反省するのかについては議論の途上にあるものが多かった。そして、この曖昧さが、大震災からの復興対策に関わる学術会議からの提言等の価値を低めていたのではないか。あるいは、学術会議の内部での議論に時間がかかり、対外的な発信に遅れが生じたのではないか。その結果、大震災に関連する学術会議からの提言等が、十分に社会的に評価されないもどかしさを、学術会議が抱くことになったのでないか。

東日本大震災が起こった時、筆者は、連携会員としていくつかの会議体のメンバーであったとはいえ、未だ会員ではなく、学術会議の動き全体を十分に知る立場にはなかった。一方で、政府が設置した東日本大震災復興構想会議の委員として、復興構想の策定に向けた議論に加わっていた。復興構想会議に対しては、経団連をはじめとする経済団体等から意見書が寄せられていた。学術会議でも、「東日本大震災被災地域の復興に向けて――復興の目標と七つの原則」等の提言が出された。しかし、経済団体などから提言が、復興構想会議の議論が本格化し始めた四月終わりには届けられていたのに対して、この学術会議の提言は、六月初めにまとめられたもので、すでにその時点では復興構想会議は復興計画の原則をまとめ、骨子を公表しようとしていた。[9] 科学の知見を必要としたテーマは多かったが、緊急性を要する課題に対して学術会議の対応が遅れたのは否めなかった。学術会議がもどかしさを感じる所以はこんなところにも潜んでいた。

しかし、復興には時間がかかるし、福島の原発事故は当時まだその行方も見通せなかったので、学術会議が科学的な分析を踏まえて、復興のために有益な意見を発していく機会はまだまだあるはずだ。新しく始まった期において学術会議が東日本大震災からの復興に一層力を尽くすことが必要で、それをリードするのが会長としての役割ではないか、それこそが自分が会長に選ばれた理由だろうと考えたのである。

こうした考えから、会長に選出された直後の幹事会で、東日本大震災復興支援委員会という会長・副会長と各部長を始めとする幹事会メンバーを構成員とする委員会を発足させて、学術会議をあげて復興支援に取り組むこととした。[10] トップダウンの体制ばかりではなく、それぞれの専門分野においても積極的にこの問題に取組んでもらうようにお願いした。その結果、第二二期が終わる二〇一四年九月末までに三〇本程の提言や報告などがまとまり公表されることになった。産業復興、水産業、農業、沿岸域土地利用、環境問題、国土強靭化等の多様な観点から復興を考えるものであった。特に、避難解除の見通しが立たずに、災害が継続されているともいえる福島の原発事故に関連する提言や報告は全体の半数以上を占め、放出された放射性物質による健康被害や風評被害への対応、長期避難者の生活再建等について学術会議としての提言などを行うことになった。復興や震災対策に関わるこうした活動は、学術組織の行うべき提言活動として評価を得て、学術会議の活動に対する全般的な評価にもプラスに働いたと筆者は考えている。当然ながら、学術の寄与が求められる領域で、社会の期待に応えようとすることは重要なのである。

東日本大震災からの復興に関わる学術会議での議論を通じて感じてきたことは、政府等が設置する委員会での審議とは異なって、学術会議は専門家が集まって、科学的知見を基に問題を掘り下げながら審議するので審議に時間がかかりがちということである。加えて、審議会などと異なって、専門の事務局や調査の委託先を持たず、会員・連携会員からなる委員が、自ら資料作成、議事録作成、提言などの執筆に当たる。委員は、それぞれが本務を抱えているので、フルタイムで学術会議の業務に当たることはできずに、どうしても審議やまとめに時間がかかる。しかし、一方で、震災対策や復興支援のように進行している問題に対する提言は、できる限り短時間で見解をまとめなければ、行政や社会が参考資料や助言として活用することができない。そこで、学術会議のそれぞれの期の単位である三年間の中で審議してまとめるという通常のスタイルではなく、より短時間でまとめるような即応性を重視した取り組みを意識的に導入できるようにした。例えば、先に述べた復興支援委員会の提言は、半年間でまとめることを予め定め、実際二〇一二年四月には「学術からの提言――今、復興の力強い歩みを」というタイトルで、災害廃棄物の広域処理というその時点で社会が注目していたテーマを含む大きく四つの課題（「災害廃棄物の広域処理のあり方について」、「二度と津波犠牲者を出さないまちづくり――東北の自然を生かした復興を世界に発信」、「被災地の求職支援と復興法人創設――被災者に寄り添う産業振興・就業支援を」、「放射能対策の新たな一歩を踏み出すために――事実の科学的探索に基づく行動を」）に関する提言を英語版とともに公表した。

審議とまとめに時間がかかるために、学術会議の取り組みは、科学に関する問題でもにわかに社会問題化したようなテーマには向かない、といういわば暗黙の制約があった中で、このように短期集中で議論をする体制をとり得ることを示せたのは意味があった。この経験が、この後、例えば、科学者の研究不正問題で社会的関心を集めることになったＳＴＡＰ細胞問題でも比較的短期間で学術会議の見解を公表することにつながった。

もちろん、他方で、じっくりと時間をかけて取り組むべきテーマがあることは当然である。例えば、この時期には、大学教育の質を確保するために、それぞれの分野で標準的に学修するべき内容をとりあげた、「大学教育の分野別質保証のための教育課程編成上の参照基準――○○分野」（○○にはそれぞれの分野名が入る）というタイトルの報告を順次とりまとめて公表しており、自然科学系から人文社会科学系まで、全部で三〇程の分野をカバーすることになった。学術会議の問題意識は、小学校から高校までは学習指導要領によって教えるべき内容が決められており、それに基づいて教科書も検定を受けている。しかし、大学教育では教育内容は各大学、さらには各教員に委ねられていて統一性がない。もちろん学問の自由という観点から、大学教育では、特に取り上げる内容に制約を設けることは適当ではないが、かといって同じタイトルの講義名で内容が大きく異なれば、学生にとっても大学や学部を選ぶ際に何を学べるのかの情報は曖昧なものとなるし、学生を受け入れることになる社会にとっても何を学んできたのかが明確でなければ評価に困る。そこで、学術会議のようないわば研究者や教員の側にある自立的な組織が、参照基準という緩い形で大学において学修するべき内容を示すことで、大学・学部でのカリキュラム編成、各教員のシラバス作成に役立ててもらおうというのがその趣旨であり、第一九期に会員を務めた北原和夫さん達が、ほとんどの会員を組織して、熱心に取り組んでくれた。医療系のように大学教育での達成度を国家試験で確認して、資格が付与されるような分野では学修内容は厳密に定まっているといえようが、多くの分野ではかなりの自由度があり得るので、この「参照基準」の有効性は高いと思う。実際、後に私が学長を務めることになった大学でも、参照基準を参照することで、カリキュラムの編成に自信が持てるという評価を聞いた。

学術会議とは何か――本書の狙い

こうして、東日本大震災復興支援に向けた審議とともに筆者の会長任期が始まり、再選を経て六年間務めることになった。途中からは、愛知県にある国立大学の学長に選出された上に（二〇一四年四月から豊橋技術科学大学学長）、学術会議の仕事は、同じことの繰り返しというのは少なく、常に新しい課題が現れるという具合だったために、まさに歩きながら考えて会長任期を過ごしたという印象であった。終わって一段落、ということになるはずであったのだろうが、任期終了後三年経って第一章で述べる首相による任命拒否問題が起こった。ちょうど第二四期から第二五期への移行期に起こったこともあって両期の執行部が対応し難く、不正確な情報が広まったり、誤解が生じやすかったこの問題の解説役やら弁護役が筆者に回ってきた。様々なメディアからの取材や、見解表明の機会（もちろん会長経験者であるとしても個人の立場であったが）を与えられて、後で振り返れば三〜四か月間という短い期間ではあったとはいえ、思いがけずに学術会議中心の生活が復活することになった。その中で考えたことは、会長在任中にいずれ時間ができたら調べてみよう、考えてみようと思っていたこと、それは突き詰めれば、〝日本学術会議とは何か〟ということになろうが、それが、退任後も、本務である学長職が継続していたこともあって、結局できていなかったことであった。つまり、自分達の時代に学術会議が何をしたのかには答えられても、どういう経緯や理由でそうしたのかになるとあやふやなことが少なくなかった。

　実は、学術会議には、ある時期まで詳細な記録がある。『日本学術会議二五年史』、『日本学術会議続一〇年史』、そして『日本学術会議五〇年史』である。学術会議の発足は一九四九年であるから、五〇年史は二〇世紀における学術会議の活動をカバーしていることになる。個人的な感想では、この中で読み応えがあるのは、二五年史であり、続一〇年史がそれに次ぐ。その理由は、五〇年史が年表風にまとめられていて、それぞれの出来事の発生時期は分かっても、その背景や展開にまでは踏み込んでいないのに対して、二五年史にはその辺りが詳しく書かれている。続一〇年史は、第三章で述べる八三年に起った法改正をめぐる動きについて詳しく述べたものである。だから、もし現代に近いところまで二五年史のような記録が作られていたら、学術会議とは何かを考える有力な手掛かりとなっていたと思うのだが、残念ながらそうはなっていない。加えて、学術会議は独立した組織とはいえ、現在は内閣府、それ以前も特定の省庁に属していた。そのため、読み応えがあるといっても、これら年史の記述には一定の制約があると読みながら感じざるを得なかった。その意味で、学術会議が何であるのかを知りたくとも、物足りなさを感じさせる文書しか手に入らなかったといえよう。もちろん本書が学術会議を知る上で完璧な参考書になるわけではないが、少なくとも筆者なりの見方を提供することで、多角的な視点で学術会議の実像を浮かび上がらせるための手掛かりとなるかもしれないと考えたことが本書執筆の動機である。

本書は、学術会議を歴史的に考察する縦糸と、第二次世界大戦後に学術会議が発足してからの主要課題とそれへの取組を考察する横糸から構成した。第二章から第四章の縦糸では、学術会議が発足した戦後だけに留めるのではなく、明治維新とともに、積極的に洋学を取り入れた中で、科学アカデミーについても海外に学ぼうとした先人の動きを辿ろうとした。明治初期に形成された日本の科学アカデミーは現在の日本学士院が継承していると一般には理解されている。しかし、国としての最初の学術組織であった東京学士会院が有していた意見開陳を行う機能は、学術会議が持つ勧告等を行う機能に引き継がれていて、日本学士院はそのような機能を持たない。その意味で、学術会議は第二次世界大戦後に新設された組織であるとはいえ、意見開陳・具申、建議、勧告、提言等様々に表現できる科学アカデミーの持つべき科学的助言機能を継承した組織といえよう。そして科学的助言機能の発揮を含む学術会議の活動の具体的な展開を、六つのテーマに絞ってではあるが、取り上げたのが第五章であり、学術会議の活動の方向と幅を描こうとした。

筆者が学術会議についてまとめることに着手したのは、二年前に起こった首相による会員任命拒否問題が発端である。そして、この問題は、捻じ曲げられた形で学術会議の在り方論へと及んでいった。そこで本書でも、改めて会員任命拒否問題を第一章で取り上げ、そして在り方論については第六章で取り上げる構成にした。近代国家においては、科学者の活動が社会を構成する部分として確立されることが不可欠であるとの観点から、学術会議の在り方を考察したのがその章である。

1　日学法第八条第二項。

2　学術会議HPに「第一六一回総会速記録」が掲載されており、投票の模様も記録されている。

3　学術会議もかつては数期にわたって会員を務める場合があり、おのずから過去の経験が継承されていた。現行制度では、任期六年間、三年ごとの半数交代とされている。一斉に交代するのに比べれば過去の経験の継承が可能といえようが、組織運営に当たる執行部についても六年間を超えて務めることはない。

4　国際学術組織や、海外科学アカデミー、あるいは諸学会などには、直前会長、次期会長を役員とし、意思決定の議論に加える制度を持つ場合もあるが、学術会議はそうした制度を採用していない。

5　よく誤解されるが、学術会議の会員・連携会員は全員が非常勤職である。会員は特別職国家公務員、連携会員は一般職国家公務員となる。

6　学術会議の構成員は、会員二一〇名、連携会員約二千名、事務局は任期付職員を含めて約六〇名である。この他、約二千の協力学術研究団体（会員・連携会員候補者に関する情報提供を行ったり、審議に関する協力、イベントの共同開催等を行う）が承認されている。

7　学術会議の職員は内閣府内の人事異動だけではなく、文部科学省や外務省からも異動してくることがあった。その場合にも、官庁の人事ローテーションに従うので、在任期間は、内閣の場合と同様にそう長くはない。

8　学術会議では、全ての対外的な文書の発出を幹事会で決定しているために、各期の委員会等は成果をまとめるに当たって、幹事会での審議、それに伴う修正意見への対応に要する時間を確保して委員会等の取りまとめを行う。このため、期末から半年前は取りまとめの時期に当たる。

9　東日本大震災復興構想会議、「復興への提言——悲惨の中の希望（提言）」は、二〇一一年六月二五日に公表された。

10　幹事会は、会長、副会長（三名）、各部の部長・副部長・幹事（各部二名）の合計一六名からなり、月一回のペースで開催。発表文書に関する最終決定など多くの権限を総会から委任されている。

【目次――日本学術会議】

第六章　学術会議改革論

第一章 首相による会員任命拒否問題

菅義偉首相（二〇二〇年九月～二一年一〇月在職）による六名の会員候補者に対する任命拒否は学術会議にとって不幸な出来事であった。敢えて怪我の功名とでもいうべきものを探せば、日本学術会議の名に世間の注目が集まったことだろうか。場合によっては、その連日の報道によって初めて学術会議の存在を知ることになった方もいるかもしれない。もちろん、これから本書で述べていくように、学術会議はこれまでもメディアなどで取り上げられる渦中の存在になったことがあった。しかし、〝これまでも〟と言っても、前回は恐らく三〇年以上前のことかもしれないので、初めて認識したという方がいてもおかしくない。筆者自身も、一七年に、いわゆる軍事研究問題で学術会議が声明を出した折にメディアからインタビューを受けたり、寄稿を求められたことがあった。しかし、会長を退任して三年が経つ二〇年一〇月以降ほど、頻度が高く、場合によってはテレビやラジオに生出演しながら、意見を求められるようになったことはなかった。つまり、学術会議への注目度において筆者にとっても初めての体験となった。

第一節　任命拒否の経過

まず任命拒否問題の経過を述べておこう。学術会議は、日学法に基づく組織で、会員候補者は学術会議が選考し、内閣総理大臣に推薦する（日学法第一七条）。この推薦に基づいて内閣総理大臣が任命する（日学法第七条第二項）。これらの条文は本書でも重要なので、全文をここに記しておこう。

第七条第二項　会員は、第一七条の規定による推薦に基づいて、内閣総理大臣が任命する。
第一七条　日本学術会議は、規則で定めるところにより、優れた研究又は業績がある科学者のうちから会員の候補者を選考し、内閣府令で定めるところにより、内閣総理大臣に推薦するものとする。（日本学術会議法抜粋）

学術会議の会員は二一〇名と定められており、任期は六年、三年ごとに半数を任命するとある。[1] ちょうど参議院議員と同じように、一斉に交代しないよう工夫された任期制度である。この半数交代の任命時に今回の拒否問題が生じた。首相による任命は、このほか、会員に欠員が出た場合の補欠の会員選考でも行われる。欠員が出る主な理由は、会員には七〇歳定年制が適用され、[2] 七〇歳の誕生日前日で退職することである。また、健康上の理由等で欠員が出ることもある。これらの場合には、前任者の残任期を引き継ぐ補欠の会員が、一定の活動を行える期間在任することになるなどの条件を満たせば、[3]先述の日学法の手順で会員選考・推薦・任命が行われる。

今回の経緯として、二〇二〇年一〇月一・二日に開催された学術会議第二五期の最初の通常総会で明らかにされたのは、三年ごとの半数改選に向けた学術会議から内閣総理大臣への推薦は、二〇二〇年八月三一日付で一〇五名の名簿をもって行われ、九月二八日付の菅義偉首相の決済印がある文書で、任命する九九名が列記された文書が学術会議側に届けられたことである。[4]

決裁文書の写しには付属資料として学術会議からの推薦書が付けられ、六名の氏名が黒塗りされている。[5]その上で、これらの六名を除いた九九名を会員として発令することを決裁者である首相に求めているから、遅くとも決済文書を起案した九月二四日の段階で、六名を削るという指示を起案者は受けていたと推測される。[6]菅義偉首相が就任したのは九月一六日（二〇二一年一〇月四日まで在任）であるから、一週間ほどでこの件に関する総理としての判断を下したことになる。もっとも菅義偉首相は、前政権の官房長官として、決裁書類を確認する立場にあったので、学術会議から推薦書が届いてからは、いつの時点でも推薦書の内容を知ることができたともいえよう。

継続会員と新会員で構成される学術会議第二五期の通常総会では、その冒頭で、任命された会員が定員より六名不足していることが出席会員からの質問で取り上げられた。[7]しかし、任命拒否問題については、前記のように事実経過に関する報告が行われたものの、それ以上に深められるには至らなかった。それでも任命権者である首相に対する以下の二点の要望が総会名で決議された。

第二五期新規会員任命に関する要望書（令和二年一〇月二日）

内閣総理大臣　菅義偉殿　日本学術会議第一八一回総会

一　二〇二〇年九月三〇日付で山極壽一前会長がお願いしたとおり、推薦した会員候補者が任命されない理由を説明いただきたい。

二　二〇二〇年八月三一日付で推薦した会員候補者のうち、任命されていない方について、速やかに任命していただきたい。

学術会議総会での説明やこの要望書等によって、任命拒否問題が明るみに出ると、多くのメディアが取り上げ、国会閉会中に行われた衆参の内閣委員会の閉会中審査で審議され、さらには与野党それぞれが関係者を招いて意見聴取するなど、この問題は急速に国政の重要問題となっていった。[8]
その背景には、首相による任命拒否が客観的に見て説明のつき難いものであることに加えて、夏の第二波で猛威を奮った新型コロナウイルス感染症が九月にはやや下火になったかのように見える中で総理大臣に就任したばかりの菅義偉氏にとって任命拒否問題が最初に直面した政治テーマとなったこと、さらに、衆議院議員の任期が残り一年余となり総選挙にむけた緊張が高まっていたことがあった。

第二節　任命拒否問題の論点

国会審議やメディアで取り上げられた論点は、学術会議から新規会員候補者として推薦のあった一〇五名から六名を除いて任命した首相の行為の妥当性、あるいは適法性であった。
まず示されたのが、学術会議の会員選定に首相による任命を伴うようになった一九八四年施行の日学法改正の議論が行われた八三年の国会審議における当時の中曽根康弘首相による以下の答弁である。

「(学術会議会員の任命は)学会やらあるいは学術集団から推薦に基づいて行われるので、政府が行うのは形式的任命にすぎません。したがって、実態は各学会なり学術集団が推薦権を握っているようなもので、政府の行為は形式的行為であるとお考え下されば、学問の自由独立というものはあくまで保障されるものと考えております。」(一九八三年五月一二日、参議院文教委員会)

第三章で詳しく述べるように、この時の法改正は会員選考方法を選挙制から学協会による推薦制へと改正するもので、会員推薦は、資格を与えられた推薦人が、「会員として推薦すべき者及び補欠の会員として推薦すべき者」を決定して日本学術会議を経由して内閣総理大臣に推薦する、ことである(一九八三年改正法第二二条)。首相の任命に関わる改正法第七条第二項は、「会員は、第二二条の規定による推薦に基づいて、内閣総理大臣がこれを任命する(傍線筆者)」とある。現行法では推薦についての条文が第二二条から第一七条に移り、〝これを〟が削除されているが、構成と趣旨に変化はない。また、第二二条を見れば、会員と補欠の会員を区別して推薦することになっているので、会員の推薦では、当時の毎期の任命数であった二一〇名の会員候補者が推薦されることを示していると分かる。

実は、これも第三章、あるいは第五章第三節で述べるように、中曽根は首相となるはるか前に原子力平和利用（原子力発電）を推進した若手代議士として、学術会議とは浅からぬ人的交流があったから、学術会議に関わる知識も人脈も持ち合わせていた。つまり、中曽根答弁は思い付きで行われたわけではなく、法改正の意味などを十分にわきまえた上で行われたといえる。[9] そしてその後、中曽根は一九八七年一一月までの首相在任中、学術会議の新制度による第一三期会員の改選に当たって推薦通りの任命を行った。いや、今回問題が生じた第二五期会員の改選（二〇〇八年一〇月に始まった第二一期からは半数改選に制度は変わっている）に至るまでは、歴代の首相によって欠かすことなく推薦通りに任命が行われてきたのである。

この間に、二〇〇四年の通常国会で再び会員選考に関わる法改正が行われ、同年三月、四月に衆議院文部科学委員会、参議院文教科学委員会で審議が行われた。しかし、そこで推薦と任命の関係に関わる質疑応答は行われなかった。ただ、法改正に関連した想定問答にはこの問題も含まれており、中曽根答弁の内容が継承されていたという。

それでは、中曽根答弁を覆したことになる菅義偉首相による任命拒否をめぐる国会審議では、両者（中曽根答弁と菅任命拒否）の関係を、政府側はどのように説明したのであろうか？

〝政府が行うのは形式的任命という中曽根答弁〟から日学法第七条第二項の解釈を変えたのかという質問には、「任命権者たる内閣総理大臣が推薦のとおりに任命しなければならないというわけではない、昭和五十八年の法改正により日本学術会議会員が任命制になったときからこのような考え方を前提にしており、解釈変更を行ったものではありません。」（二〇二〇年一〇月七日衆議院内閣委員会における藺浦健太郎議員の質問への内閣府三ッ林裕巳副大臣の答弁）と答えている。また、菅義偉首相も二〇年一一月五日の参議院予算委員会で、「中曽根元総理の、総理の任命権は形式的な任命に尽きる、それしかない、この答弁、この考えを、菅総理も同じ考えですか、維持していますか。」（小西洋之議員）との再三の質問に対して、「先ほどと同じ答えになるわけですけれども、この答弁は尊重はしますけれども、私は法令に基づいて対応したということです。」との答えを繰り返し、中曽根答弁を尊重すると述べた。同趣旨の答弁は内閣府官房長も再三繰り返しているから、政府側が準備していた答弁と考えられる。しかし、これらの答弁の中に、重要なポイントが少なくとも三点含まれている。

第一に、法文解釈の変更ではない、とした点である。中曽根答弁は政府（首相）の任命を形式的任命と述べ、選挙当選者がそのまま会員となる制度から首相による任命行為が行われる制度に変更されることによって任命に関して首相の裁量が働くのではないかという野党の懸念に対して、形式的な行為なのでそうした心配は不要として、実際に推薦通りの任命が続いてきた。したがって、今回の菅義偉首相の任命拒否は少なくともこれまで行われなかったことが初めて行われたという意味で、国民への説明が必要なことは当然である。

第二に、二〇二〇年における首相をはじめとする政府側答弁にあるように推薦通りに任命しない場合がありうるとしたら、それは形式的な対応が許されないことが明瞭である場合ということになる。菅義偉首相は〝憲法第一五条による首相の任命権があるので、推薦通り任命しなくてもよい〟という主張を繰り返したが、一方で条文の解釈を求められた内閣法制局長官は中曽根答弁について、「…選挙制度から推薦制に変わり、推薦制がきちっとされてくればそれに基づいて通常は単に任命をしていく、そういう形のものを形式的行為という、任命というふうにおっしゃったというふうに理解しております。通常、基本的には推薦がされればあと任命をただしていくと。それが形式的であって、どうしても国民に責任を負えないような場合までを含んでいるものではないと、一〇〇%ではないという意味での、というふうに私ども理解をしております。」（第二〇三国会、二〇年一一月五日参議院予算委員会における小西洋之議員の質問への近藤正春内閣法制局長官の答弁）と答え、任命しない場合を、〝どうしても国民に責任の負えない場合〟と表現した。したがって、任命拒否が必要と判断した首相には、今回が〝どうしても国民に責任の負えない場合〟と考えた理由を説明する責任がある。

第三に、首相が「法令に基づいて対応した（任命しなかった（筆者注））」としている点である。菅首相は、「任命は、推薦を尊重しつつも、学術会議の役割なども踏まえ、任命権者として判断するものと解釈されます。この点、憲法第十五条一項に基づいて、推薦された方々を必ずそのまま任命しなければならないということではないという点については、内閣法制局も含めた政府の一貫した考えであります。」（参議院予算委員会における小西議員への答弁、二〇二〇年一一月五日）と述べている。憲法第一五条第一項には、「公務員を選定し、及びこれを罷免することは、国民固有の権利である。」とある。この条文が示すように、これは主権者である国民の権利を述べたものであって、総理大臣の権限を述べたものではない。したがって、主権者である国民の代表である国会議員が国会で公務員の任免に関する法律を制定し、それに基づいて公務員の任免が行われなければならないことを定めていると解すべきである。つまり、学術会議の場合であれば、日本学術会議法がそれに当たり、日学法第一七条に示されている選考基準である「優れた研究又は業績のある科学者」のうちから候補者が推薦されて任命が行われるのかどうかが問われることになる。もし選考された者の中に任命できないものがいると首相が考えるのであれば、選考基準のどこに照らして不適当と考えたか（あるいは、少なくとも選考基準に照らして適当ではないと考えたのか否か）を示す必要があろう。そうでなければ、内閣に法律の誠実な執行を求めた憲法第七三条第一項に反することになる。[10]つまり、もし首相が憲法第一五条第一項に基づいて今回の任命拒否を行ったのであれば、それは日本学術会議法の誠実な執行に依らなければならず、同法第一七条による推薦を否とした根拠が問われるのである。加えて、合理的な理由を示さずに任命を拒否することは、特定の学問分野や学術研究の在り方が政府によって疎んじられるといった憶測を呼び、憲法第二三条が保障する学問の自由を脅かすものとなる。[11]

第三節　貧困な国会答弁

第二〇三国会（臨時国会）は、菅義偉首相就任直後の国会であった。開会（二〇二〇年一〇月二六日）までに就任から約一か月あり、その間に、首相は出席しなかったが、衆参の内閣委員会での任命拒否を含む問題での閉会中審査が行われたから、すでに大きな政治問題となっていた任命拒否問題についても答弁準備を行うことができたと思われる。議論は衆参本会議での質疑応答と、一一月三日から六日までの衆参予算委員会で行われ、特に一問一答で論戦が行われる予算委員会が重要な議論の場となった。そこで浮かび上がったのは、法制局や内閣府の担当者の答弁に頼ったり、何を訊かれても同じ言葉を繰り返す、首相の答弁の貧困ぶりであった。この問題がまさに首相の任命行為に関してであったから首相の答弁機会は多かった。しかし、その内容はほぼ以下の内容に尽きている。

A「私が学術会議に申し上げてきたのは、やはり国民の税金、予算を使っている団体だということです。年間約十億円を使って活動している。これは政府の機関になっています。また、私が任命をすれば、これは公務員になるんです。国民に理解をされる存在でなければならないと思います。そういう中で、専門分野の枠にとらわれない広い分野でバランスのとれた活動を行うべきであるという、私自身、総合的、俯瞰的な活動が求められる、こういうふうに申し上げてきたんですけれども。」

B「今委員から御指摘をいただきました選考ですよね。会員約二百人、連携会員約二千人、この人たち、先生方と関係を持たなければ、つながりを持たなければ、全国で九十万人いる方が会員になれないような仕組みになっているということも、これは事実だと思います。ある意味では、閉鎖的で、既得権益のようになっているのではないかなというふうに思います。私自身、これは正直言ってかなり悩みました。そういう中で、学術会議から推薦された方々、そのまま任命をするという前例を踏襲をするのは今回は私はやめるべきだという判断をいたしました。」

C「個々人の任命の理由については、政府の機関に所属する公務員の任免であって、通常の公務員の任免と同様に、その理由については、人事に関することであり、お答えは差し控えるべきだと思います。」

D「さらに、今回百五人の推薦に対しても九十九名を任命することで、結果として例えば民間人や若手も増えていくことを期待しており、今後、学術会議、国民に理解されるようにより良いものにしていきたい、このように思っています。」

Aの答弁のポイントは〝会員は専門分野の枠にとらわれない広い分野でバランスの取れた活動を行うべきで、総合的、俯瞰的な活動が求められる〟との点である。しかし、首相が任命拒否した六名はいずれも人文社会科学系、つまり分野の性格上、社会情勢などを総合的、俯瞰的に分析する学識経験を積んでいる研究者であることと整合しない[12]。また、学術会議はそれぞれの領域の優れた研究又は業績のある科学者から構成されているので、総合性や俯瞰性に関しては、個人に求めるだけではなく会員全体としてバランスをとることで発揮されてきた。その中で人文社会学系から相当な任命拒否者を出すことはまさにバランスを欠くことになる。

加えて、個人の体験を記せば、筆者は会長として、安倍内閣発足の二〇一二年一二月からも、筆者の二期の会長任期が終了した一七年九月までの間に、折に触れて首相官邸を訪れた。その中には、会員推薦に関わる説明の機会も含まれ、官房長官である菅義偉氏を始めとして、官房副長官の皆さんとも面談した。その際には、国の男女共同参画基本計画に盛り込まれた学術会議会員の女性比率の数値目標（二〇年度末までに三〇％）を達成することを強く期待されたり、大都市圏外在住または勤務の会員の増加などについても期待を伺った。これらについては、学術会議の総会において出されてきた意見とも重なる上に、国の計画に数値目標が示されているものもあったので[13]、学術会議の会員選考実務を担当する場である選考委員会に報告して議論した結果、取り上げることになり、選考方針の中に書き込んで推進してきた。しかし、それぞれの推薦の機会において最後に説明することになる官房長官であった菅義偉氏から会員選考に関わる具体的な期待等を伺った記憶はない[14]。したがって、菅義偉首相の「こういうふうに申し上げてきた」という国会答弁は、学術会議側に間接的に届くように、首相官邸スタッフに対して官房長官が語ったことと理解せざるを得ないが、それにしても官房副長官の皆さんからも総合的・俯瞰的活動を求めるといった抽象的な期待を伺ったことはなかった。

Bは誤解と偏見に満ちていると言わなければならない。会員・連携会員の数が限られているのは法律の定めや予算制約によっているので、そこに大きな問題があれば首相自身も責を負うべきものである。後段はもっと問題で、〝前例踏襲を今回はやめるべきという判断をした〟ということは、候補者に問題があるというより、任命拒否すること自体が目的だったことを示している。つまり、〝推薦に基づいて任命する〟という日学法第七条第二項に定めた手続に基づくのではなく、予め任命拒否を決めておいて実行したというのであれば、まさに日学法の定めに反した権力の濫用に他ならない。

Cについては、二つの問題がある。ひとつは、個々の候補者に関する個別の拒否理由を公表することは避けるとして、首相の任命行為が法律に基づいて行われていることを示す上で、どのような問題があるから任命しないのか考え方を述べることは必要なことである。もう一点は、公表はできないとしても、推薦に当たる学術会議会長に対しては推薦しない理由を述べなければ、次回から何をよりどころに推薦すればいいのか不明となり、日学法第一七条に基づく推薦に大きな支障を及ぼすことになる。総会速記録では、首相からの何らかの説明があったことは否定されている[15]。

Dについては、学術会議においても会員選考に先立って定める選考方針の中で、「優れた研究又は業績がある科学者」を選考基準としたうえで、女性、地方勤務者・在住者、大学以外の研究機関所属者をできるだけ登用することとしてきた。前二者については成果が上がっているが、大学以外、特に民間企業等の研究者については、会員になってから大学等へ転籍する方も少なくなかったりするので、それぞれの方の経歴の中で民間企業の研究所等で業績を上げてきた方々を評価するという幅広い観点で進めてきた[16]。こうした点もきちんと検討して評価するべきであろう。また、若手研究者については、三〇代から四〇代前半の研究者を中心とする若手アカデミーが発足して国際的なネットワークにも属して活動している。七〇歳定年制と六年任期制のある会員になるのは、研究業績の定まった段階、大学で言えば教授クラスの研究者の方が望ましいという意見も強く、会員就任時の年齢（現在平均年齢六〇歳弱）をさらに大幅に低下させることは、学術会議としては目標にしていない。

次節で述べるように、学術会議は会員選考に当たって、首相側と〝調整〟を行うことはあり得ない。しかし、求めに応じて選考方針や選考状況についての〝説明〟を行うことはあった。例えば筆者の会長時代には、前述のような選考に当たっての方針については、それを学術会議の選考委員会でまとめた段階で任命権者である首相側にも説明している。もちろん、この段階では、未だ会員・連携会員、協力学術研究団体からの推薦や情報提供が始まっていないので、候補者名は存在しない。

このように、菅義偉首相が国会答弁で繰り返してきた内容は、法律の恣意的な解釈に基づいていたり、矛盾に満ちていたりするものであり、真摯な、分かり易い答弁とは程遠いものであった。

第四節　官邸と学術会議の「調整」はあり得ない

参議院予算委員会で二之湯智議員（自民党、当時）が、「報道によりますと、学術会議の会員の選考に関しては、百五名の推薦名簿を学術会議が正式に提出する前に、あらかじめ内閣府の日本学術会議事務局を通じて官邸とも選考の考え方についてある程度の調整が行われていたようでありまして、大西元会長もそうした話をされているとされております。」（第二〇三国会、二〇二〇年一一月五日）と尋ねた。これに対して菅義偉首相は、「可能な範囲で申し上げれば、以前は、学術会議が正式の推薦名簿が提出される前に、様々な意見交換の中で内閣府の事務局などと学術会議の会長との間で一定の調整が行われていたと承知しています。一方、今回の任命に当たっては、そうした推薦前の調整が働かず、結果として学術会議から推薦された者の中に任命に至らなかった者が生じたということです。」と答え、あたかもこれまでは事前調整によって任命拒否されそうな候補者が除かれたので任命拒否がなかったかのようである。二之湯議員が述べている「報道」の一部については筆者も知り、訂正を求めたものもある。しかし、国会でのこの質疑応答は、本稿執筆のために改めて国会会議録を読んで初めて目にして、国会で、事実ではないことをもとにした議論が行われていることに驚いた。事実は以下である。

六年間の会長体験を通し、筆者は学術会議の会員人事について、任命権者である首相、及び官房長官、同副長官という官邸幹部の関心が次第に強くなったと感じてきた。一方で、筆者は二〇一四年四月から国立大学の学長を務めていたこともあって、組織の長は、選考に直接携わらない場合でも、任命権があれば人事に関する意思決定のプロセスについて理解し、定められたルールにしたがって人事が適切に行われていることを把握する責任があると考えていたので、学術会議会員人事に関しても首相及びその代理者としての官邸幹部が選考過程の説明を求めること自体は不思議に思わなかった。むしろ説明の機会に学術会議の会員構成、選考の趣旨やその過程を任命権者側に理解してもらうことが望ましいと考えていた。

そこで当初は、会員選考の手順である選考委員会と幹事会での決定、そして総会での承認を終えた後に、首相による任命を求める候補者推薦名簿に関する説明を可能な限り自ら出向いて行ってきた。しかし、二〇一六年の夏に行われた補欠の会員人事に当たって（七〇歳定年制や他の事情で退職者が出た場合に行われるもので、この時は三ポストが対象）、最終決定の前、まだ各ポストに複数の候補者がいる段階（選考委員会の最終段階）での事前説明を初めて求められた。日程の都合上、筆者ではなく学術会議の事務局が官邸に説明に行ったところ、後日、このうちの二ポストについて学術会議側が推薦順位第一位として示した候補者への難色が示された。当然ながら、選考委員会への影響は大きく、侃々諤々の議論の末、承認を得るための総会が迫っていたこともあって、不本意ながら選考を継続して首相への推薦を行うことを断念するに至り、筆者にとっても苦い経験となった。

この経験を通じて、学術会議の選考委員会や幹事会のメンバーである幹部の考えは、集約すれば、事前説明は止むを得ないとするものの、それによって会員選考の内容に影響が及んだり、まして修正することに対しては強い抵抗感があること、つまり、会員選考も学術会議の政府からの独立性の重要な柱と理解していることが分かった。そして、この点は筆者も同じ考えであった。

一方、官邸側の希望は、その真意は不明にしても、学術会議の最終決定の前に事前説明を受けること、しかも、その際に、最終的にどういうメンバーを推薦する意向かを知ることであった。

これらを重ね合わせると、学術会議の独立性を保ち、かつ首相側の要望を満たすのは、やや技術的になるが、学術会議において会員選考に当たる選考委員会の途中、しかし、実質的にその意思が確定した段階で説明に行くというタイミングしかないと考えた。[17] 先述の二〇一六年の補欠人事もこうしたタイミングで行ったのであるが、会長自身による説明はできていなかった。そこで、これ以降、筆者が会長任期を終えるまでの会員選考の機会、具体的には、一回は補欠人事、もう一回は定例の半数改選の都合二回は、このタイミングで自らが説明に出向き、その後、説明通りに正式な推薦を行い、全員が任命された。これらの推薦は選考を断念した一六年の補欠人事の経緯は考慮せずに行われ、その時に含まれていた候補者で、半数改選時にも候補者となった方々も会員として任命された。

この過程について、一部の新聞等で学術会議と首相側が調整協議や交渉を行ったという誤った解説が根拠なく行われた。事実は、選考委員会での選考を実質的に終えた段階でまとまった候補者名簿について、女性や地方会員の比率といったデータ整理を交えながら説明し、先方の理解を得て任命につなげたのである。付け加えれば、もし、首相側の意向で候補者や優先順位が変わることがあれば、選考委員会での議論は穏やかなものではなくなるのは容易に想像できよう。筆者の在任中は先述の二〇一六年夏の補欠人事を除いて首相側とのやり取りを巡ってという意味での選考委員会の混乱はなかったことからも、〝事前調整〟が行われたというのは事実ではない。事前説明を求められていることは選考委員会の引継事項として、第二四期の選考委員会（一七年〜二〇年担当）へと引き継がれた。したがって、筆者が任期を終えてからも同様の対応が行われてきたと思うが、どこかでそれが破綻したことになる。

しかし、官邸への説明はあくまで非公式なものであり、公式には法に定められた手続にしたがって推薦された候補者を任命するのが首相の役割であり、もし不明な点があれば、それを質すことがまず必要であろう。この度の経過には、学術会議に説明を求めた形跡は見られない。首相側がどのような理由で任命拒否を固めたのか、首相はもとより、担当した官房副長官等による国会での説明を求める声が強かったのは当然と思う。

第五節　学術会議事務局による「怪文書」

菅義偉首相による任命拒否は、首相就任後に思い付きで行われたわけではなかったようだ。菅義偉氏が首相として任命拒否を行うことは首相就任後に決まったことであろうが、学術会議から推薦される会員候補者を首相が任命しないことが可能かの検討は二〇一八年秋に行われていたことが明らかになったのである。二〇年一〇月七日の衆議院内閣委員会（閉会中審査）で塩川鉄也議員（共産党）が取り上げた、その前日の野党合同ヒアリングで内閣府から提出された「日本学術会議法第一七条による推薦と内閣総理大臣による会員の任命との関係について」（一八年一一月一三日、内閣府日本学術会議事務局）と題する資料がそれを裏付けるものであった。

大きく三項目からなる資料では事実関係についての整理を行った上で[18]、「三．日学法第七条第二項に基づく内閣総理大臣の任命権の在り方について」で日学法第一七条のとおりに内閣総理大臣が全員を任命すべき義務があるかどうかについて検討するとして三点を述べている。

（一）まず、

①日本学術会議が内閣総理大臣の所轄の下の国の行政機関であることから、憲法第六五条及び

第七二条の規定の趣旨に照らし、内閣総理大臣は、会員の任命権者として、日本学術会議に人事を通じて一定の監督権を行使することができるものであると考えられること
②憲法第一五条第一項の規定に明らかにされているところの公務員の終局的任命権が国民にあるという国民主権の原理からすれば、任命権者たる内閣総理大臣が、会員の任命について国民及び国会に対して責任を負えるものでなければならないこと
からすれば、内閣総理大臣に、日学法第一七条による推薦のとおりに任命すべき義務があるとまでは言えないと考えられる。
（二）　他方、会員の任命について、日本学術会議の推薦に基づかなくてはならないとされているのは、
①会員候補者が優れた研究又は業績がある科学者であり、会員としてふさわしいかどうかを適切に判断しうるのは、日本学術会議であること
②日本学術会議は、法律上、科学者の代表機関として位置付けられており、独立して職務を行うこととされていること
③昭和五八年の日学法改正による推薦・任命制の導入の趣旨は前述したとおりであり、これまでの沿革からすれば、科学者が自主的に会員を選出するという基本的な考え方に変更はなく、内閣総理大臣による会員の任命は、会員候補者に特別職の国家公務員たる会員としての地位を与えることを意図していたこと
によることからすれば、内閣総理大臣は、任命に当たって、日本学術会議からの推薦を十分に

尊重する必要があると考えられる。
（三） なお、（一）及び（二）の観点を踏まえた上で、内閣総理大臣が適切にその任命権を行使するため、任命すべき会員の数を上回る候補の推薦を求め、その中から任命するということも否定されない（日本学術会議に保障された職務の独立を侵害するものではない。）と考えられる。（以上引用）

（一）については、①の行政権が内閣に属すること、内閣総理大臣が行政各部を指揮監督することは憲法条文にあるとしても[19]、ここで、「日本学術会議に人事を通じて一定の監督権を行使することができる」というのは事の経緯を無視した記述である。かつての中曽根首相も自らが任命権者であることを明記する法改正であることを知った上で、中曽根答弁やそれを支える当時の内閣法制局の見解において、総理大臣による任命は形式的任命と言い切っているのであるから、推薦のとおり任命することは限りなく義務に近いことになる。換言すれば、学術会議の成立ち、その独立性、延いては学問の自由（憲法第二三条）を踏まえた上で、学術会議による会員選考を尊重して総理大臣としての自らの役割を形式的な任命としたのである。したがって、（二）で述べている日本学術会議からの推薦を十分に尊重する必要があるのは当然である。つまり、もし推薦どおり任命しない場合には、当然ながら、任命すれば国民への責任を果たすことができないといえるだけの理由があることを示さなければならないのである。しかし、この日学事務局の文書は、この点を検討する際に重要となる任命に当たる首相による先行答弁＝中曽根答弁に全く触れておらず、読む者（まずは、学術会議の執行部や会員が想定される）にこれまでに公表されてきた政府による法文解釈を隠そうとする意図さえ窺われ、著しく誠実さを欠いていると言わざるを得ない。

また（三）については、候補者を選考し、推薦するのは日学法第一七条で定められた学術会議の業務であり、ここに首相が介入する余地はないから、任命すべき会員数を上回る推薦を求めることができる態勢を首相はもっていない。つまり、仮に任命すべき会員数を上回って推薦された場合には、その中から任命すべき会員を選考する必要が生じ、それをなしうるのは日本学術会議のみとなるので、結局、学術会議が必要数を選考することに帰着する。加えて、学術会議の現行規則には、任命すべき会員数と同数の候補者を推薦するルール（「補欠の会員の選考手続について」幹事会申合せ）が存在していることから、任命すべき会員数と同数の推薦を行うことがこれまで想定され、実施されてきた。これに加えて、一九八三年改正法における学協会からの推薦制においては、会員と補欠の会員を区別して推薦することが明記されていたことも、会員の推薦が定員を対象としたものであることを示している[20]。

さらに疑問が深まるのは、この文書そのものの出自である。学術会議事務局の記名文書であるものの、事務局の業務を含む会務を総理する立場にあった当時の会長はこの文書の存在を承知していないと表明しているという。そうなると、この文書そのものが、学術会議としては責任を有さない、したがって、学術会議（事務局）が責任をもつ文書であるかのような不適切な記名の怪文書となる[21]。

この文書は、首相による会員の任命を形式的任命と述べた中曽根答弁を変更して、首相の裁量を働かせる余地を、任命拒否や、任命されるべき候補者よりも多い被推薦者からの任命によって見出そうとして作成されたもののようである。しかし、それでも〝学術会議からの推薦を十分に尊重する必要がある〟と書かざるを得なかった。加えて、多数の被推薦者から首相が選考することは、選考が首相の役割と日学法に規定されておらず、また選考に必要な専門家による選考態勢も首相の下には存在しないという意味で、首相にとっては選び得ない選択肢なのである。したがって、この文書は、首相の裁量の余地がゼロとは述べていないとしても、結局のところ限りなく小さいことを示している。しかし、現実には菅義偉首相はこうした事務担当者の整理をも無視して、あたかも自分に裁量権があるかのように振舞ってしまったことになる。

第六節　内閣支持率の急落

菅義偉氏が新首相に指名されたものの、所信表明演説が未だ行われず、コロナ禍がやや緩和されたという政治空白期に任命拒否が起こったこともあり、この問題が政治舞台で強いスポットライトを浴びることになり、各党も積極的に取り組んだ。野党は合同ヒアリングや衆参内閣委員会の閉会中審査において事実関係や問題点の解明を進めた。そこで明らかとなった主要論点はすでに述べたとおりである。

一方で首相を擁する与党は、どういう対応をとったのであろうか。一つは、学術会議を貶めるような種々の誤情報を国会議員自ら発信したり拡散したりすることで、学術会議に欠陥があるから任命が拒否されるのも仕方がないという世論を醸成しようとしたことである。典型的なものは、首相自ら国会答弁で述べた〝三年前の会長は調整に応じたが、今回の会長はそれがなかった〟と、会員選考をめぐる学術会議との調整があったかのような発言である。これについては、すでにそうした事実、つまり首相官邸の幹部との話し合いで推薦する候補者を変更するという意味での調整が行われたことはあり得なかったことを述べた。その他にも、自民党の有力政治家が、日本学術会議は防衛省予算の研究開発には参加を禁じているのに、中国のヘッドハンティングである〝千人計画〟には協力しているといった偽情報を流布させたりした。しかし、学術会議は防衛装備庁の研究費応募を禁じていないことは学術会議の声明で明らかであり（第五章第二節参照）、また中国の千人計画とは何の関係もないことは官房長官も記者会見で述べて[22]、偽情報を流布した国会議員もこっそりと修正した。これらのデマ情報は、誤りを指摘され、撤回などの対応をとったものが多かったが、偽情報拡散の度合いの方が、それを訂正する地味な情報の伝達度合いよりも強いため、訂正が十分に行き渡らないという問題が残っている。筆者も、今回の問題で、ネットを使った意図的で悪質な偽情報の流布に熱心に取り組んでいる集団が少なからず存在することを知って、正しい情報を伝達することが如何に骨の折れることであるかを改めて感じた。

加えて、政権党が力を入れたのが学術会議改革論であった。「日本学術会議の独立性が尊重されるのは当然だが、独立とは何か、また政治・行政とはどのように連携すべきかが曖昧にされてきた。このため累次の改革を経ても、わが国が誇るアカデミアの叡智が様々な政策決定に寄与するための仕組みが十分に機能しているとは言い難い」（二〇二〇年一二月九日、自由民主党政務調査会内閣第二部会、政策決定におけるアカデミアの役割に関する検討ＰＴ「日本学術会議の改革に向けた提言」）という問題意識から、この問題が明らかになって二か月余りで提言をまとめた。しかし、この提言には、焦点であった任命拒否問題から学術会議の改革問題に論点を逸らすという意図があるのではないか、との批判を受けた。筆者も、任命拒否問題の重大さを考えれば、まずその解決が優先されるべきであり、それは多分に首相の権限濫用というい わば勇み足が生んだものであるともいえるので、首相が任命拒否の非を認めて撤回し、改めて任命すれば解決するわけだから、解決可能ではないかと思っていた。しかし、菅義偉首相が十分な答弁や説明もなく頑なに任命拒否の撤回を拒んだために、未だに解決されていない。

一方で、自民ＰＴ提言も認める民主的意思決定に関わる政治と、学術的正当性や妥当性に関わる学術界（アカデミア）の連携は重要であることから、アカデミアの知見が十分に発揮される自由で独立した審議を保障しつつ、それが社会や政治・行政の発展にも貢献できるようにすることは望ましいと思う。そのためには、今回の任命拒否のように、理由も説明できない形で、いたずらにアカデミアの活動を妨げるような政治の介入が起こらないような仕組みを作ることが必要である。その意味では、自民ＰＴの立場と同じものかどうかは別にして、これを機会に日本におけるアカデミアのあるべき姿を改めて考えることには意味がある。本書では、次章以降でこうした問題意識の下で日本のアカデミアの形成史を辿りながら、最終の第六章において、そのあるべき姿を改めて検討したい。

本章を閉じるに当たって、任命拒否問題がどのような政治的結果を導いたのか確認しておきたい。任命拒否を行った菅義偉首相は、それからおよそ一年後の二〇二一年九月に任期終了に伴う自民党

［図］ 菅義偉内閣支持率推移 各種メディア世論調査

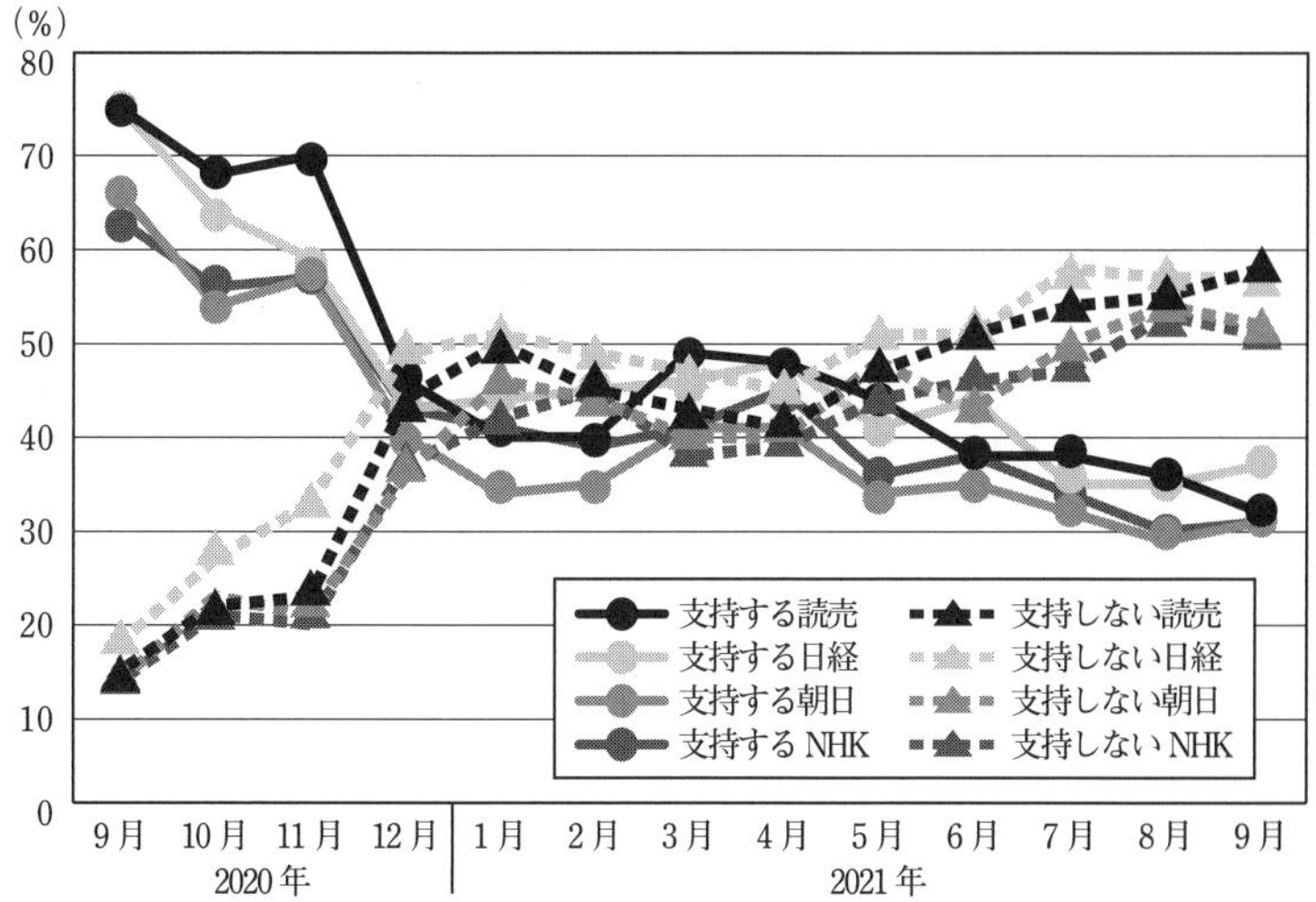

※21年9月結果は不出馬表明後。毎月の調査日は、読・日・N・朝の順に早い。

各メディア世論調査結果より大西作成

総裁選挙への立候補を断念して、翌月退陣した。図は、主要メディアによる毎月の内閣支持率・不支持率を、菅義偉首相が就任した二〇年九月から退陣表明した二一年九月までグラフにしたものである（［図］）。当初、かなり高い支持率からスタートした菅義偉内閣は、翌一〇月に早くも落ち込み、少し持ち直した後、一二月に急落し、ここに挙げた四社の調査のすべてで五〇%を切った。その後、支持率と不支持率がしばらく交錯した後に、二一年五月からは、不支持が支持をはっきりと上回るようになり、八月には不支持率が支持率を一〇ポイント以上上回り、回復の兆しがなかったことで、世論に引導を渡される形で退陣を余儀なくされた。つまり、菅義偉氏を総裁に担いでいては間もなく行われる総選挙で敗北するという不安が自民党内に広がり、党内の支持を失ったのである。

支持率の動きの最初の部分、二〇二〇年一〇月の下落時には（この四社では七～一二％ポイントの下落、一方で不支持率は七～九％ポイント上昇）、コロナ感染症の感染者は減少しつつあった。このため、コロナ関連ニュースに代わるように、連日紙面を飾り、朝昼晩のテレビ報道番組でもよく取り上げられたのが学術会議の会員任命拒否問題であり、首相の行動への不信感が支持率下落の主たる要因と見られている。各社の世論調査でも、菅義偉首相による学術会議会員候補者の問答無用の任命拒否に対して批判的な意見が強かった。筆者も、任命拒否が長年の慣行的なルールを理由もなく無視し、強権的な行為に映ったことが批判を加速させたと考えている。加えて、限られたセリフをオウム返しに繰り返す菅義偉首相の国会答弁やインタビューでの受け答えが、聴く者に、言い回しの貧困さは、口下手というのではなく、答弁や説明ができないという政治家としての資質の欠除のせいではないかと思わせたからではないかとさえ思う。

任命拒否を行った首相は退陣したものの、任命されなかった第一部（人文社会科学）の六つのポストは空席のままである。したがって、理由開示と六名の任命という学術会議が二〇二〇年秋総会で採択した要望は現在でも生きたままである。

1　会員の定数や任期は、日学法第七条第一項、第三項に規定がある。
2　日学法第七条第六項「会員は、年齢七十年に達した時に退職する。」
3　補欠の会員候補者が、総会での推薦決議を経て内閣総理大臣に推薦され、会員辞令交付後少なくとも一回の通常総会（年二回開催）に出席可能であることを、補欠選考を行う条件としている。

4　二〇二〇年一〇月一・二日開催の日本学術会議「第一八一回総会の速記録」七〜八頁によれば、初日に行われた山極壽一前会長（第二四期の会長）の報告の中で、会員任命に関する首相官邸とのやり取りが語られた。

5　決裁文書は政府側から開示され、野党合同ヒアリングの資料などとしても使われている。

6　前記決裁文書によれば、起案者は内閣府人事課の担当職員であり、首相官邸のメンバーとしては内閣総理大臣と内閣官房長官の押印がある。伺い文書の本体は九九名の候補者が列記された名簿であり、付属文書として、学術会議から提出された一〇五名の会員候補者名簿があり、そのうちの六名が黒塗りされている。

7　日本学術会議「第一八一回総会速記録」四頁。

8　任命拒否問題に関する野党合同ヒアリングが数回にわたって開催され、一方自民党はアカデミアの役割というテーマで筆者を含む学術会議会長経験者を招いてプロジェクトチームの会合を開催した。また、主要なメディア報道番組が任命拒否問題を取上げたので、新聞はもちろん、テレビやラジオでも、連日のように朝昼晩と学術会議が話題を提供することになった。

9　一九八三年五月十二日の参議院文教委員会における答弁で、高岡完治内閣総理大臣官房参事官は、「二百十人の会員が研連から推薦されてまいりまして、それをそのとおり内閣総理大臣が形式的な発令行為を行うというふうにこの条文を私どもは解釈をしておるところでございます。この点につきましては、内閣法制局におきます法律案の審査のときにおきまして十分その点は詰めたところでございます。」と述べ、形式的任命という見解が内閣法制局との法案審査を踏まえたものであることを明らかにした。

10　日本国憲法第七三条は内閣の事務を定めており、第一項は「法律を誠実に執行し、国務を総理すること。」である。

11　広渡清吾「科学と政治の関係——日本学術会議の会員任命問題とは何か」法律事報九二巻一三号、二〇二〇年一二月、二四六頁。

12　任命拒否された六名は、いずれもそのことを明かした上で外部へ情報発信している。六名の氏名と専門分野は以下である。芦名定道氏（京大教授、キリスト教学）、宇野重規氏（東大教授、政治思想史）、岡田正則氏（早大教授、行政法）、小沢隆一氏（慈恵医大教授、憲法学）、加藤陽子氏（東大教授、日本近現代史）、松宮孝明氏（立命大教授、刑事法）。

13 女性会員の増加については、二〇一五年策定の「第四次男女共同参画基本計画」に「日本学術会議の会員に占める女性の割合」を、平成二七（二〇一五）年の二三・三％（現状）から、平成三二（二〇二〇）年には三〇％（目標）にすることが明記された。因みに実績値は、二〇一七年一〇月現在（第二四期発足時）で三二・九％、二〇二〇年一〇月現在（第二五期発足時）で三七・七％と目標を達成している。

14 会員選考について任命権者である総理大臣に事前に説明することは求められなかったので、官房長官への説明が事実上の最終段階であった。

15 日本学術会議「第一八一回総会速記録」八頁。

16 日学法第一七条にある会員の選考基準である「優れた研究又は業績がある科学者」について、学術会議では、研究は主として研究論文等によって評価し、業績は特許などの実績、受賞歴などを広く評価するようにしている。つまり、民間企業の研究者が秀でている項目も評価対象になる。

17 日学会則第八条第二項の規定で、選考委員会は、会員及び連携会員の候補者の名簿を作成し、幹事会に提出する。三年毎の半数交代の際に、候補者を何人選考して幹事会に提出するのかについて規定した規則はない。しかし、補欠会員の選考に当たっては、「順位を付して候補者の名簿を作成して幹事会に提出する」との幹事会申合せがあるので（「補欠の会員の選考手続きについて」（二〇〇五年六月二二日第一八回幹事会申合せ））、会員候補者の選考を行う委員会として、選考委員会は半数改選の際にも、改選数一〇五名に相当する候補者が明らかになる形で候補者の推薦を行ってきた。本文にある、首相側が求める学術会議として誰を候補者として推薦しようとしているのかがほぼ確定するのは、選考委員会が改選数に相当する会員候補者を事実上決定した段階であり、まだ最終決定ではないという意味では、選考委員会の最終決定が残されている段階となる。具体的には、選考委員会が少なくとも幹事会へ提出する候補者名簿を提出するための最終会合を残した段階で、選考委員会の了承の下で首相官邸サイドへの選考経過の説明を行ったことになる。

18 その中にも誤りがある。同文書の一．（二）の一九八三年法改正で選挙制から推薦制に改正されたことに関する記述で、「学会を基礎として選出された者を日本学術会議が会員候補者として内閣総理大臣に推薦し、」とあるが、正しくは、「推薦人として指名された者は、…会員として推薦すべき者及び補欠の会員として推薦すべき者を決定し、日本学術会議を経由して、これを内閣総理大臣に推薦する」（八三年改正法公布時の日学法第二二条）である。なお、この条文に、「会員として推薦すべき者及び補欠の会員として推薦すべき者」とあることも、現在、選考委員会・幹事会・総会が候補者を選考する際に改選数に等しい候補者を選考している根拠のひとつである。

19　行政権が内閣に属することは憲法第六五条、総理大臣による行政各部の指揮監督は第七二条に規定されている。

20　もし仮に、会員の候補者の推薦が定員を超えて行われることがあり得るのであれば、その中から任命されるべき会員を選考する手続が日学法などに明記されていなければ会員任命ができないことになるが、そうした規則等は存在しない。その点からも現行制度が、定員と同数の推薦を想定していることは明瞭であろう。

21　学術会議事務局については、「日本学術会議、事務局を置き、日本学術会議に関する事務を処理させる」（日学法第一六条）と任務を定めている。日学法第九条第一項に「会長は、会務を総理し、日本学術会議を代表する」とあることから、学術会議の見解が、会長の了解を得ずに事務局によってまとめられることは日学法に反している。

22　二〇二〇年一〇月一二日の加藤勝信官房長官記者会見で、学術会議と千人計画の関係を承知していないと述べた。

第二章　日本学術会議前史

第一節　起源は明治初期

日本学術会議の設立に至る軌跡をたどってみよう。前章で述べた二〇二〇年における首相による会員任命拒否問題について考えるうえでも、またより広く、学術会議とはどのような存在であるのかを理解するうえでも、形成の経緯を知っておくことは意味があると思うからである。現在の学術会議を知るためには、一九四九年における日本学術会議の発足と、現在に至る七十余年間に、法改正を伴う大きな変貌を二度にわたって遂げたことに注目することが必要である。両改正とも会員選出方法の変更を含んでいた。どのようにして、誰を会員に選ぶのかを変更することによって、組織の構成が変わるから、会員選出方法が組織の根幹にかかわることはいうまでもない。この点は第三章、第四章で詳しく述べる。本章では、近代日本の出発点である明治期に遡って、日本における学術組織＝科学アカデミーの誕生と歩みを概観することによって、学術会議の立ち位置、つまり、政府と学術組織との関係を考えたい。

現在の学術会議につながる学術組織がわが国で発足したのは一八七九（明治一二）年一月一五日のことであり、東京学士会院と名付けられた組織がそれである。東京学士会院は、通常は学術会議ではなく、現在の日本学士院の前身として位置づけられている。[1] しかし、これらの組織の機能を考えると、東京学士会院を日本学士院のみの前身に当たるとするのは必ずしも適当ではないと思う。なぜなら、後述のように東京学士会院の規程（東京学士会院規程）では、教育や学術に関して政府の諮問に答えたり、会院側から意見を述べることができると定められているのに対して、現在の日本学士院には諮問・答申や建議の機能はなく、その事業は優れた研究業績に対する授賞や会員等による研究報告といったもっぱら学術界に閉じた活動に限られているからである。[2] そして、学術組織として政府からの諮問への答申、勧告や意見開陳を含む建議の機能は日本学術会議が担っている。

もちろん、東京学士会院、帝国学士院、一九四七年に改称された日本学士院、四九年以降の学術会議に属した日本学士院を経て現在の独立した日本学士院に至る組織間には、構成員の継承関係があるので、その点ではこれらの機関に前身・後身の関係があるとするのは妥当である。しかし、備えられた機能という観点で見れば、特に東京学士会院は、現在の学術会議と日本学士院を合わせたような機能を持っていたのである。より正確には、規程を見れば東京学士会院は学術会議により近い機能（諮問答申、建議・意見開陳）を担っていた。なぜなら、現在の日本学士院が果たしている研究業績の顕彰という機能は、帝国学士院への改組後しばらくして付け加えられたものであり、東京学士会院には備わっていなかったからである。[3] さらに付言すれば、帝国学士院の規程では、文部大臣からの諮問を受けることは書かれているが、自ら意見を開陳したり、建議を行うことは明記されていなかった。規程からみれば、建議機能は後述のように、少し間をおいて学術研究会議が継承し、学術会議につながったことになる。

こうしてみると、日本における近代的な学術組織の黎明期に当たる明治期においては、学者が果たすべき役割に応じて、相応する組織を分けて設置するようにはなっていなかったことが分かる。その結果、東京学士会院や帝国学士院に与えられていた機能の一部は、現在では、日本学士院が継承し、一部は学術会議が継承するといったやや複雑な関係が生じることになった。こうした理解の下で、学術会議の前史を東京学士会院から始めることにする。

東京学士会院の初代会長は福沢諭吉（一八三五～一九〇一年）であった。発足時には、森有礼（一八四七～八九年）や福沢ら洋学の導入に熱心な啓蒙家によって明治六年（一八七三年、規則を定めての正式な発足は翌年）に組織された明六社のメンバー（社員の中でも定員という意思決定に関わるメンバー）が中心となっていた[4]。とはいえ、自主的に結成されたわけではなく、文部省のナンバーツーであった文部大輔の田中不二麿（一八四五～一九〇九年、明六社の格外員でもあった）[5]と文部省顧問のデイビッド・マレー（一八三〇～一九〇五年、David Murray）が中心となり[6]、文部卿の西郷従道（一八四三～一九〇二年、西郷隆盛の実弟で明治政府の重鎮）を動かして結成に至った。西郷は、

教育の進路を指点し、学術技芸を提撕せんことを欲せば、宜しく学士会院を設け、学徳素あるの士を会して、互いに其要務を討議するの所となすべし

との諮詢書（諮問）を福沢ら明六社の有力メンバーだった七名に送って協力を求め、[7]その結果として、一八七九年初めに、まず七名で発足したのが東京学士会院であり、順次会員を増やし、六月には森有礼が加わって、当初の計画であった二一名に達した。[8]

明治の日本における国の組織整備の多くがそうであったように、東京学士会院の発足に当たっては欧米の先例を参考にした。[9]学者を組織して教育や研究を振興しようとする活動は、欧米ではすでに始まっていた。一七世紀初めに設立されたイタリア科学アカデミーを皮切りとして、欧州主要国では今日につながる科学アカデミーが一七世紀に次々と設立されていた。アメリカでは、全米科学アカデミーの設立は一八六四年に暗殺されたリンカーン大統領の署名によるとされているから、明治維新以前に設立されたものの、欧州主要国よりはだいぶ遅れた。

日本でも江戸時代から昌平黌や蕃書調所のような学者組織は存在し、[10]明治になってからも先述の明六社等による教育や学問の普及啓蒙活動が興った。明治維新以降においては、堰を切ったように活発に行われた視察団派遣による欧米列強の調査や、留学を通じて洋学の学修、吸収が進み、海外アカデミーの活動を見聞し、海外の科学アカデミーが提唱するように学術研究の進展が社会発展と不可分であるとの認識が指導者層やそれに次ぐ世代に共有されていった。そうした中で、自ら学んだ海外事情をもとに学者の組織化を進めたのが森や田中であった。また、西郷従道も、明治維新の翌年に欧州視察を行っていた。西郷は海軍軍人として上り詰めていくのだが、最初の重職となった文部卿[11]としての七か月間の在任中に日本における科学アカデミーの歴史を拓いたことになる。一八七九年一月に発足した東京学士会院は、四月に東京学士会院規則を自ら定め、定員、会員選出方方法、運営体制、議決方法、主たる活動、年金や経費等を示した[12]。九〇年には、東京学士会院規程が勅令（第二六四号）によって公布され設置根拠が明確になった。

ここで、東京学士会院の発足と、勅令としての規程公布との間に一〇年以上の間隔があることに気付く。勅令という法形式が導入されたのは一八八六年からであるから、東京学士会院発足時には勅令制度がなかったことはともかく、七九年に定めた規則は運営ルールとでもいうべきものであり、組織の在り方や役割については第一条に簡単に述べるに留まっていた。したがって、いずれにせよ組織の目的や主要活動を定めた新たな規則が必要であった。このため、東京学士会院の在り方や役割を巡っては、毎月一回の定例会合や臨時会合で活発な議論が行われたのであるが、その中で意見の相違が顕在化していった。中でも、福沢ら慶應義塾に関係する会員と政府寄りの意見を持つ会員との間に考え方の相違が生じていた。福沢は、文部省などの官主導で構成員が選定され、運営されていくことに批判的であり、少なくとも官私の職にある者を対等に扱うことを求めていた[13]。こうした考えはいわば福沢の持論で、明治初期にベストセラー『学問のすゝめ』を物した福沢が抱いていた学者の本分は私立為業にあるとの考えに基づいていた。以下は、少し時代を戻すが、東京学士会院発足以前、明六社発足後間もない時期に福沢が発表した『学問のすゝめ』の一節である。

我輩先づ私立の地位を占め、或は学術を講じ、或は商売に従事し、或は法律を議し、或は書を著し、或は新聞紙を出版する等、凡そ国民たるの分限に越えざるを事は忌諱を憚らずしてこれを行い、固く法を守って正しく事を処し。或は政令信ならずして曲を蒙ることあらば、我が地位を屈せずしてこれを論じ、恰も政府の頂門に一針を加え、旧弊を除て民権を回復せんこと方今至急の用務なるべし（福沢諭吉『学問のすゝめ』一八七四年一月、第四編第七段落抜粋）

自らを含め西欧文明に学んだ洋学者は、政府に属するのではなく、独立自尊の立場に立って民業に従事して国民の啓蒙に当たるべきことを主張してきた福沢は、ここに自説を明確に述べている。この一節は、明六社の他のメンバーへ論戦を挑んだものとも受け取られ、明六社内外で議論を呼んだとされる[14]。

福沢は、当然ながら、東京学士会院に参画しても、私立為業を重視する立場を保持し、例えば、東京学士会院の運営についても政府から会員へ支給される年金を積み立てて、会が行う事業資金に充てようという提案を行なった。しかし、これに対して、それならば解散して、東京学士会院に向けられたであろう政府の資金を教育振興に使う方がいいという解散論や、徐々に年金に見合う活動実績をつくっていけばいいという漸進的改革論等が出されてまとまらなかった[15]。福沢は会員となり初代会長に選出されたが、自らの意見が多数派とならないことを知って、任期六か月目の改選で会長を西周（一八二九〜九七年）と交代し、一八八〇年末には退会してしまった[16]。このため、東京学士会院の機関誌として月一回発行された東京学士会院雑誌にも、その第一号に「教育論」と題する論考が掲載されたのみであった[17]。福沢退会は小さからぬ事件であったように思えるが、福沢が高齢や家事多忙などを辞任の理由にしたために騒動が起きたとまでは言えなかったようであった。しかし、福沢は当時四十代半ばであり、盛んに執筆活動を行っていたいわば働き盛りであったから、高齢や家事多忙は表向きの理由であり、実際には、文部省主導による学者の組織化に対して不同意を示したということだろう。[18]そして何人かの慶應義塾に縁のある会員も追随して退会し、別途、交詢社を拠点にして学者や実業界の知識人グループとして活動することになった。

東京学士会院の在り方を巡る意見の対立に、もう少し立ち入ってみよう。もともと西郷からの誘いにあった数行の文に賛同して会員になったものの、福沢を含めた会員相互間に東京学士会院の在り方に関わる共通認識は十分にできてはいなかったようだ。また、規則によって年金が支給されることになったことも、それに値する活動は何か、という点で議論を深刻なものにしたといえよう。さらに、一八八〇年三月に、東京学士会院の実質的設立者というべき田中文部大輔が教育行政の不評に責任を負う形で、司法卿となって転出すると、東京学士会院は後ろ盾を失うことになり、混迷が深まった。文部行政は八〇年二月から文部卿となった河野敏鎌（一八四四〜九五年）の下で儒教主義的な教育制度、つまりは保守的な統制主義の方向をとり始め、福沢等の開明的啓蒙主義は排斥された。[19]河野は、東京学士会院も軽視し、その役割を百科事典や辞書の編纂に限定するといった考えを示した。

発足以来行われてきた、会院の在り方に関する会員相互間の議論に加えて、河野文部行政下で批判に晒されることになった東京学士会院では、打開の方向が見えないまま改革論議が継続され、その過程で、福沢は退会したことになる。福沢等の退会の後も、果たすべき役割、あるいは内部にどのような分野を設けるのかなどを巡って議論が続いた。[20]その中で次第に諮問機関説が力を得てきた。それは、文部省から教育の在り方に関する諮問を受けて、答申を作成する役割を果たすことによって存在意義を示し、年金支給の根拠にしようという考えであった。

東京学士会院が進むべき方向を見出し、勅令の下で存在が安定するのは、森有礼がロンドンから帰国し、文部省御用掛（一八八四年四月）から、内閣制度の成立とともに初代文部大臣に就任してからである（八五年一二月）。森自身は、東京学士会院での会員間の論争が激しかった発足後間もなくの時期に英国公使となってロンドンに赴任していたから、手紙で議論に加わっていたとはいえ、議論の中心にいたというわけではなかった[21]。森は、文部大臣として教育制度構築を積極的に進め、学校制度や学位制度の発足に大きな足跡を残した。同時に、学者の組織化についても国家形成にとって必要との観点から取組んだのである。八四年一一月の東京学士会院の例会では、「組織改正案」を提案し、その役割を文部行政に関する助言機関とするとした。これは、ロンドンから手紙で送っていた意見を、当時の文部行政の実情に合わせて改良したものであった。この案を巡っての会院内部での議論を経て、政権内部の合意形成を進め、東京学士会院組織大綱、会則改正を経て、九〇年一〇月に東京学士会院規程が公布されたのである。しかし、これをまとめていった森は、文部大臣として三年二か月を務め、なお在任期間中であった大日本帝国憲法発布式典の日（八九年二月一二日）に四二歳でテロに斃れた。

東京学士会院規程の内容については次節で帝国学士院規程との対比で考察するとして、東京学士会院が行った建議と諮問答申についてここで整理しておこう。これまで述べたように、勅令によって規程が制定されるまでは、会院の在り方といういわば内部問題が重要課題であったが、それでも当初の規則第一条にある、「本院設置の主意は教育の事を討議し学術技芸を評論するに在り」に基づいて、教育・学術技芸に関する議論とそれを踏まえた建議も行った。さらに規程制定後は、次節で述べるように第四条によって文部大臣からの諮問を受けたり、自ら建議することになった。『日本学士院八十年史』及び『日本学士院小史』では、主なものを紹介するとして建議一〇件、諮問答申二件を取上げている。[22]それによれば、建議は福沢等が在籍中の一八八〇年末までに五件、その後、規程公布までの約一〇年間に三件、それ以降に二件であり、文部卿・大臣からの諮問はそれぞれ一件であった。建議の内容は辞書の編纂の提案、教育内容の提案、高等私立学校での懲役免除の提案等多様であった。結果を見ると、建議が実現された、あるいは直接的ではないにせよ結果が建議に方向に沿うものとなったものなどと、文部省からの反応がなかったり、建議そのものが流案となったものが半々という具合であった。中には、森や加藤弘之（一八三六〜一九一六年）が、文部大臣や帝国大学総長として実現したものも含まれているので、その場合には会院における審議を考えの整理や合意形成に使ったということになろう。また、諮問については、小学校用修身教科書検定の委託と速記術発明者への年金下賜の二件であり、前者は会院としては受け入れることを内諾したが、その後委託されたのかは不明、また後者はこれを是としたが、その後実行されたのかは不明とされている。

第二節　帝国学士院と国際舞台へのデビュー

東京学士会院を拡充する形で一九〇六（明治三九）年に帝国学士院規程が公布され、同年七月に東京学士会院を廃止して帝国学士院が発足した。森有礼亡き後、中心を担ったのは東京学士会院で第三代、第五代、そして最後の第七代会長を務めた加藤弘之であり帝国学士院初代院長に就任した。そして、東京学士会院の要人が移行する形で帝国学士院でも揃って要職に就いたことに示されるように、帝国学士院は、少なくとも人脈の点で、それまでの東京学士会院を継承するものであった。両者の規程（それぞれの制定時のもの）をもとに整理しておこう。[23]

①両院とも文部大臣の所管で、会員選考や業務は文部大臣の監督下で行われた。設置の目的は、「学芸の品位を高くして以て教化の裨補を謀らんが為」（東京学士会院規程第一条）、「学術の発達を図り教化を裨補する」（帝国学士院規程第一条）とほぼ同意で、学術の発展を通じて人々が善行を行うのを助ける、あるいは社会が正しく発展するのを助ける、との意味だろう。

②東京学士会院の会員には、一五名が帝室特選、二五名が会員推薦を経て文部大臣認可と二種類が存在したのに対して、帝国学士院では全会員（当初六〇名）について、学士院が特選し勅旨をもって任命するとされた。東京学士会院では、会員の内訳についての定めはなかったが、帝国学士院では、会員は第一部文学及び社会的諸学科、第二部理学及びその応用諸学科として合せて六〇名とされ、内訳となる部の定員は定められていなかった。[24] また、東京学士会院の規程には会員が終身であることが明記されているが、帝国学士院規程にはこの規定はない。

③主たる活動は、「各自専攻の学科につき論説を述べ、また学芸及び教化に関する事項につき報告する（第三条）。文部大臣より諮問ある時は審議復申する、会員各自意見あるときは会院において審議し文部大臣に開陳することを得（第四条）」（東京学士会院規程）とあるのに対して、帝国学

士院は「会議を開き学術及教化に関する事項を審議（第六条）、会員は専攻の学科に付論文を提出し又は報告をなす（第七条）、文部大臣の認可を受け外国における学術上の団体と共同して研究をなし、又はその会員となることを得（第九条）、文部大臣は学術及教化に関する事項に付帝国学士院に諮詢することを得（第十条）」（同規程）となっており、〝会員に意見があるときは、会院として審議し、文部大臣に開陳することができる〟という意見開陳の規定が東京学士会院にはあるが、帝国学士院規程には明示されていない。

④両規程とも満六〇歳以上の会員に年給を支給するとある。但し、東京学士会院では一〇名以内に限ると人数制限があり、年金額は三百円（現在価値約六八万円（筆者注））と明記されている。

⑤両規程とも事務職員は文部省所属とするとある。

主要会員が継続して任命されていることから、東京学士会院から帝国学士院への移行はスムースに行われたと考えられる。しかし、こうして比べてみると、東京学士会院に与えられていた意見開陳機能が、帝国学士院では明記されていないという規程上の差異がある。一方で、帝国学士院の規程には海外学術団体との交流が明記され、先方から加入を誘われていた万国学士院連合のメンバーとしての活動を可能とする予算措置の根拠となった。一八九九年にドイツのヴィスバーデンで設立された万国学士院連合（International Association of Academies, ＩＡＡ）への加盟は、東京学士会院を帝国学士院へと発展的に改組する大きな理由であった。つまり、国際組織に加盟して各国のアカデミーと交流するために、カバーする学問分野の拡大（特に理系の拡充）、会員増加、相当の予算獲得等が必要とされたのである。ＩＡＡへの加盟は一九〇七年に承認され、帝国学士院は第三回大会（一九〇七年五月、ウィーン）から代表を派遣した。

帝国学士院は、ＩＡＡに加盟して国際交流を進めることに加えて、欧米の科学アカデミーの活動を参考にして国内においても事業を拡大した。実は、東京学士会院は文部省幹部によって冷遇された時期もあり、財政的には厳しい状況が続いていた。その意味では、国際組織への加盟は予算増強のチャンスとなった。授賞制度は明治天皇からの資金提供で始まり、恩賜賞の他、他の寄付申出に応じて賞を増やした。研究費の補助も、皇室からの資金提供に民間からの寄付を加えて始まった。また、帝国学士院自身が行う研究調査として、和算史の調査や伊能忠敬の事蹟調査等が始まった[25]。一九二五年からは勅令で貴族院帝国学士院会員議員制度が発足し、四名の議員が選出された[26]。一八八六年に東京学士会院の会館が建設されていたが、一九二五年には帝国学士院の会員数が一〇〇名に増えたこともあり、新たな会館が一九二六年に竣工した。こうして見ると、皇室をはじめ各方面から資金が寄せられ授賞事業や研究費補助事業、研究事業を拡大し、さらに会員数の増大、貴族院での議席確保、新たな会館建設などが進んだ大正末から昭和初めは、帝国学士院が最も発展した時期と捉えることもできよう。

それでは、本書の関心である諮問・答申、あるいは建議という科学的助言活動はどうだったのであろうか？　学術会議の第一回総会（一九四九年）における学士院院長（田中三良）の挨拶に次のような件がある。

「東京学士会院は学芸及び教化に関する事項につき、文部大臣より諮詢ありたるときは審議復申するものとす、また会員各自意見あるときは、会院において審議し、文部大臣に具申することを得、ということになっております。…世の中には学士会院というものを非常に重要視し、過大視せられまして、学士会院をあたかも今日できました日本学術会議を縮小したる審議機関又は諮詢機関であるかのごとくに誤解する者も少なくなかったのであります。しかしその実はこれはほとんど空文でありまして、有名無実でありました。文部大臣から諮詢せられましたことは、未だかって一度もありません。また学士院自ら政府に建議しましたことは、ただ一回大正八年に学術研究会議を設置せらるべき必要を提唱したばかりであります[27]。」

しかし、すでに見たように、学士院自身がその後まとめた『日本学士院八十年史』にも、東京学士会院が建議、答申した例が記述されている。この面の活動が次第に不活発になったとはいえるにしても、田中のあいさつ内容は正確さを欠いており理解に苦しむ。一方で、帝国学士院になってからは、諮問の規定はあるものの、建議は明文化されておらず、また八十年史等にも諮問答申や建議に関する実績の記述がないので、これらは主要な活動として認識されていなかったと考えられる。そして、組織の在り方における一大事であった万国学術研究会議の支部としての学術研究会議の設立問題にどう対応するかの際に（本章第四節で述べる）、新組織設立を建議したということであろう。

国際連携活動に目を向けてみよう。一九世紀後半から二〇世紀初頭の世界の科学界はドイツを中心としていた。実験による実証を重視し、かつ教育研究組織を先行して確立したドイツの化学や物理学が、研究の最先端に位置し、他国からもドイツへ留学して学位を取得することを目指すようになっていた。研究を支える政治体制に関しては、ナポレオン帝国崩壊後のウィーン会議（一八一四〜一五年）によってドイツではいくつかの王国が割拠する状態となったが、普仏戦争に勝利した結果、一八七一年にプロイセン王がドイツ皇帝に即位してドイツ帝国が成立した。ただ、科学アカデミーは、ベルリン、ゲッチンゲン、ライプチヒ、ミュンヘン等を本拠とする王立アカデミーが併存していた（これらは今日まで継続し、ドイツ・アカデミー連盟を構成）。こうした中で、科学研究に関わる情報交換や、測地学等の領域での共同調査研究を目的とする分野別の国際会議や、アカデミー間の連合（カルテルと呼ばれた）が形成されるようになった。一八九七年にドイツ語圏のアカデミーのカルテルをさらに発展させる形での国際連携を構想したのがオーストリア科学アカデミー会長であった地質学者エドアルト・ジュース（一八三一〜一九一四年、Eduard Suess）であった[28]。ジュースは、ロンドン生まれで英語が堪能であり、かつ博物館員としての経験等から実務能力にも優れており国際連携の推進に適任の学者であった。ジュースは、九七年にライプチヒで開催するカルテルの代表者会議に代表を送るようにイギリスのロイヤル・ソサエティに要請し、物理学者のアーサー・シュスター（一八五一〜一九三四年、Arthur Schuster）が派遣された。シュスターは、少年期までフランクフルトで育ち、フランス語も学び三か国語に堪能だったこともあり、英・独・仏が中心となる科学の国際連携に深く関わっていくことになった。

この時、ジュースが招待したのはロイヤル・ソサエティのみであったので、シュスターはロイヤル・ソサエティとしてのアカデミーや学会の国際連携への参加は、フランスを含む他の国々のアカデミーが参加するかどうかに依っているという立場を表明した。カルテルでの議論は、調査研究の協力、科学文献の目録作成、各国が行う探検によって取得される情報のプールの必要など実践的に有意義な議論が行われた。しかし、アカデミーの国際連携をさらに進めるにはフランスをはじめとする諸国のアカデミーの参加が不可欠であることが浮かび上がった。参加した各アカデミーは、国際連携の必要を確認するとともに、ロイヤル・ソサエティがフランス、ロシア、イタリアのアカデミーにIAAへの参加意向を確認し、ドイツのカルテルはベルリンの科学アカデミーに参加意向を確認することになった。こうして、IAA設立に向けた動きは一気に進んだのである。その結果、IAAの設立総会は、一八九九年一〇月にドイツの温泉保養地ヴィスバーデンで開催され、準備に当たったドイツ語圏の五アカデミー（ベルリン、ゲッチンゲン、ライプチヒ、ミュンヘン、ウィーンを拠点）とロイヤル・ソサエティに加えて、フランス科学アカデミー、ロシア科学アカデミー、イタリア科学アカデミー（リンツェイ）、アメリカ国立アカデミーの四アカデミーが参加した。加えて、さらに輪を広げるためにオランダ、ベルギー、ハンガリー、ノルウェー、デンマーク、スペイン、スウェーデン、及びフランスの二アカデミーに参加を呼び掛けることになった。

IAAの発足時に問題となったことのひとつは、アカデミーの範囲についてであった。IAAは自然科学部と文学・哲学部の二部によって構成されることになった。また、次期総会開催地のアカデミーが幹事役を務めることなども定められた。第二回総会は一九〇四年にロンドンで開催された。ここでは、前年に開催されていた地震学に関する国際会議を踏まえて、地震と地質に関する国際的な共同調査が議題となった。前年の地震学の会議には帝国学士院からも田中舘愛橘（一八五六〜一九五二年、物理学）と大森房吉（一八六八〜一九二三年、地震学）が出席しており[29]、このことが、帝国学士院がＩＡＡに参加する理由のひとつになったと見られる。この時代の日本の学術界の対外活動を担った中心人物の一人が田中舘愛橘であった。田中舘の専門は地球物理学であったが、航空機、天文学、度量衡、気象学等にも幅広く関心を持ち、加えて学術研究会議、太平洋学術会議等に日本代表として出席する等、一八九八年から一九三一年まで六八回の国際会議に出席したという[30]。

日本がＩＡＡに加盟した第三回総会は一九〇七年にウィーンで開催された。帝国学士院は重野安繹（一八二七～一九一〇年、第一部　歴史学）、と菊池大麓（一八五五～一九一七年、第二部　数学）を派遣した。これ以降、帝国学士院からは第四回総会（一九一〇年、ローマ）には桜井錠二（一八五八～一九三九年、第二部　化学）、第五回総会（一九一三年、セントペテルスブルグ）には坪井正五郎（一八六三～一九一三年、第一部　人類学・考古学）が派遣された。第六回の総会は一六年にベルリンで開催されることになり、王立プロシア科学アカデミーが準備に入っていたが、一四年七月に第一次世界大戦が勃発し、科学者達も両陣営に分かれて、兵士としてあるいは軍事研究者として戦争に巻き込まれていき、国際会議を含む国際連携は中断せざるを得なくなった。

第三節　主要国におけるアカデミーの発足と国際連携[31]

東京学士会院から帝国学士院への発展的移行を促したのは学術の国際的連携促進という課題であり、まずはドイツが世界（とはいえヨーロッパということであるが）をリードすることになった。前述のように一七世紀に、欧州主要国では次々と科学アカデミーと総称される学術組織が設立された。多くの場合、各国の統治組織が直接間接に関わって設立したり、自主的に設立された後に国が活動を支援するようになった。しかし、その歩みは単調ではなく、様々な試練に晒されてきた。中には、活動が低迷したり、いったん消滅する場合もあった。それでも、学術の成果が社会の発展や国力の強化に結びつくとの認識が広がる中で、各国において組織が維持、あるいは再建されて、学術の発展を奨励する役割を果たしてきた。以下では主要国のアカデミーの発足に焦点を当ててみよう。

最も早く設立されたとされたのはイタリアの科学アカデミーであった。科学に強い関心を持った貴族出身のフェデリコ・チェージ（一五八五～一六三〇年、Federico Angelo Cesi）が一六〇三年に、一八歳で他の若い仲間とともにローマで設立した組織で、リンツェイ（Accademia dei Lincei）と名付けられた。[32] リンツェイの名声を大いに高めたのが、やがて会員となったガリレオ・ガリレイ（一五六四～一六四二年）で、ここを拠点にして重要な論文を発表した。しかし、チェージの死とともにリンツェイの活動は停滞し、やがて消滅してしまった。イタリアでは、リンツェイに前後して様々なアカデミーが組織されたが、かつてのリンツェイの精神を引き継いで今日のイタリア国立科学アカデミー・リンツェイ（Accademie Nazionale dei Lincei）が設立されたのは一八七一年のことであった。

ドイツでは、ドイツ国立科学アカデミー・レオポルディナが一六五二年に起源を有し、それ以来継続してきたという意味で最も歴史があるとしている（国立となったのは二〇〇七年）。四人の内科医が創立者で、当初は郵便による運営で、科学や医学関係の雑誌を編集・発行することを主な活動としていたが、神聖ローマ帝国のレオポルド一世がアカデミーとして認め、自身の名前を与えた。一九三三年にナチスが政権をとるとユダヤ人会員の除名を求められ、アインシュタイン等が除名された。レオポルディナはナチス政権との間に距離を置くことに腐心したとしている。レオポルディナは本部をハレに置いていたため、第二次大戦後は東ドイツに属することになったがドイツ全体のアカデミーとしての立場をとるよう努めてきたという。ドイツには今日、ドイツ工学アカデミー、ドイツ自然科学・人文学アカデミー連盟、ドイツ若手アカデミーなどが活動する。このうちアカデミー連盟は、ベルリン、ハイデルベルグ、マインツ等に本拠を置く八つのアカデミーから構成されており、その中には一七〇〇年に起源をもつベルリンのアカデミーをはじめとして長い歴史を有するアカデミーも存在する。

イギリスでは、一六六〇年にロンドンでロイヤル・ソサイエティ（王立協会、Royal Society）が設立された。発足時には、ロンドン大火（一六六六年）からの復興に大きな功績を上げることになった建築家であり天文学者でもあったクリストファー・レン（一六三二〜一七二三年、Christopher Wren）の講演に続いて会合がもたれるといった、学者の議論の場の装いであったが、国王チャールズ二世（一六三〇〜一六八五年、Charles II）の勅許によって王立の名称を冠することになった。その後、一八世紀になるとアイザック・ニュートン（一六四二〜一七二七年、Isaac Newton）が会長を務めて知名度を高めた時期があった。しかし、一九世紀になると非学識者が会員の多数を占めるようになって活動が低迷し、会員選考の厳格化を図るなどの改革が行われ今日に至っている。イギリスには現在、王立芸術院（Royal Academy of Arts、一八世紀後半に設立）、医学アカデミー

(Academy of Medical Science、二〇世紀末に設立)、王立工学アカデミー(Royal Academy of Engineering、二〇世紀後半に設立)、さらに人文科学・社会科学分野のイギリス学士院(British Academy)等がある。

フランスでは、一六六六年に財務総監の地位にあった政治家コルベール(一六一九〜八三年、Jean-Baptiste Colbert)の考えをルイ一四世(一六三八〜一七一五年、Louis XIV)が受け入れて学者達の定期的な会合が王宮内の図書室で行われるようになった。これが現在のフランス科学アカデミー(Academie des Sciences)の出発点とされる。当初は法的な資格が与えられていなかったが、一六九九年にルイ一四世がこの集まりに王立科学アカデミーの資格を与えルーブル宮を拠点に活動することとなった。一七世紀には、このほか、現在のフランス芸術院、フランス文学院、アカデミーフランセーズ(フランス語辞書編纂)、フランス人文院(設立は一八世紀後半)につながる組織が設立された。しかし、フランス革命やその後のナポレオンによる帝政などの動乱の中で、フランス科学アカデミーは廃止・再建、あるいは低迷の歴史をたどるなど、様々な試練を経てきた。現在では、全体を統合するフランス学士院(Institut de France)の下に、第一部門には科学アカデミー、第三部門にはアカデミーフランセーズといったように、前述の五アカデミーが位置付けられている。

アメリカでは、一八六三年、南北戦争の只中にリンカーン大統領(一八〇九〜六五年、Abraham Lincoln)が署名した法によって全米科学アカデミー(National Academy of Sciences、NAS)が設立された。科学者の選挙によって選出される会員は当初は五〇名であったが、その後拡大され第一次世界大戦の時期には一五〇名になった。しかし、欧州諸国に比して弱体とみなされた上に、一九世紀後半にはＮＡＳの活動が不活発になっていたこともあり、軍備強化への学術の貢献の観点からもＮＡＳの活動は十分ではないという議論が起こった。特に、国際担当であったジョージ・ヘイル（一八六八〜一九三八年、George E. Hale）が科学の成果を産業や国防にもっと活用するべきという観点からウィルソン大統領に働きかけて全米学術研究会議（National Research Council、ＮＲＣ）が設置された。その後、ヘイル等のアメリカの働きかけで後述のようにＩＡＡに代わる新たな国際組織の設立へと発展していく。アメリカではＮＲＣは恒久的な組織となり、ＮＡＳ、その後設立された全米工学アカデミー（一九六四年設立）、全米医学アカデミー（一九七〇年設立）とともに、学術の四団体を構成している。

このように、欧州主要国では一七世紀に次々と学術組織が設立された。その立ち上がりを見ると、発足時から法や勅令で定められて出発したわけではないことが分かる。科学の発展には研究者の交流が必要と考えた人々が主導して意見交換の機会が設けられ、場合によっては論文発表が行われ、権力者の目に留まるようになって（あるいは権力者へ働きかけて）国によって位置づけられるようになっていったといえよう。その背景には科学の成果を社会が有用とみなすようになってきたことがある。いや、単に科学というより、その成果を測定機器、機械装置、工業製品等の人工物として結実させてきたことが社会で評価されたと考えれば、科学・技術の有用性が認められたということであろう。科学・技術の有用性が評価されれば、科学やその技術的応用に関する研究開発を専門的に担う科学者や技術者の職能、それらの育成、研究開発を進めるための組織の整備、効率的に研究開発を行う枠組みの形成等が求められることになる。つまり、大学等の専門的な教育を行う機関、大学の研究機能や国や企業が設置する研究機関、学会やその連携体としてのアカデミー、研究を促進するための資金提供の枠組み等が必要とされるようになった。このように科学・技術の発展を社会機構に組み込みながら進めていくことは科学・技術の制度化と呼ばれる[33]。科学的知識や技術が先覚者から弟子へと徒弟制度の形で伝承されたり、個人の才覚で高められた科学的知識が相互に評価されるに留まっていた段階から、その有用性を国家が認知して、系統的に生産発展させるべく制度が構築されていったのである。

科学の制度化で先行したのが、一七八九年七月一四日に始まった革命後のフランスであった[34]。フランスでは、革命前の一八世紀半ばから土木や軍事技術者の養成学校ができていた。しかし、その内実は徒弟制的な技術伝承で科学の先端知識を普及させるものではなかった。フランス革命中にプロイセンやオーストリアによる反革命干渉に対抗する戦争が始まると（一七九二年）、軍備や食糧供給のために国内科学者を動員する体制がとられ、その成果によって九四年には敵軍を撃退し革命政府は危機を脱した。この経験が新しい科学・技術教育体制の創出、すなわちグランゼコールと呼ばれる専門的技術者を系統的に育成する仕組みの整備につながった。そこでは、門地による入学資格ではなく競争試験による入学者選抜が取り入れられ、数学と自然科学を基礎学問として習得させ、実験を重視した専門教育を施し、さらにラグランジェ（一七三六〜一八一三年、Joseph-Louis Lagrange）、ラプラス（一七四九〜一八二七年、Pierre-Simon Laplace）といった一流の科学者を教授陣に配した。特にエコール・ポリテクニークにおける科学技術教育は成功を収め、多くの科学者・技術者を輩出し、さらに各国からの留学生を引き付けることになった。

しかし、フランス革命とともに進んだこの過程はフランスの科学界にとっては厳しい試練の時代でもあった。一七九三年にジャコバン派が独裁体制を敷くと、アンシャン・レジームとされた王立科学アカデミーをはじめとする全アカデミーは閉鎖され、会員であった化学者のラボアジェ（一七四三〜一七九四年、Antoine-Laurent de Lavoisier）は金銭横領の疑いで逮捕され、ギロチン刑に処せられるなど、科学者も過酷な運命を免れなかった。しかし、九四年七月に国民公会のクーデターで議長のロベスピエール（一七五八〜一七九四年、Maximilien François Marie Isidore de Robespierre）が逮捕、即日処刑され、ジャコバン派による恐怖政治は終わった（テルミドールのクーデター）。翌九五年に新たに国立学士院（Institut National des Sciences et Arts）が創立され、旧王立科学アカデミーはその第一部として位置付けられた。革命による内政の激動とともに、オーストリア、プロイセンとの戦争の中で先述のような科学・技術の動員体制が構築されていったことになる。

フランスは、錯綜した革命の進行と重なったオーストリア・プロイセンとの戦争の過程で英雄となったナポレオン（一七六九〜一八二一年、Napoléon Bonaparte）の時代を迎え、その下で重視されたグランゼコールを中心とした科学の教育・研究体制は世界の教育研究の中心となった。しかし、ナポレオンが重用したラグランジェやベルトレ（一七四八〜一八二二年、Claude Louis Berthollet）を中心とした体制であったために、一八一五年の百日天下を経たナポレオン時代の終焉とともに退潮期に入った。エコール・ポリテクニークからも、これらの二人に続く国際的な吸引力を持つ人材が出なかった。このため、やがてフランスの科学者自身が認めざるを得ない科学の衰退が起こり〝制度化された科学〟の中心はドイツに移っていった。[35]

ドイツにおける科学の制度化、つまり国力の増強にとって科学の発展が不可欠という認識に基づく科学教育・研究の組織的推進は、一八〇六年に、イエナの戦いでプロイセン王国がナポレオン軍に敗北したことが大きな契機になり、いくつかの複合的な動きを伴って進んだ。まず、領邦国家に分かれていることに対応してアカデミーも主要都市を拠点に分かれて存在していたことが科学研究の停滞をもたらしてきたとしてドイツ自然科学者・医学者協会が設立され（一八二二年）、毎年開催都市を移しながら総会を開催し、科学の啓蒙や科学者の結束と相互交流が進められた。教育の場としての大学は、学生数が減少し、研究の中心はアカデミーや学会という状況であったので廃校が進むなど衰退傾向にあった。その中で、ベルリン大学創設に貢献したフンボルト（一七六九～一八五九、Friedrich Heinrich Alexander, Freiherr Von Humboldt）らの努力によって、教育と研究を統合するという理念のもとに、学生がゼミナールでの討議や、実験を通じて学ぶという新しいタイプの研究大学が生まれた。そこで行われた実験重視の研究指導は、特に自然科学の分野で有効性を発揮し、研究論文を量産して世界の学術界をリードする役割を果たした。この結果、特に化学をはじめとする自然科学の分野ではドイツへの留学を目指す動きが広がり、世界の中心となっていった。また、フランスでのポリテクニークの成功を参考にドイツでも高等技術学校「テーハー」が設けられた。ドイツではフランスと違って、テーハーは国に一つではなく主要都市に作られていき、組織的に人材を生み出す仕組みとなって産業振興に貢献した。一方で、テーハーでは基礎科学の教育にも取り組み、工科大学としての地位を確立していった。こうして、ドイツ各地の大学間、テーハー間、そして大学とテーハー間で研究上の競争が起こり活性化した。その結果、ドイツは化学をはじめとする自然科学の分野で世界をリードする存在となる。例えば一九〇一年に第一回目の受賞者を出したノーベル賞においても、最初の二〇年間では、自然科学の三部門（物理学、化学、生理学・医学）でドイツは他国を凌駕する数の受賞者を出すに至ったのである。

制度化された科学の発達の中で、科学アカデミーはどのような役割を果たしていたのか？　当初、個人の研究活動を通じて業績を上げた博学的な科学者の交流組織として生まれた科学アカデミーから見れば、科学の制度化は、大学やその他の研究機関で研究と人材育成が組織的に行われるようになったという点で、その役割が縮小することを意味した。いや場合によっては科学アカデミーの活動は科学の発展の桎梏となっているとの批判を受けて、より権威色の少ない、研究者の自由な交流を重視した組織の形成を促すことになった。こうした動きの先駆けとなったのが、先述のようにドイツにおけるドイツ自然科学者・医学者協会であった。同様の動きは他でも起こり、例えば、イギリスでは、ロイヤル・ソサエティが学者以外の会員増大によってアマチュア的サロン化していることの批判が高まる一方で、地質学、顕微鏡学、天文学、化学、物理学等の専門分野での学会の設立が進み、専門化された科学者が交流し、科学の発展のみならず職能集団としての地位向上を進める組織として一八三一年に英国科学振興協会[36]が設立された。フランス科学会議（一八三三年）、フランス科学振興協会（一八七二年）、アメリカ科学振興協会（一八四八年）、イタリア科学振興協会（一九〇七年）というように科学振興のための組織は各国で設立されていった[37]。

こうして眺めると科学の制度化の中で、大学、専門教育機関、研究所、学会、職能組織というように科学や科学者に関わる多様な組織が形成されていったことが分かる。その中で、科学アカデミーは、他に先駆けて組織されたことで維持してきた希少性を失うことにもなった。特に、国内的には多様な組織が各国内の科学の専門家を広く集めて活動するようになったため、科学アカデミーが科学の発展を先導する役割を持つとは必ずしも言えなくなった。このため、むしろ各国の科学者を対外的に代表する組織として国際的な科学者の連携における科学アカデミーの役割が重視されることになった。

第四節　二つの大戦と科学アカデミー

国際的な動きに、日本はどのように対応していったのかを見ることにしよう。東京学士会院とその後継である帝国学士院が、学術分野に関して政府から諮問を受けたり、意見開陳を行う（意見開陳の規定は東京学士会院のみにある）という点で、学術会議の源流に当たる組織であることはすでに述べた。これらに加えて、大正年間に学術研究会議が新設されて、学術会議の前身がそろうことになる。学術研究会議の設立に向けた動きは、やはり海外から、第一次世界大戦（一九一四〜一八年）が学術の国際連携に及ぼした影響として現れた。学術分野の最初の国際組織であるＩＡＡ（万国学士院連合）は第一次世界大戦によって機能を停止し、解体を余儀なくされた[38]。国際的な学術協力を再開する目的で、イギリスのロイヤル・ソサエティは、中央同盟国（ドイツ帝国、オーストリア・ハンガリー帝国、オスマン帝国、ブルガリア王国）の中心であるドイツとオーストリアを除く連合国側の科学アカデミーを中心とした会議を招集した。一八年にロンドンで開催された新国際学術組織設立準備会というべきこの会議には帝国学士院からも桜井錠二（化学）と田中舘愛橘（物理学）が出席した[39]。ロンドン会議では、IAAが第一次世界大戦開戦によって終焉したことを確認し、連合国諸国の科学アカデミーと関連した学術組織がIAAやその傘下にある種々の国際学術組織から脱会し、必要な分野で国際的な学術協力のための新たな組織（ユニオンと総称されることになる）を設立して、各国の参加を呼び掛けること、新たに設立する国際組織に対応するために、各国は国際組織の支部に当たる学術研究会議（National Research Council）を設立すること等からなる決議を行った。これをもとに、同年一一月に新たな国際学術組織設立のための会議が開催され、翌一九年にブリュッセルで万国学術研究会議（以下IRC、International Research Council）の設立総会が開催された。設立の時点ではまだ分野別のユニオンは正式メンバーとしては参加しておらず、国代表の学術組織がメンバーであった。英米仏に加えて、英連邦や欧州諸国等が中心で（ベルギー、カナダ、フランス、ギリシャ、イタリア、ポーランド、ポルトガル、ルーマニア、セルビア、イギリス、アメリカ、オーストラリア、ニュージーランド、南アフリカ、ブラジル）、日本からも帝国学士院が設立に加わった。しかし、ドイツ、オーストリアなど第一次大戦の中央同盟国は排除された。

IRCの名称にあるResearch Councilはこの時期にアメリカで新たに発足した組織に由来している。アメリカでは、一九世紀半ばに全米科学アカデミーが発足した。第一次世界大戦の危機が迫る中で、NASの国際担当を務めていたヘイルは、ウィルソン大統領（一八五六〜一九二四年、

Woodrow Wilson、第二八代アメリカ大統領）とウエルチ・NAS会長（一八五〇〜一九三四年、William H. Welch、内科・病理学）とを仲介して、戦争が始まった場合に科学者が無条件で国に協力することによって科学の成果を国防に生かすことを提案した。NASはこれを全会一致で決議した。また、大統領も政府側に国防評議会を設けるなど科学の成果を国防に活用することを重視していた。こうしてヘイルの提案が受け入れられて全米学術研究会議（NRC、National Research Council）が発足し、ヘイルは常任会長となった[40]。ヘイルの考えは、科学の社会への応用を促進するために、科学者や工学者と、企業、国の機関、軍が協力する組織を設置するというものであった。

第一次世界大戦は〝化学者の戦争〟と呼ばれることもあり、強力爆弾はもとより毒ガス兵器等の化学研究の成果を反映した武器が使用された。このため各国とも化学者をはじめとする科学者を動員して武器の開発に当たったのである。ただ、NRCは基礎から応用まで幅広い研究を推進する態勢をとった。ヘイルは、大統領とNAS双方に直接協力を促すことによって、こうした動きを組織的に整える役割を果たしたことになる。NRCは産学官軍の協力の下に組織された多種の研究委員会がその実体を形成していた。それらは、当初から航空学、農学、人類学、天文学、植物学、研究統計、化学、地理学、地質学、医薬・衛生学、軍事、硝酸供給、物理学、生理学、産業振興促進、教育機関研究、動物学といった幅広いテーマにわたり、基礎から応用までの多段階に及んでいた[41]。

IRCは、支部として位置付けられる各国のアカデミー（既存の組織を含む）や新たな学術研究組織[42]、研究分野ごとのユニオンから構成されるとしており、先行の国際組織であったIAAと各国との関係を考慮して、多様な組織が加盟できるようになっていた。発足時にはユニオンは加盟して

［図］東京学士会院・帝国学士院文理別新規会員数

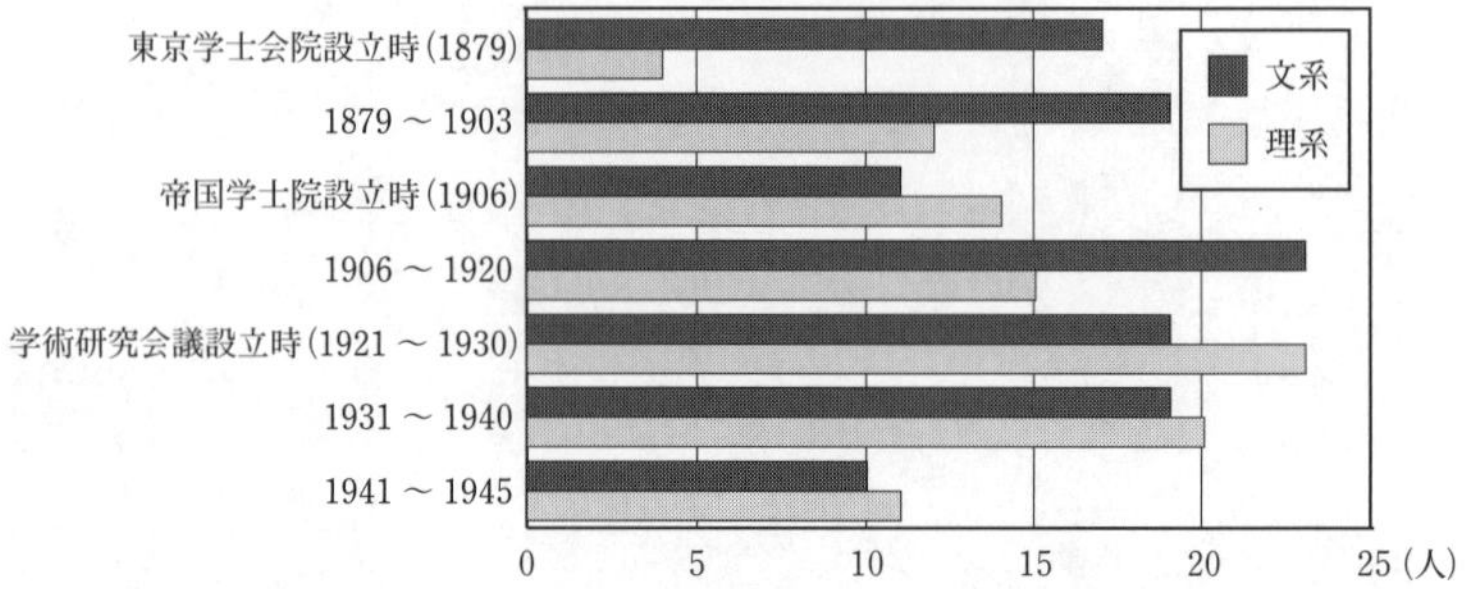

日本学士院物故会員名簿より大西作成

いなかったが、天文学、地理学、数学、生物学、測地学・地球物理学、化学、物理学、電波科学等の分野で組織されていた。

こうした中で、日本においては、帝国学士院の建議[43]に基づいて、学術研究会議官制（勅令）によって学術研究会議を新たに発足させて、ＩＲＣへ加盟することが決まった[44]。学術研究会議には、ユニオンの研究分野に対応して八つの研究分野からなる学術部を設けた。したがって、学術研究会議は理学、農学、工学、医学等の理系のみの会員で発足し、法文経の文系が加わるのは一九四三年の官制改正からであった。振り返ると、東京学士会院以来、日本の学術組織は文系中心の構成であった。この点は、物理、化学を中心としてきた欧米の科学アカデミーの構成とは大きく異なっていた。東京学士会院と帝国学士院の新規会員の文理区分を時期別に見ると［図］のようになる。東京学士会院では設立年に会員となった二一人のうち理系は四人、文系は一七人であった。初めて理系で選定されたのは杉田玄端（医学）で、市川兼恭（砲術学）、伊藤圭介（博物学）、内田五観（数学）が続いた[45]。その後も、帝国学士院設立以前は、文系優位が続いた。それから徐々に理系の会員を増やし、ＩＡＡへ加盟すべく帝国学士院を発足させた一九〇六年九月には、合計で二五名を新たに選定し、そのうち一四名が理系であった。こうして、文理の構成を半々にすることも要件にしながら選定を重ねた結果、ＩＲＣ加盟時における帝国学士院の構成は、文系二八名、理系二七名とほぼ半々になっていた。ただ、それでも欧米の主要アカデミーが理系会員のみか、理系会員を多数とするのに比べると、帝国学士院の構成は文系の多い特異なものであった。現在の日本学術会議では文系会員は三分の一、日本学士院では四六％（それぞれ定員）である。文系の研究者もメンバーになっているＮＡＳでは、およそ三千名の会員の中で社会科学・政治学、あるいは経済学を専門とする会員はそれぞれ八〇名程度であるのに比べて日本の学術組織の文系比率は高い。つまり、このように文系研究者が多い構成という状態は今日まで継続してきた。

世界の主要アカデミーに対応させる形で、理系メンバーを増やしてきた帝国学士院であったが、ＩＲＣへの加盟に当たっては、帝国学士院がそのまま加盟するのではなく、新たに学術研究会議を設立して加盟団体とする道を選んだ。アメリカのヘイルらの考えを受け入れて、ＩＲＣが最先端の研究者を組織することが期待され、関係しそうなユニオンのすべてが理工学分野となるので、文系が半数を占める帝国学士院は相応しくないという判断があったのだろう。また、終身会員制で高齢化しがちな上、年金支給制度によって人数枠が限られた帝国学士院では、産学官軍の連携といった課題に柔軟に応えていくことができないと考えられたともいえよう。そして何よりも、業績の優れた個人が会員となる帝国学士院に対して、学術研究会議は個人が会員になるとしても、それらの個人を通じた研究機関間の連携によって研究促進を図ることが重視されたという点で、帝国学士院とは性格が異なった。

一九二〇年八月に公布施行された学術研究会議官制及び会則によってその組織と機能を見てみよう。

①文部大臣の管理下に置かれた点は東京学士会院・帝国学士院と同様である。目的は科学及びその応用に関しては、内外における研究の連絡及び統一を図って研究を奨励することとあり、東京学士会院や帝国学士院が学術の発達による社会の教化を目的とするとされているのに対して、国際連携を含む研究連携が強調されている。

②関係大臣の諮詢（諮問）に応じて意見を述べ、また、科学とその応用に関する事項について関係大臣に建議することができる。

③学術研究会議はＩＲＣの会員になる。

④会員は学識経験者の中から、学術研究会議の推薦に基づき文部大臣の奏請により内閣において之を命す、とされ、会長及び副会長は総会で会員の互選によって選び、文部大臣の認可を得るとされた。さらに、学術部の部長、副部長もそれぞれ互選によるとされた。定員は一〇〇人で（発足時の規定）、総務部及び専門に応じた学術部に所属した。

⑤任期について官制には定めはないが、会則で六年、再任可とされた。

学術研究会議は、国際機関であるＩＲＣやユニオンが催す会議に代表を派遣することを通じて国際協力活動を行った。設立当初から想定されていたように、ＩＲＣは一九三一年に解散し、代わって国際科学会議（ＩＣＳＵ、International Council of Scientific Unions）が設立された。しかし、三九年九月のドイツ軍によるポーランド侵攻によって第二次世界大戦が勃発したため、学術研究会議からの諸国際会議への代表派遣も停滞するようになり、学術研究会議に関しては、むしろ国内における研究者の連携・協力を図るという機能が次第に重きを占めるようになった。

学術研究会議に関しては、発足後二〇年間程は、ＩＲＣ以外の海外の学術団体の会員になることができる、会長及び副会長は互選によって決める（つまり文部大臣の認可の条文を削除する）といった官制改正が行われた程度であった。また、会員の定員については、当初の一〇〇人から一九三九年には二〇〇人に増えた。

学術組織に関わる国内における転機は、一九三八年に国家総動員法が公布されるとともに、科学振興調査会が発足して、国内の研究者や研究活動を戦争遂行のために動員することが決められたことであった[46]。国家総動員法の立案にあたったのは三七年に内閣に設立された企画院であり、その後内閣には科学的知識を活用して不足資源を補填する方策を審議するため科学審議会が設けられ、科学動員と科学研究の事項を所掌する科学部が企画院に設置され、さらに科学部が新設の技術院へ移行した。現在、内閣府と文部科学省などの複数の官庁が科学技術政策を担うやや錯綜した体制となっている源は企画院にできた科学部にあったという見方もできよう[47]。

学術研究会議についても、組織の強化とともに、文部省からのトップダウンの意思決定が遂行されるよう統制が強められるとともに、組織内においては会長の権限が強化された。これらの点に関する官制改正は一九三九年から累次にわたって行われ、特に重要な官制改正は四三年に行われた。

そこでは、会長、副会長は会員の中から互選で選ばれるのではなく、また会員も学術研究会議の推薦に基づくのではなく、「会長、副会長及び会員は文部大臣の奏請により学識経験ある者の中より内閣において之を命す」（第三条）と改正された。さらに、会長及び副会長の任期は三年とされ、会員任期は内規で六年（重任可）とされていたものを、「会長、副会長及び会員の任期は三年とす、但し特別の事由ある場合に於いては任期中之を解任することを妨げず」（第五条）と文部省の権限が強化された。また、定員を四〇〇名にするとともに法文経の定員を初めて設けた（文系は合計で七〇名）。そして、会員定員は、四五年の法改正で七〇〇名にまで増加したのである。[48]

一方で、学術研究会議の諮問答申や建議の役割を述べた条文は残されたが、これらの条文の前に、「文部大臣は科学研究動員に関する重要事項を審議せしむる為学術研究会議に科学研究動員委員会を置くことを得」（第一〇条）が加えられた。これに対応して、設置目的も、それまで「…科学及びその応用に関し内外における研究の連絡及び統一を図りその研究を促進奨励するを持って目的とする」（第一条）とあったものから、「…科学及びその応用に関する研究、連絡統一及び促進奨励を行うを以ってこれを組織す」と改正された。〝外〟すなわち国際協力の文言が削除されたのである。そもそも日本の場合には、学術研究会議の設立は、ＩＲＣへの加盟を目的としていたのであるから、この条文が削除されたことは、学術研究会議の位置づけが根本的に変質したことになる。新たな位置づけは、戦争遂行のために必要となる研究課題に応えるために会員を増強し、数学、物理、あるいは造兵学や航空工学等を強化し、最新兵器の開発による軍備拡充を進めることに置かれたといえよう。

この間の動きを研究資金面からみると、一九三八年度には科学研究奨励金（自然科学奨励金）等は七・三万円であったが、三九年度の追加予算で科学研究費交付金三〇〇万円が計上された。学術研究会議は交付金を配分する課題の選定に当たることになった[49]。加えて、これらの研究費によって研究を担う研究班を設けて、機関を超えて研究者を集めて研究体制を構築した。学術研究会議の会員増強はこうして設置された最多時二〇〇程度の研究班[50]の中心研究者を取り込むことで進められていった。

前述のように、国家総動員に対応した学術研究会議の変質は、一九四三年及び四五年（一月）の官制改正によって行われた[51]。太平洋戦争での日本の劣勢がはっきりしたガダルカナル島での敗退が四三年二月であったから、いわば戦争の終盤でこうした体制がとられたことになる。化学兵器や核兵器に象徴される科学研究の成果を生かした兵器が使用されたという点で、第一次世界大戦、第二次世界大戦はともに科学者の戦争ともいわれる。世界に先駆けて学術研究会議を設立したアメリカでは、ヘイルが有事の際の政府への協力を目的にしてNRCを設立したことを考えれば、およそ三〇年を経て、日本でも学術研究会議に同じような役割が与えられたことになる。しかし、学術研究会議を通じた科学者の動員体制が第二次世界大戦の最終局面になって構築されたことは、わが国における科学の戦争への応用が決して機敏に進められたわけではないことを示している。

東京学士会院、学術研究会議は、国が関与して設置した学術組織であって、意見開陳や建議の機能をもつ組織として現在の日本学術会議につながる。学術研究会議は、設立の翌年の総会で、「研究の連絡及び統一」「南洋学術研究所設立」等、新たな研究機関設置を中心に十五件の建議を行ったのを始め、その後も数は減少したものの研究費の拡充などに関する建議を行った。また、一九三二（昭和七）年には、現在の特殊法人日本学術振興会の前身である財団法人日本学術振興会が設置されている。帝国学士院（四七年に日本学士院へ名称変更）と財団法人日本学術振興会についても、戦時下における動きを見ておこう。

帝国学士院は、一九一八年に学術研究会議の設立のための総会決議を行い、政府へその旨建議した。一方で、帝国学士院は年金を支給される終身会員制の栄誉機関としての色彩を濃くしていったといえようが、顕彰や研究費支給の面では活動を広げてきた。顕彰制度では、一一年に明治天皇からの下賜金による恩賜賞が創設されたのに続き、帝国学士院賞をはじめとする様々な賞が民間からの寄付金などを財源に創設され、今日まで継続しているものが多い。民間からの寄付は研究費補助金としても使われた。しかし明治末には、予算削減のために十分な活動が行えない状況になっていた。その意味で、IAAからの加盟の誘いは予算増額を図る機会となった。しかし、第一次世界大戦の勃発で短命に終わったIAAの後、連合国が設立したIRCには帝国学士院は参加せず、新たに学術研究会議を創設して参加させることになった。一方で、帝国学士院は、二〇年に、フランスの主導で設立された人文科学分野の国際学士院連合（Union Academique Internationale、設立は一九年）に加盟し、第二次大戦による中断を経て今日に至っている。

現在の独立行政法人日本学術振興会の前身に当たる財団法人日本学術振興会は一九三二（昭和七）年に、下賜金一五〇万円、政府予算七〇万円を基に設立された。その主目的な学術振興とその応用であり、研究に関する調査、研究助成、研究者育成支援、共同研究支援等を行うことであった。

振興会の設立を主導したのは、帝国学士院や学術研究会議、帝国大学の幹部であり、いわば当時の学会の総意として、科学研究を促進するために研究資金の供給が必要とされたことが背景となった。初代理事長は桜井錠二で、帝国学士院院長を兼ねていた。振興会は政府予算の他に、民間からの寄附金を財源として、八〇万円～三〇〇万円（当時の一〇〇万円は現在の二五億円程度）の研究助成（年間三〇〇～五〇〇件程度）、研究委員会運営、図書出版等の事業を行った。四〇年代になると振興会の活動にも戦争の影響が一層濃く表れるようになり、研究成果が国防の充実に使われるべきであると強調されるようになった。

1　日本学士院は物故会員名簿をHPに上げていて、東京学士会院からの会員が含まれている。また、日本学士院は一月一五日を創立記念日としている。一方で日本学術会議が過去の会員として上げるのは一九四九年に就任した第一期会員からである。これらを見ても、東京学士会院を現在の日本学士院の源流とすることに異論が存在する訳ではないことが分かる。したがって、本書で、東京学士会院を学術会議の源流とするのは、その機能面の関連性に基づくものである。

2　日本学士院法では、設置の目的に、「日本学士院は、学術上功績顕著な科学者を優遇するための機関」（第一条）とあり、事業として「第一号　学術上特にすぐれた論文、著書その他の研究業績に対する授賞、第二号　会員が提出し、又は紹介した学術上の論文を発表するための紀要の編集及び発行、第三号　その他学術の研究を奨励するため必要な事業で、日本学士院が行うことを適当とするもの」（第八条）を行うとしている。

3　現在の日本学士院と同様の機能として、東京学士会院規程第五条で会員の満六〇歳以上の者一〇名以内に限り年金各三〇〇円を支給することがあるという特典授与規定が盛り込まれていた。

4　明六社は、讒謗律、新聞紙条令に始まる明治初期の一連の言論出版統制強化の中で、機関誌「明六雑誌」の発行を停止する等、次第に活動を沈滞化させ、一八七八年には事実上活動を停止した。したがって、組織的に東京学士会院に移行したということではない。この間の事情は、戸沢行夫『明六社の人びと』（築地書館、一九九一年）一四〇～一八九頁や、日本学士院『日本学士院八十年史』（一九六二年）一三頁に詳しい。

5 明六社の格外員（格外定員とも呼ばれたようである）とは、〝遠国より出京し一時滞在などにて入社する者をいう、但し入社の式及び出金は定員に同じ〟とある。人数はそう多くなく、官庁幹部等が含まれていた。（戸沢・前掲書一二一頁による。）

6 日本学士院では田中不二麿とデイビッド・マレーを創立功労者としている。

7 諮詢書は一八七八年一二月九日付であった。

8 設立時に二一名を会員とすることが定められ、順次選定が進んだ。日本学士院の物故会員名簿等をもとに整理すると以下である。加藤弘之、神田孝平、津田真道、中村正直、西周、福沢諭吉、箕作秋坪（以上七名が一月一五日の設立日に選定された会員）、杉田玄端（一月二八日付）、市川兼恭、伊藤圭介（二月一五日付）、内田五観、西村茂樹（三月一日付）、栗本鋤雲（三月一五日付）、杉亨二、細川潤次郎（四月一五日付）、小幡篤次郎、重野安繹（四月二八日付）、川田剛、福羽美静（五月一五日付）、阪谷素（五月二八日付）、森有礼（六月一五日付）。このうち、加藤、津田、中村、西、福沢、箕作、杉田、西村、杉、阪谷、森の一一名が明六社定員であったから、明六社の主要メンバーが東京学士会院を形成したといって過言ではない。（日本学士院物故会員名簿と、戸沢・前掲書による。）

9 東京学士院設立に対応して、文部省は各国のアカデミー（翰林院の訳語も使われていた）の事情を調べており、『各国学士院紀略』（「翰林院設立参考書類」と「各国アカデミー略記」から構成されている、一八八〇年五月発行）としてまとめた。そこでは、欧州主要国、北米諸国、オーストラリア等、一五か国以上について科学アカデミーの情況を取上げている。国立国会図書館デジタルコレクションで閲覧可能。

10 日本学士院『日本学士院八〇年史』三～五頁。

11 西郷従道は第三代文部卿。第七代を最後に官制が整えられ、文部行政の長は閣僚である文部大臣となる。初代文部大臣が森有礼である。

12 一八七九年四月二八日付。全二二条からなる。

13 福沢は、東京学士会院の会合で行った会院設立の主旨演説で、職分の官私を問わず学徳のあるものを会員にすることが必要と述べている。秋山勇造「東京学士会院と『東京学士会院雑誌』」神奈川大学人文学会誌一五一号、二〇〇三年、一〇〇頁。

14　この一節を含んだ『学問のすゝめ』第四編刊行直後に発行された明六雑誌第二号（一八七四年四月）には、加藤弘之「福沢先生の論に応ふ」等の福沢論文へ反応した論考が掲載された。

15　福沢の提案を巡る東京学士会院内の議論は、日本学士院『日本学士院小史』（一九八〇年）二七頁の「改良論（二）」に詳しい。

16　戸沢・前掲書二三頁。

17　秋山・前掲論文一〇四頁。

18　福沢の退院の経緯については、前出の戸沢・前掲書一九四頁、にも紹介されている。また、秋山・前掲論文でも取り上げている。

19　日本学士院『日本学士院八〇年史』七九頁。

20　日本学士院『日本学士院八〇年史』、『日本学士院小史』にまとめられている。

21　日本学士院『日本学士院八〇年史』九四～九六頁。

22　八〇年史と小史では、重要なものとして同じ一〇件を取上げている。この他に何件があったのかは不明。

23　東京学士会院規程（勅令第二六四号、一八九〇年一〇月公布）、帝国学士院規程（勅令第一四九号、一九〇六年六月）。これらは、国立国会図書館デジタルアーカイブで参照できるほか、帝国学士院規程は文部科学省『学制百年史』（WEB版）にも所収。

24　実際の任命状況から二つの部は同数の会員からなるとされていたことが分かる。

25　日本学士院『日本学士院八〇年史』、『日本学士院小史』、「学士院の歩み」（「学士院ニュースレター」に連載）。

26　最初の議員は、第一部井上哲次郎、小野塚喜平治、第二部藤沢利喜太郎、田中舘愛橘であった。

27　日本学術会議『日本学術会議二五年史』（一九七四年）八頁。

28　IAAの設立経緯は、Frank Greenaway（1996）, Science International, Cambridge, 8-10に詳しい。本書もそれに依っている。

29　一九〇三年に、ドイツ・ストラスブール市（当時）で万国地震学協会創立会議が開催された。（中村清二『田中館愛橘先生』（中央公論社、一九四三年）一二九～一三一頁。）
30　中村・前掲書。松浦明『田中舘愛橘ものがたり』（銀の鈴社、二〇一六年）一三六～一五五頁。
31　本節は、以下を参考とした。東京学士会院『各国学士院紀略』（一八八〇年五月）、イタリア Accademia Nazionale dei Lincei、ドイツ Leopordina、イギリス Royal Society、フランス Institut de France, French Academy of Sciences、アメリカ National Academy of Sciences、各ＨＰの歴史編。各アカデミーに関するウィキペディア。Nature, 1936 April 25, p. 696。日本学術会議幹事会資料。古川安『科学の社会史』（ちくま学芸文庫、二〇一八年）第三章。廣重徹『科学の社会史』（中央公論社、一九七三年）第二章。
32　Lincei はオオヤマネコの意味であり、その鋭い眼光を万物への鋭い探求になぞらえて命名したと伝えられる。
33　廣重・前掲書第二章が「科学の制度化」に充てられている。
34　古川・前掲書第六章「フランス革命と科学の制度化」に、欧米における科学の制度化が詳しく紹介されている。
35　古川・前掲書第七章。
36　British Association for the Advancement of Science、廣重・前掲書六三頁。
37　廣重・前掲書第二章第六節、「科学の職能集団」。
38　Greenaway・前掲書一六～一八頁。
39　日本学士院「学士院の歩み（第九回）国際学術団体への加入」日本学士院ニュースレター一六号、二〇一五年一〇月。
40　Walter S. Adams：Biographical Memoir of George Ellery Hale, 1939, National Academy of Sciences。
41　Cochrane, R. C.：The National Academy of Sciences, The First Hundred Years, 1863-1963 (National Academy of Sciences, 1978)
42　ヘイルの当初の考えは、あらたに Research Council を各国に作るというものであったようだが、各国の事情に合わせる形で柔軟に扱われた。
43　帝国学士院唯一の建議とされるものである。日本学士院『日本学士院八十年史　本文編』（一九六二年）三五七〜三八〇頁。

44　勅令「学術研究会議官制」は一九二〇年公布施行。

45　初期の会員は博士学位を持たない者が多いので、文理の区別は難しい場合がある。ここでは学位がない場合、専門分野が医学、数学、工学、農学、砲術学等である者を理系とした。一八九〇年以降は博士学位を取得している者がほとんどなので、学位の分野によって文理を分けた。

46　科学振興調査会は、科学振興調査会官制（一九三八年八月）によって、文部大臣の諮問機関として発足した。文部大臣自身が会長となり（管制第三条第一項）、「人材養成の問題及び研究機関の整備拡充並びに連絡統一に関する件」（答申第一）、「大学における研究施設の充実に関する件」、「大学専門学校卒業者の増加に関する件」（答申第二）、「科学研究の振作及び連絡に関する件」、「科学教育の振興に関する件」（答申第三）といった科学振興の具体策を答申した。学術振興調査会については、文部科学省『学制百年史』戦時体制と学術研究行政に詳しい。

47　一九四二年に設置された内閣直属の技術院は敗戦とともに四五年に廃止された。太平洋戦争に向かう過程で構築された企画院科学部から技術院に至る国の中枢主導の科学（者）動員体制は一旦は消滅したものの、戦後、科学技術庁の設置などによって政治主導型の官庁として復活したともいえよう。その際に科学技術政策・行政の役割分担が十分に整理されたものになったとは言えないことが今日でも科学技術政策に一貫性が欠ける原因となっている。

48　学術研究会議官制及び会則の改正経緯は、日本学術会議『日本学術会議二十五年史』（一九七四年）二八一〜二八八頁。

49　文部科学省『学制百年史』（一九八一年）「戦時体制と学術研究行政」。

50　青木洋「第二次世界大戦中の科学動員と学術研究会議の研究班」社会経済史学七二〜七三号、二〇〇六年九月、七四頁。

51　沢井実「戦時期日本の研究開発体制――科学技術動員と共同研究の深化」大阪大学経済学五四巻三号、二〇〇四年一二月、三九九〜四〇一頁。

第三章　日本学術会議の設立と変遷

第一節　日本学術会議の設立

第二次世界大戦敗戦の時点で日本の学術組織は、いずれも文部大臣管理下の帝国学士院（一九四七年一二月に日本学士院と改称）、学術研究会議、及び財団法人日本学術振興会によって構成されていた。前章で述べたように、これらの三機関の関係は、日本学士院が、構成員の継承という点で東京学士会院から帝国学士院という日本の学術組織を継承し、帝国学士院の建議によって国際学術組織加盟のために学術研究会議が設立され、さらに帝国学士院を中心とした学術界の働きかけによって研究活動奨励を目的に財団法人日本学術振興会が設けられた、というものである。

こうした三者の関係からみれば、戦後の学術界の新体制を検討する際に、明治の黎明期からの日本における学術組織の人脈を継承する日本学士院が中心となるのは不思議なことではなかったろう。加えて、研究者の連携を実効的に進めてきた機関として学術研究会議のプレゼンスは大きかったから、戦後体制検討の一角を占めることになった。しかし、学術研究会議は科学研究の実務によって戦時体制を支えてきたので戦後に生き残るには骨抜きが必要との観点から、一九四六年の官制改正で造兵学と航空工学を削除し、定員を七〇〇名以内から三〇〇名以内に減らすといった措置がとられた。そして、政府側では、内閣にあって科学技術政策を担当していた技術院が終戦直後に廃止されていたので、文部省が担当することになった。

これらの機関が関わった新体制構築の議論はどのように進んでいったのであろうか。学術会議の発足に至る経緯については、学術会議がまとめた二五年史に、経過説明、創立総会での関係者の挨拶など様々な形で紹介されている。[1]また、日本学士院も、後述のように日本学術会議の附置機関になるという大きな変化に見舞われたので、その経緯をまとめている。[2]これらを手掛かりに、学術会議の成立と学術組織の再編を追ってみよう。

戦後の学術組織新体制の発足、つまり日本学術会議法（一九四八年七月一〇日公布、四九年一月二〇日施行）による日本学術会議の誕生から振り返ってみると、四七年に設立された学術体制刷新委員会が新体制全体の制度設計という重要な役割を担ったことが分かる。このため、学術会議の第一回総会（四九年一月二〇日）において、同委員会委員長を務めた兼重寛九郎（一八九九〜一九八九年、後に学術会議第三代会長）が学術会議成立までの経過を報告する役割を担ったのである。報告の冒頭に、四六年三月に学術研究会議から文部大臣になされた建議に基づいて、「文部大臣の斡旋により当時の帝国学士院、学術研究会議及び日本学術振興会の代表者からなる三団体改組準備委員会が組織されました。この委員会は、同年（一九四六年）秋までに三団体の改組について一応の結論を得たのでありますが、種々の事情のため一一月二七日総司令部における会合において、その案を白紙に返すことになりました」との文言がある。[3] 三団体がまとめた〝一応の結論〟というのは、学術研究会議を廃止し、同会議の審議機能（諮問答申及び建議を含む）を帝国学士院に移し、学術研究奨励機能を学術振興会に移すことを骨格とし、移行に伴い帝国学士院を一五〇名（任期付の会員）増員すること、学術振興会の常置委員会委員に学士院任期付会員を加えること等を含むものであった。[4] 三団体といっても、組織形成過程から見れば、他に先行し、かつ他の組織の創設に関わったという点で帝国学士院が自ら上位の立場にあった。したがって、新体制へ向けた議論でも、四五年一二月には帝国学士院が新体制に向けた議論を開始し、学術研究会議を廃止し、その機能を学士院が吸収すること等を骨子とした改革案をまとめていった。その後、文部省は、学術研究会議、学術振興会とも協議の上で三団体改組準備委員会を設け、委員長に学士院長を当てて検討を進めることにした。その時点で学術研究会議、帝国学士院、文部省がそれぞれ作成していた改革案は、いずれも学術研究会議を廃止し、その機能を帝国学士院と学術振興会に振り分けることで共通していた。これらを踏まえる形で始まった改組準備委員会での審議の結果得られた一応の結論とは、その振り分け方に関する合意である。もしこの通り進んでいれば、是非は別にして、学者の組織として、政府からの諮問答申、政府への建議をはじめとする審議機能を持ち、授賞制度、終身会員への年金支給、学術の普及啓蒙、国際交流や国内の学術交流などの世界の有力科学アカデミーが備えているような機能をひと通り有した科学アカデミーが日本でも生まれ、英語名にも academy を用いることになったかもしれない。

しかし、そうはならなかった。それは、当時の実質の支配者であった連合国最高司令官総司令部

（ＧＨＱ）の経済科学局科学技術部基礎科学課長ハリー・ケリー博士（一九〇八〜一九七六年、Harry C. Kelly、物理学者）らによって学術研究の新体制を検討するための異なる動きが始められたからである。ケリーは、堀内寿郎（一九〇一〜一九七九年）、茅誠司（一八九八〜一九八八年）、嵯峨根良吉（一九〇五〜一九六九年）、田宮博（一九〇三〜一九八四年）らに科学渉外連絡会（ＳＬ、Japanese Association for Scientific Liaison）の設立を勧め、総司令部と日本の科学界との意思疎通を図るルートとした（四六年六月）[5]。ＳＬを組織するに際してのＧＨＱ側からの要望は、①所期の目的を達成するために活発に動き得るものであること、②代表的な現役科学者によって構成されるものであること、③特定の官庁に隷属することなく自由な立場に立つものであること、④全国的なものであること、であったという[6]。ＧＨＱは、文部省が主導してまとめた三団体改組案は、学士院を中心とした学界の一部による提案で、全国各分野科学者の総意に基づくものではない、改革案提案をリードした帝国学士院はシニアのメンバーが中心である、などから、新体制を準備するためのこれらの条件に適合するとはいえないとみなしたのである。文部省主導で改革が行われることを嫌った総司令部が議論の枠組を変えるためにこうした条件を設けたともいえよう。

一九四六年九月には、ケリーは文部省、帝国学士院、学術研究会議、学術振興会、そしてＳＬの代表者を招いて、先の四条件を踏まえる形で、学術新体制の構築に向けた議論を全国各分野の科学者の総意に基づくように進めることが望ましいと示唆し、新体制検討の進め方をＳＬに委託した[7]。このため文部省はＳＬとも協議の上で、改組準備委員会を解散し、新体制を審議する審議会（学術体制刷新委員会、以下、刷新委員会と略す）がわが国学界の総意を代表するものとなるよう、審議会の構成や委員選出方法を審議する四四名からなる世話人会を設置した。四七年初めに集中的に行われた世話人会での審議を踏まえて、選挙によって一〇八名の刷新委員会委員が選ばれた。こうしてようやく日本の新たな学術体制を検討する態勢が整えられたのである。

刷新委員会[8]は一九四七年八月から四八年三月までに八回の総会、及び諸特別委員会を開催し、日本学術会議法要綱、日本学術会議会則、日本学術会議選挙規則、選挙管理委員会規則を取りまとめた[9]。また、行政の諸施策に科学研究の成果を活用するために、学術会議の代表、民間産業界の有識者、各省関係者によって構成される科学技術行政協議会を設け、日本学術会議の意思が政府に伝わるようにすること等を盛り込んだ答申を首相に手交した[10]。日本学術会議法案は、四八年六月の第二回国会に内閣より上程され、実質的に無修正で可決され、同七月一〇日に公布された。年末に行われた会員選挙を経て翌四九年一月二〇日に学術会議の第一回総会が開催されたのである。新体制づくりの出発点となった三団体については、学術研究会議は廃止されて、その審議機能を発展させ、さらに会員選出方法を一新する形で学術会議が創設されたことになる。日本学士院は、日学法によって、栄誉機関として学術会議に附置されることになった。日本学術振興会は、民間組織として存続し、国からの補助金は廃止された。

敗戦から日学法公布に至る三年間の学術新体制構築を巡る議論を見ると、当然ながら、ＧＨＱが重要な役割を果たしたことが分かる。ことに、文部省が設置した三団体改組準備委員会において日本学士院に諸機能を集約する形での新体制構築の案がまとまりかけていた段階でその動きをストップさせ、ＳＬ及び世話人会による準備を経て、選挙で選ばれた委員で構成された刷新委員会を設置して法律要綱をはじめとする必要事項をまとめていくという方向転換は総司令部の力がなければ果たせなかったに違いない。四六年時点で七六名いた帝国学士院会員の中で、世話人会に入った者はおらず、刷新委員会の委員に選出された者は四名にとどまり、役員には一人も含まれていないという、いわば新体制議論における日本学士院排除が貫かれた。日本学士院そのものが学術新体制形成の中心となっていた改組準備委員会と比べればその影響力の低下は歴然としている。

しかし、GHQの介入は大きな方向転換をもたらす原動力となったものの、GHQが事細かに学術新体制の制度設計に関わったわけではない、と刷新委員会は述べている。先に引用した兼重寛九郎が行った日本学術会議第一回総会での経過報告に戻ると、その結びとして、GHQの援助と米国学術顧問団等の好意に触れて、「最初からこの問題を担当しておられました経済科学局のケリー博士は終始自分の案というものを述べられたことがなく、私どもが希望した案について多少同意しかねる気持ちのあった場合も、結局はこれを尊重して総司令部の意見をまとめるために非常な努力をして下さったくらいでありました」と、刷新委員会の自主性を尊重してくれたことに感謝している。加えて、刷新委員会第一回総会に先立って来日したロジャー・アダムス（一八八九〜一九七一年、Roger Adams）を団長とする米国学術顧問団（七月から八月末まで四〇日程滞在し、刷新委員会第一回総会での挨拶を終えて帰国）が総司令部に提出した報告書についても、刷新委員会の議論に影響を与えることに配慮して、刷新委員会が成案を政府に提出するまで公表を控える措置をとったというエピソードも紹介している[11]。

しかし、GHQや顧問団が、刷新委員会の議論に影響を与えなかったということはあり得ないだろう。アダムス等の報告書は、日本の教育・研究体制を民主的に再構成することを基調としており、アダムスはマッカーサー総司令官とも長時間の意見交換を行い、マッカーサーはその考えを占領政策に生かしたとされる[12]。加えて、顧問団の派遣をお膳立てしたのはケリーであり、報告書の下書きもケリーの手によると考えるべきである。また、ケリーをはじめとするＧＨＱの担当者は何度か刷新委員会の総会等に出席したし、刷新委員会には特別委員会の一つとして渉外連絡特別委員会が設けられ、ＳＬのメンバーらが委員となって、ＧＨＱ側との連絡に当たり[13]、さらに、委員会での審議がまとめに入ってからは、兼重委員長らが総会間に何度もケリーを訪ね、審議経過を報告して意見交換をしている[14]。したがって、顧問団の報告書についても、開示そのものには時期を遅らせる配慮がなされたとしても、主要な内容についてはアダムス自身が刷新会議総会の挨拶で述べ、またケリーを通じて刷新委員会の主要メンバーには伝えられていたということではないだろうか[15]。

こうした意思疎通の結果として、ケリー自身も刷新委員会の議論の方向について十分に承知して、そのまとめには満足し、日本学術会議第一回総会の挨拶で、「日本学術会議及び科学技術行政協議会の成立によって刷新委員会はその責務を終了したわけであります。この二つの機関の両方ともに日本人独自の立場から作られたもので、学術団体の歴史の中で全く新しいものであります」と、その成果への称賛を惜しまなかった。

つまり、過去の歴史や既存組織のしがらみに囚われずに議論し得る環境を整える（すなわち刷新委員会の設置）に当たっては総司令部の役割があったが、新組織の制度設計は日本人の手に委ねられたという体裁をできるだけとるべきとケリーが考えていたと想像されるのである。この点は、刷新委員会を設置することに繋がるSLの設立に際して、ケリーが、「理想的な体制を実現するのに絶好の機会であるからぜひ立派な体制を立案すべきである」、さらに「これは何処までも日本人自身の問題である」と述べていることからも窺える。[16] もちろん旧体制を批判的にとらえて、民主的な組織形成という理念の下で新体制の検討が行われているという確証をケリーが得ていたことが、このような信頼関係を生んだのであろう。確かに、帝国学士院や学術研究会議のいずれかが中心になって新体制を検討していたとすれば、自らの組織を母体とした新体制を描くという現状改良型のそれに傾きがちになったであろうから（実際、帝国学士院が中心となって作成しつつあった案はそうであった）、全く新しい組織の下で新体制を議論することができたことが大きな変革をもたらしたことになる。

加えて、八回にわたる総会会議録を追っていくと、刷新委員会は、審議制度、科学行政機構、選挙制度、各方面からの提案処理、ＧＨＱとの連絡を含む渉外連絡等の特別委員会を設けて非常に効果的に議論を進めていった様子が窺える。学術関係の諸組織との関係を持たず、自由に議論できたことが、短期間での合理的な議論の集約に結びついたといえよう。

結果として刷新委員会の結論は、ＧＨＱも称賛するところとなったが、それはＧＨＱの意向に従ったからというより、刷新委員会における自由な議論が、ＧＨＱの考える基本的枠組を守りつつ、斬新で合理的な結論を得ることに繋がったからと見るべきであろう。つまり、考え出された学術会議の制度は特に会員の選出方法において、アメリカの学術界はもとより、世界的にも例を見ないものであり、何かを手本としたというより、如何にすれば民主的な組織を作れるかという観点からの議論の結果得られた案といえるからである。

しかし、こうしてできた学術会議の持つ国際的にもユニークな、会員のすべてを三年毎に数万人から数十万人に及ぶ有権者（科学者）が行う投票（立候補か推薦による候補者に対する投票）で選ぶという会員選挙制度が日本の学術界や社会に定着したのかどうかはまた別の話である。それ以降、学術会議は、会員選出方法をめぐる幾度もの制度改正の歴史をたどることになった。その背景には、会員選出の在り方に試行錯誤が必要であったことに加えて、学術会議の設立以降、サンフランシスコ平和条約締結によって日本が主権を回復してGHQによる内政への関与がなくなり、戦後改革への反動が様々に表れる過程で、総理大臣であった吉田茂が、次第に学術会議の活動に対する批判的な思いを募らせていったことがあったと指摘されている[17]。特に一九五三年頃から論じられるようになった科学技術庁設置問題（初期の学術会議が果たしていた機能と競合する可能性があった）と学術会議の民間組織への移行を含む組織の在り方問題の二つが首相の意向を受けて政治課題化していったことによって緊張が高まった。前者は科学技術行政における学術会議の役割を低下させることを含んでいたし、後者はより直接的に科学技術行政への関りを封ずることを意味した。しかし、吉田内閣は平和条約署名時には高い支持を誇ったものの、五四年四月の造船疑獄における指揮権発動によって支持を急落させ、同年一二月には総辞職に追い込まれた。このため、帰属問題と呼ばれた学術会議の組織の在り方問題も一旦は政治課題から消えることになった。一方で、科学技術庁は一九五六年五月に設置された。

第二節　設立時における組織と役割

施行された日本学術会議法と関連規則から発足時の学術会議の姿を整理しておこう。

①内閣総理大臣の所轄。経費は国庫の負担。（第一条）

②内外に対する科学者の代表機関で、科学の向上発達を図り、行政、産業、国民生活に科学を反映浸透させることを目的とする。（第二条）

③職務は審議と研究連絡。つまり、科学に関する重要事項を審議し、その実現を図ることと、科学に関する研究の連絡を図り、その能率を向上させること。（第三条）

④政府は日本学術会議に、研究、試験等の助成、科学振興のための交付金や補助金の予算や配分等について諮問することができる。（第四条）

⑤日本学術会議は、科学の振興及び技術の発達方策、研究成果の活用、研究者の養成、科学を行政に反映させる方策、科学を産業及び国民生活に浸透させる方策について政府に勧告することができる。（第五条）

⑥全国区と地方区の選挙で選ばれる会員は二一〇人で、任期は三年、再選可。（第七条）

⑦会長は会員の互選、副会長は人文科学部門又は自然科学部門に属する会員のうちからそれぞれ一人を全員の互選によって選ぶ。（第八条）

⑧人文科学部門三部、自然科学部門四部の合計七部から構成され、各部の定員は三〇人。（第十

条、第十一条）

⑨運営に関する審議を行う運営審議会を置き、会長、副会長、各部の部長、副部長、幹事をもって組織。（第十四条）

⑩常置または臨時の委員会設置。（第十五条）

⑪事務局を設置。（第十六条）

⑫一定の要件を備えて名簿に登録した有権者による選挙によって会員を選ぶ。選挙は全国区と地方区に分かれ、各部ごとに同時に行う。（第十七条、第十八条、第十九条）

⑬学術上の功績顕著な科学者を優遇するために日本学士院を置く。日本学士院は授賞機能を持つ。日本学士院会員は一五〇人、終身で、日本学術会議が選定する。また会員には予算の範囲内で年金を支給することができる。（第二四条）

これらのうち①〜⑤の職務や機能は現在に至るまで変わっておらず、第六条「政府は、日本学術会議の求に応じて、資料の提出、意見の開陳又は説明をすることができる」という条文に、第六条の二として国際団体への加入が加わっている。しかし、第七条以降の項目については、現在の制度は、任期は再任なしの六年で三年ごとに半数交代、副会長は会長の指名、七部制から三部制、選挙制度からコ・オプテーション制、日本学士院は独立した組織というように大きく変わっている。

法改正の中でも、会員選出方法の改正は極めて重要なものであり、本章・次章で詳述する。一方で、法改正を伴うものではないものの、実質的に変化していったのがその活動である。活動内容は、独立性と密接な関連を持つものであり、学術会議の活動を通して、政府との関係の変化を窺うことができる。まず学術会議の役割を、その活動から見ておこう。

学術会議の役割や権限を定めた条項のうちで、政府との関係に緊張をもたらしてきたのは、第三条の「日本学術会議は、独立して左の職務を行う」として上げられている中の、特に「第一項　科学に関する重要事項を審議し、その実現を図ること」である。この項は第五条にある政府への勧告を行うことを手段としているから（学術会議は研究実施機関ではない）、科学の振興や技術の発達、科学研究の成果の活用、科学研究者の養成、科学を行政に反映させる方策、科学を産業及び国民生活に浸透せる方策など幅広いテーマについて、独立して、職務すなわち勧告、加えて二〇〇六年に全面改正された会則によって位置付けられた要望、声明、提言、報告、回答等（日本学術会議会則第二条）を行うことを求めている。[18]つまり、科学者の組織として、独立性を重視して、科学的知見に基づいて様々な種類の文書をまとめて公表して、その実現を図ることがその任務となる。

しかし、実現のための働きかけの主たる対象が、内閣総理大臣を長とする政府なのであるから、自らが行政組織のひとつとして内閣総理大臣の所轄下にあることが自己矛盾を招く場合があり得る。もし政府のとろうとする政策が科学的にみて妥当でなければ直言しなければならないし、政策に対応する形ではなくとも科学的知見の観点から時局に対して物を言おうとするならば、政府の長である首相の下にある組織として、少なからぬ波紋が生ずることは大いにあり得る。わが国で政府の中にあって、政府への意見開陳・建議機能をもった学術組織といえば、これまで見てきたように東京学士会院と学術研究会議であり、ともに文部大臣の所管であった。このうち東京学士会院の場合には、「会員各自意見あるときは会院において審議し、文部大臣に開陳することを得」となっており、学術研究会議の場合には、関係各大臣へ「建議することを得」とあった。しかし、どちらの規則にも、「独立して職務に当たる」に該当する条文は存在しなかった。つまり、これらの二組織は、それぞれ学識経験者によって構成される組織という点で他の行政組織とは異なるとはいえ、独立性が明文化されていたわけではない。その点で、学術会議は画期的な制度の下に置かれたといえよう。そしてこの条項は現在まで存続しているのである。

繰り返せば、政府の中にあって政府から独立した活動を行うことが法に明記されていることは学術会議のユニークさである。学術会議の会長として筆者も経験したことだが、国際的な学術組織が相互に認識する際に、西側諸国の科学アカデミーは、国の所属機関である場合が多い東側諸国のそれを、国家機構に取り込まれているとして独立性が疑わしいと見る傾向がある。政府組織であれば、政権の意向に従う行動しかできないだろうというわけである。日本学術会議も政府組織であるという点では同様の疑いを招く設置形態であるのだが、独立性が法に明記されていることがこうした疑いを弱めることに寄与してきたといえよう。

もっとも、国を代表する科学アカデミーは、すべて何らかの形で公的支援を受けているといってよく、西側諸国の科学アカデミーが国家権力から全く独立して、自由に物が言える存在であるとはいえない。黎明期の科学アカデミーのように何人かの学者の定期的な会合や連絡から始まったケースなどは、当然ながら国家権力から独立した存在であったろうが、政治や社会に対する影響力を持たなかったともいえよう。つまり、科学アカデミーと国家権力との距離と、科学アカデミーの発揮する自立的な影響力とは反比例すると見ることができる。そして、影響力が大きければ、その行使や維持には様々な困難がつきまとうことになる。政府の中にあったり、その近くにあって社会的、政治的な影響力を持てば、科学アカデミーにとっては、より一層科学の知見に照らして正しいと思うことを直言することが求められようが、そうした位置を継続的に保つことは容易ではなくなる。科学アカデミーにとって計りしれない重要性をもつ独立性だけに、これをめぐる学術会議と政府との確執も避け難かったのである。初期の日本学術会議においては、科学技術行政への関わり、安全保障政策、さらに原子力の平和利用の在り方等の問題で、政権との考えの違いが顕在化し、日学法改正へと結びついていった。これらのうちで、安全保障問題と原子力平和利用等については、章を改めて論ずることにして（第五章第二節、第三節）、ここでは科学技術行政をめぐる政府と日本学術会議の関係に注目しておこう。

第三節　科学技術政策と学術会議の役割変化

発足時において、日本学術会議と政府との関係で重要だったのが科学技術行政協議会（ＳＴＡＣ）の設置であった（略称はスタックとされていた。英語名が正式に定められ、その略称が通称として使用されたことに占領下という状況が浮かび上がる）。学術会議の生みの親である学術体制刷新委員会の答申[19]の中に、学術会議の代表者、民間産業界の有識者、各省関係官によって組織するスタックを設置することが明記された。スタックは、一九四八年一二月交付、四九年一月施行の科学技術行政協議会法（スタック法）によって設置され、「科学技術行政協議会は、日本学術会議と緊密に協力し、科学技術を行政に反映させるための諸方策及び各行政機関相互の間の科学技術に関する行政の連絡調整に必要な措置を審議することをその目的とする」（第一条）とある。つまり、学術会議の設置目的として法に明記された「科学を行政に反映浸透させる」（日学法第二条）ための具体的な手段であった。スタック法に定められた審議事項には、学術会議の答申又は勧告を行政に反映させるための必要な措置、政府が学術会議に諮問すべき事項の選定、政府が行うべき科学技術に関する国際的事業の実施の方法、各行政機関の所管に属する科学技術に関する事項の連絡調整に必要な措置、とあり会長は内閣総理大臣、会長、副会長を除く委員（二六人以内）の半数は学識経験者とし、内閣総理大臣が命ずとされた。そして、学識経験のある者の任命に際しては日本学術会議の推薦を尊重しなければならないとあった。また、協議会は毎月一回定例会議を開かなければならないとされた。学術会議発会式の挨拶で、ケリーもスタックの重要性を強調したことは既に述べた。

しかし、発足に際して、学術会議が推薦した委員候補のうち二名に対して政府が〝従来の主義主張から政府任命の委員になることは好ましくない〟として発令を拒否し[20]、結局この問題が解決されないまま、推薦より二人少ない学識経験者委員とこれに合わせた同数の政府側委員とで構成され、定例で毎月開催された。協議会には課題別の委員会も設置され、法定のテーマを掘り下げる形で、科学技術予算、外国技術の導入、放射性同位元素の輸入配分、公務員の勤務発明等に関する協議が行われたと記録されているので[21]、当初からの欠員というトラブルを抱えながらも、スタックは学術会議と政府とを結ぶ会議体として機能していったといえよう。しかし、議長となった首相は一度も出席せず、正規の委員となった各省次官も出席せずにその代理が出席するなど、政府・与党側による科学技術行政におけるスタックの位置づけは好意的なものではなかったと指摘される。[22]

一方で、政府・与党の科学技術政策強化の動きは、一九五〇年代初めから活発になった。[23] 戦後の日本社会は戦禍からの復旧、すなわち、まず戦前のレベルにまで産業経済を回復させることが大きな課題であった。五〇年六月に勃発した朝鮮戦争で日本が兵站基地となったため産業復興は勢いを増し、五六年に発行された経済白書に「もはや戦後ではない」との表現が使われるほどに回復したうえ、高度経済成長の兆しが見え始めるようになった。

この間、一九五三年一二月にはアイゼンハワー米大統領が国連演説で原子力の平和利用と技術的支援について世界に向けて語ったのを受けて、科学研究・技術開発の促進と産業への応用が戦後復興と発展のために不可欠という認識が日本国内でも広がっていった。こうした中で、五六年に国務大臣を長官とする科学技術庁が設置されるとともに、同庁設置法で科学技術審議会が設置され、学術会議への諮問、答申や勧告に関する審議を含むことになり、スタック（法）は廃止された。[24]

しかし、間もなく政府与党内で科学技術政策をさらに強化する観点から政策立案機能を充実させる案が浮かび、一九五九年に、科学技術審議会が廃止され、新たな設置法に基づいて、首相を議長に、閣僚四名と有識者四名を議員とする科学技術会議が設置された。[25] 同会議の議員として学術会議会長が明記された（第六条第一項第五号）。第二条では、施策の総合調整を行う必要がある場合に科学技術会議に諮問する事項として「四．日本学術会議への諮問及び日本学術会議の答申又は勧告に関することのうち重要なもの」とされた。また、学術会議会長が座長を務める連絡部会が設けられた。

学術会議は、当初科学技術審議会の廃止に反対の立場をとったが、機構改革は避け難いとの認識から、科学技術会議については、担当大臣から法案についての意見の求めに対して、〝科学者の意見を尊重すること、学問思想の自由を守ること、大学の自治を尊重すること、科学研究において基礎部門の役割を重視すること、科学技術の発達については、その総合性に留意すること〟の五つの原則を示した回答を行った[26]。これに対して、科学技術会議設置法案に関する閣議了解では、学問研究の自由の尊重が明示的に含まれた。また、科学技術会議設置法の衆参委員会審議に際しての付帯決議には、基礎研究重視も含まれた[27]。科学技術会議はその後、省庁再編で内閣府所管の総合科学技術会議（現総合科学技術・イノベーション会議）となって現在に至っている。その中で、学術会議会長は、「関係する国の行政機関の長[28]」として議員を務めているが、学術会議に関連した常設の審議組織は設けられていない。

整理すると、国の科学技術行政における学術会議の役割は、発足以来およそ一〇年の間に大きく変化したことになる。最初はスタックにおける首相・閣僚・省庁幹部の政府側に対応する専門家側としての役割、次いで科学技術庁発足とともにスタックの機能を移行した科学技術審議会において学術会議を代表する委員としての役割が与えられた。一九五九年からの科学技術会議では、設置法において、議長である首相、大蔵大臣、文部大臣、経済企画庁長官とともに日本学術会議会長を議員に充てる、とその役割が明記されていた（それ以外に首相が任命する有識者三名）。そして、中央省庁再編で総合科学技術会議が内閣府所属の会議として設置されると、同府設置法で日本学術会議会長が委員となることについては、〝関係する国の行政機関の長の中から首相が指定する〟という規定になり、審議事項に関しても学術会議に関する明示的な言及はなくなった。こうしてみると、学術会議の役割は、初めの一〇年間で二度変更され、さらに四〇年度経った二〇〇一年の省庁再編で三度目の変更が行われて現在に至っている。その変化は、学術会議の存在感という観点からみれば、科学技術行政における学術会議の役割の縮小・後退といえよう。さらに、学術会議の源流ともいえる明治の東京学士会院にまで遡れば、この時点では中心メンバーが初代の文部大臣に就任したのであるから、政府機能や政策立案・決定における役割の縮小・後退はさらに明瞭となる。

ただ、こうした学術会議の科学技術行政における役割縮小を、否定的にのみとらえるべきではないだろう。この過程を別な角度から見れば、国の行政の中に科学技術分野が定着し、発展していくにつれて行政や政治においても科学技術政策を専門とする人材が育成されていった過程であるともいえる。また、科学技術の専門性という観点から見ても、科学技術の分野が広がり、専門人材が増加・多様化するにつれて、学術会議がそれらの全体を代表するとは言い難くなってきたことも指摘せざるを得ない。それは、後述するように公選制の廃止によって代表性が失われたからということではなく、むしろ二一〇人の会員と約二千人の連携会員だけでは科学技術分野全体を網羅的に代表することはできなくなってきたからといった方がいいのかもしれない。そのため、学術会議が果たすべき科学技術政策における役割にも変化が生じてきたというべきであろう。それは、スタックにおいて学術会議が政府の科学技術政策に組み入れられた状態からの長い時間をかけての変化ともいえよう。その変化に対応する中で、学術会議は、科学の専門性が問われる事項に関しては、諸学会との連携を強めて政府や社会への助言を行い、他方で、科学者の国際的連携、科学技術に携わる者の倫理、科学技術の分野を超えた連携協力など、科学技術の幅広い分野から専門家が集まる組織だからこそ果たしうる独立的で、自律的な役割を強化していくべきなのではないか。

第四節　一九八四年施行の法改正をめぐる攻防

発足してから三〇余年経過して、学術会議は最初の大きな転機を迎えた。一九八四年施行の日学法改正（八三年公布、八四年施行）がそれで、会員選出方法が公選制から学協会による推薦制へと変わったのである。それ以前にも、国際活動に関する条項の追加（法第六条の二、五六年）、学術会議の下に置かれていた日本学士院が学者の栄誉機関という性格を維持しつつ独自の法（日学法第二四条を廃し日本学士院法を設けた、五六年）に基づく機関として自立するなどの法改正が行われたが、学術会議そのものの活動に大きな影響を与えるものではなかった。八四年法改正議論は、当初は国の機関としては学術会議を廃止するという案さえ論じられた抜本的なものであった。しかし、次第に、学術会議の構成員である会員の選出方法を変更するという点に絞られていった。それでも組織の根幹にかかわる会員選出法の変更であるため大きな議論を呼んだ。改正の要点は、それまで、登録された科学者が日学法と関連規則にもとづく選挙によって、立候補者・被推薦者の中から投票で会員を選ぶという選挙（公選）制であったものを、登録された学協会が構成員である科学者のうちから選定した候補者をもとに推薦された会員候補者を内閣総理大臣が任命するという〝学協会による推薦制〃に変えるというものであった。ただし、この法改正では、法の前文や第一条から第六条に定められた設立及び目的、職務及び権限については変更がなかった。つまり、組織の在り方の基本は変更せずに、会員の選出方法を大きく変えたというわけである。

　この時の会員選出方法変更の法改正には、設立以来の政府与党と学術会議の確執とでもいうべき背景があった。それについてはすでに触れたので、ここでは法改正に直接かかわる問題に焦点を当てる。遡れば一九六九年に始まる第八期から、法改正を含む学術会議改革論が学術会議の内外で起こっていた。法改正の動きが具体化していったのには与党である自民党の意向が働いた。その中で特に学術会議問題に強い関心を持っていたのが、鈴木善幸内閣（八〇年七月～八二年一一月）で学術会議を所管する総理府総務長官を務めた中山太郎（長官在任は八〇年七月～八一年一一月）であった。中山は、その著書で、何人かの会員をあげて活動を評価しながらも、現状について、「左翼的イデオロギーに偏向した会員に牛耳られている。この体質的欠陥はすべて、その会員公選制に起因している」と書いていた[29]。そして担当大臣就任後、衆議院科学技術委員会で、学術会議による海外出張に会員以外の者が出かけていることを取り上げ、「会員以外の方にこの国民の税金が、日本学術会議の方々の裁量だけでどんどんとこれが配分されるということについては、主権者の国民に対しては大きな責任を果たしていない…」（衆院科学技術委員会、八一年五月二九日）と述べ、学術会議改革論のきっかけを作った。

　学術会議がまとめたこの法改正の顛末記によれば、国費支出を監査する会計検査院の見解は、学術会議が行ってきた手続をとれば会員以外に対する国費支出に瑕疵は認められないというものであった。しかし、当時の学術会議事務局長が会計検査院の名を使って、不適切な旅費支出を指摘されたかのような報告を行ったことで無用の混乱を招いたとして、事務局長が弁明書を提出する事態になったとある。[30]

　発端となった旅費問題が国費支出上問題のないことが明らかになっても、火がついた形になっていた学術会議改革、すなわち学術会議法改正論は止まらなかった。一九八一年末の内閣一部改造で対学術会議強硬派であった中山は総務長官を退任したものの、総務庁、行政管理庁、さらに自民党で、それぞれ日学法改正を目指した検討が行われ、「科学技術行政関係審議機関等に関する特別調査結果報告書――日本学術会議を中心として」（八二年六月、行政管理庁行政監察局）、「日本学術会議改革の基本方針についての中間提言」（八二年八月、自民党日本学術会議改革問題特別委員会）、「日本学術会議の改革について」（八二年一一月、日本学術会議に関する懇談会――総理府総務長官の諮問機関）が次々と公表された。これらのうちで、その後の動きにもっとも影響を与えたのが、前総理府総務長官であった中山が座長を務めた自民党の日本学術会議改革特別委の中間提言であろう。そこには、学術会議の民間組織への移行（国の機関としては廃止）、〝仮に〟国の機関として存続させる場合には特に選挙による会員選出制度を廃止すること、が明記されていた。[31]

　一方で、学術会議においても、文部大臣を経験した学者である永井道雄（一九二三〜二〇〇〇年）を委員長にした日本学術会議改革問題懇談会を会長の諮問組織として設置し、「日本学術会議の改革について（答申）」（八二年一〇月）を受けた。[32] さらに、答申を踏まえて、同年一〇月に、学術会議総会で「日本学術会議改革要綱」を決議した。[33] 改革要綱の論点は多岐にわたったが、その要点は、国の機関としての存続、会員選考については直接選挙を原則とするものの、定数のおよそ三分の一はコ・オプションを加味した推薦制によって選出するというものであった。また、要綱の採択後に会長と副会長が辞任し、新たな三役が選出されるに至った。[34][35]

こうして、一九八二年秋には、自民党、政府懇談会、学術会議等の改革案が出揃った。その上で、同年一一月に総理府総務長官が「日本学術会議の改革についての総務長官試案」を示し、「日本学術会議を国の機関として、その会員の選出方法として、科学者が自主的に会員を選出することを基本とし、その者を会員とすることが適当と考えられるので、今後、この試案を中心にして日本学術会議をはじめとした関係方面とも十分意見を交換して成案を得たいと考える」とした。つまり、自民党の特別委中間提言にあった〝仮に国の機関として存続させる場合には〟というケースを取り上げたことになる。[36]

これ以降、政府は改正法案の作成に入り、一九八三年四月に国会に提出した。先議することになった参議院文教委員会での審議は五月半ばまでで終了して可決され、付帯決議が付けられた。この法案審議の中で、内閣総理大臣による会員の任命を形式的任命とする中曽根首相の答弁が行われたが、その詳しい内容は第一章で述べたのでここでは割愛する。続いて五月一三日に参院本会議で可決された。その直後に開催された学術会議の総会では改正法案を巡る議論が活発に行われた。その中で、改正法案に一定の前向きな評価を行った会長提出の提案と第五部提案は過半数の賛成を得られなかった。逆に、改正法案が学術会議の同意を得ることなく上程されたことを遺憾とし、改正法案が学術会議の存在理由をおびやかし、目的や職務遂行に重大な疑義をはらむ、とした会員有志提案（声明）が過半数の賛成を得て採択された。このため、三役は辞意を表明し、会長・副会長選挙が行われて新三役が選任された。一方、国会審議は衆議院に移っていたが、実質審議が行われないまま継続審査となった。

九月になって始まった臨時国会において、野党欠席（折からのロッキード事件判決による国会緊張激化のため）の中で、衆議院文教委員会において可決され（一一月二日、付帯決議が付けられた）、衆議院本会議で可決、次いで参議院に再送付され可決成立した。学術会議では一九八四年一月の総会で法改正に関する見解が採択された。その内容は、改正法案の審議が、田中角栄元首相への有罪判決を対応した議員辞職勧告決議をめぐる与野党の対立の中で自民党単独で行われるなど慎重な審議が行われたとは言い難いことなどに対して遺憾の意を表明するとともに、改正法の下で進められる第一三期会員選出のための学協会による推薦の諸手続に向けて決意を述べるとともに、政府や学協会などへの協力を求めるものとなった[37]。こうして、学術会議の第一二期は、会員任期が一年半延長されるとともに、合計一七回の総会が開催され（第一一期までの平均は一期に七・三回）、しかも、三役の辞任が三度行われる（そのうち一回は同じメンバーが再選）という異例の期となり、民営化移行が提起される中で会員選考方法が変更されたことが学術会議にとっていかに激震であったのかを物語ることになった[38]。

第五節　会員選挙制度の評価

一九八四年法改正の大きな争点となった会員選挙制度はどのようなものであり、どのように実施され、変更を必要とするような弊害を伴うものだったのであろう？　会員選挙制度の評価について振り返って考えてみたい。

選挙による会員選出は、日学法、及び学術会議の発足時に制定された選挙関係の規則に基づいて行われてきた。その基本となったのが、選挙権及び被選挙権を有する者を登録した有権者名簿である。選挙は一斉に行われるものの、部ごとの登録名簿に基づいて、それぞれの部の有権者が部の会員候補者に投票する形で行われた。選挙区分は全国区と地方区の二区分であり、全国区では、各部に置かれた専門分野ごとの候補者に対して当該専門分野に属する有権者が投票する専門別定員の選出と、部ごとに専門に関わらないで候補者に対して投票する一人二票で行われ、地方区では全国七地方区それぞれで、所属の有権者が部ごとに所属の候補者に対して一票を投票して行われた。つまり、一人の有権者が全国区・地方区を合わせて三票の投票権を持っていたことになる。全国の専門別定員は合計七五名、専門に関わらない定員は八六名、地方区は各部一名の合計四九名の総計二一〇名であった。選挙権と被選挙権を有する者の資格は同一であり、選挙権を有する者は、全国区または地方区のいずれか一方において立候補又は推薦されて候補者となることができるとされた。候補者は官報に公示された。後述するような理由によって、五六年に実施された第四回会員選挙から

［図1］ 会員選挙の有権者・候補者・投票率

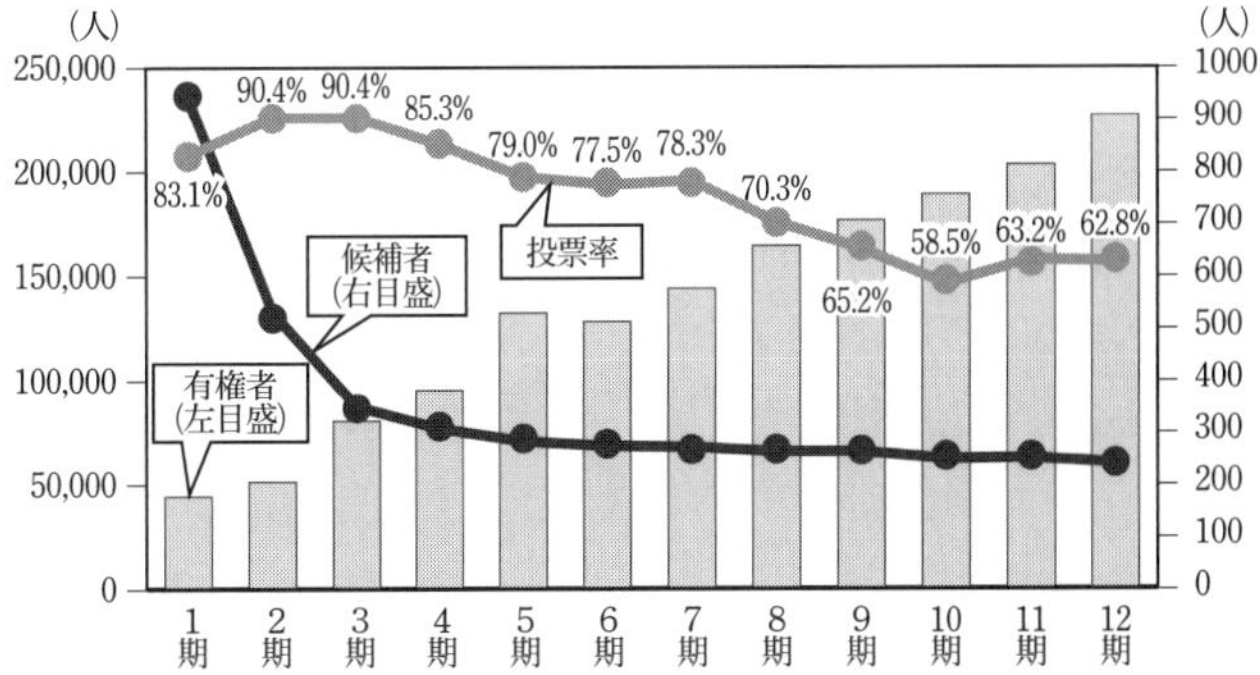

日本学術会議データより大西作成

は、公示前の選挙運動は一切禁止、公示後も検印を受けた所定数の葉書送付以外の選挙活動は全面的に禁止されていた。

会員選挙は、会員任期が二年間であった第一期と、任期が延びた第一二期を除いて、任期末に当たる三年ごとの暮に行われた。各回の有権者数、候補者数、投票率はグラフに示す通り、有権者は五倍以上に増加したものの、候補者数は九四四人（第一回）から二四二人（第一二回）と四分の一に減り、この結果、競争倍率は一・一五倍に低下した。投票率も、九〇％に達した初期の選挙に比べて、六〇％前後と低下した。このため、事実上信任投票になった分野も生じていた。（［図1］）

実際の選挙は、全国の有権者が郵便によって投票するという、学術会議が自ら「世界に類例を見ないもの」と述べる方法で行われてきた[39]。ただ、部門、地区間で登録されている有権者数が大きく異なるのに同数の会員数が割り当てられているために、例えば一九七一年に行われた第九期会員の選挙では、全国区では、登録された有権者が最も少なかった第二部（法学、政治学）と、最も多かった第七部（医歯薬学）とでは一票の重みに四〇倍ほどの開きがあった。また、地方区においても、第五部（工学）で北海道（有権者最少）と関東（有権者最多）では二〇倍ほどの開きがあった。しかも、有権者に支持を呼び掛ける方法は決められた数の葉書送付に限られることになったから、国会質問で、「…もう私どもの選挙よりもはるかに厳しい。選挙運動は全然できない、戸別訪問はもちろんできませんし、…何にもできないことになっているのです。これだけ厳しくおやりになると、そういう特別の団体、そういうところからでないと出られない」（八一年五月、衆議院科学技術委員会）と国会議員から同情されたり、妥当性を疑われる状態であった。

選挙運動に関する厳しいルールは、初期の選挙で、同筆と見られる投票があり裁判に持ち込まれるなど選挙をめぐる疑惑や行き過ぎた選挙活動が行われたという疑念が生じたことから第四回選挙を前に、選挙規則を新たに定めたこと[40]で導入された。それまでは、選挙運動について特にルールがなかったものを、選挙活動をほぼ全面禁止し、違反に対しては当選無効や選挙権停止などの罰則を含む規則を導入したのである。しかし、規則に抵触する行為を根絶することは難しかったのか、一九七三年一〇月に再度、「日本学術会議会員選挙に関する声明」を出して、選挙規則に違反する恐れのある事例や、科学者としての良心にもとる疑いのある行為もなしとしないから厳しく自戒するとともに、再びこの種の疑いが生じないようにと注意喚起するに至った[41]。一方で、組織票による当選者の偏りについては、学術会議の運営を左右するまでのものとは考えられていなかったようだ。

ただ、選挙の度に落選した著名研究者が新聞報道で取り上げられるなど、選挙での当選が、日学法に述べられているような重要な役割を担うのにふさわしい科学者であることの証なのかという疑問も生じていたといえよう。

このように、過剰な選挙運動とそれへの厳格な規制とともに、一票の重みの不均衡に加えて、組織票の動きが指摘されるなど、科学者が選挙で学術会議会員を選ぶという理念は評価されるとしても、その実施手段である選挙制度の適切な運営は、適切な会員の選出という意味でも、選挙の公正な実施という意味でも容易ではなかったのである。

しかし、単に選挙制度に顕れた欠陥の是正のために、会員選出制度の改正が必要になったというのは一面的な見方かもしれない。総じてみれば、学術会議が示すことがあった政府の科学技術関連施策に対する批判的な立場を快く思っていなかった政権党である自民党議員の敵意が、国際会議への派遣者の旅費負担問題を口実にして噴出し、種々の議論を経て、会員選出制度の改善に行きついたと考えるべきではないだろうか。具体的には、一九五〇年代には、サンフランシスコ平和条約について、アメリカを中心とした自由主義陣営との「単独講和」ではなく、旧ソ連などを含んだ諸国を含めた全面講和を追求すべきとする議論が学術会議内でも興ったこと[42]、六〇年代にはアメリカの原子力潜水艦の日本港湾への寄港に対して科学的見地に立って公式に安全性の検討と確認を行い、結果を国民に明らかにすることを勧告したのに続いて、一か月半後にはこの勧告に述べたことが実現されていないとして原子力潜水艦の日本寄港は望ましくないとの声明を公表したこと[43]、六〇年代末から多数の大学を舞台に長期にわたって続いた大学紛争に関連して行われた大学運営臨時措置法や筑波大学の設置のための関連法に反対の立場を表明したこと[44]等が政府・与党と学術会議との関係に緊張をもたらし、関係を悪化させた主要な出来事であった。

日学法でも、学術会議は科学に関する重要事項を審議し、その実現を図るという職務を独立して行うと定めており、その中には、科学を行政に反映させ、産業及び国民生活に浸透させることを含んでいる。科学の観点からの見解には、政策に対して批判的なものがあり得るし、それを指摘することは政策の質的向上のために有益だといえよう。しかし、その場合には、批判が科学的な根拠や科学の発展への必要に基づいたものであり、政府への支持を低めようという政治的な意図からなされたのではないことを学術会議としては丁寧に説明して、その意図するところを政府や国民に十分に伝えることが必要となる。また、政府としても学術会議の勧告や声明を聴いた上で取り入れるべきところを取り入れるなど、適切に活用していくことが求められる。しかし、新聞論調を追ってみると、「科学技術会議に反対――学術会議強い態度を打ち出す」（一九五八年四月一八日、毎日新聞夕刊）、「学術会議、反対を声明、原子力戦艦寄港」（一九六三年四月二七日、朝日新聞朝刊）、「文部省と対決姿勢、科学行政批判、強く打ち出す、日本学術会議が二決議」（一九六八年四月二七日、毎日新聞朝刊）、「政治的偏向か思想の自由侵害か、自民と対立を深める学術会議、しばしば政府批判」（一九七一年五月二五日、朝日新聞朝刊）等[45]、学術会議と政府の対立が大見出しになることが多く、不幸なことに両者は次第に信頼感を失っていったように見られる。こうした政府との緊張関係の高まりを背景に、八〇年代初頭、学術会議は激動に直面するに至ったのである。

一九八四年法改正の背景をもう少し探ってみよう。選挙制度が、一票の重みの格差を含んでいたり、立候補したり推薦に応じて候補者になる者が次第に減少して選挙制度の継続が容易ではなくなったことはすでに述べた。自民党の一部からは選挙で選ばれた会員に政治的偏向があると批判されるようになった。実は、こうした会員選挙にまつわる問題の奥に、学術会議の活動の低迷という内在的な問題があったとも指摘されていた。

第一一期の会員選挙直後の毎日新聞におけるベテラン記者による署名記事を見てみよう。「おや、まだあったの」とハッとさせられる一文で始まる紙面丸々一頁を使った長文であった。記事は、「学術会議が存続しているのは承知しているが、意味のある活動をしているのか、と思っている人が多いのではないか。それだけ最近の学術会議の活動は低調で地位の低下はおおうべくもない。政府にも問題があるが、意味のない議論を長々とやったり、会員を単なる名誉職と考えている人が多いなど学術会議の内部にも問題がある、創立当初のような学者の国会に戻ってほしい」と続く。さらに、学術会議が政府に疎んじられ、政府が科学技術会議や学術審議会等の学者による審議組織を設けたことによって学術会議の機能の低下が進み、学術会議への政府の諮問も形ばかりになってきたと指摘する。また、かつては、原子力基本法に「自主・民主・公開」という学術会議の提案が盛り込まれたり、東大原子核研究所、名大プラズマ研究所、京大霊長類研究所等の多数の研究機関が学術会議の勧告の趣旨に沿って設置されたが、一九六〇年代後半以降は、実現した勧告がほとんどなくなっていると指摘している。そして、会員の偏向については、

学術会議を批判する人は「学術会議は特定のイデオロギー集団（共産党支持者をさす）に牛耳られておりそれがこわい。しかも会員選挙制度ではそういう人たちが組織票に乗って当選しや

[図2] 日本学術会議 期別記事掲載回数
(朝日、読売、毎日、日経、産経新聞合計)

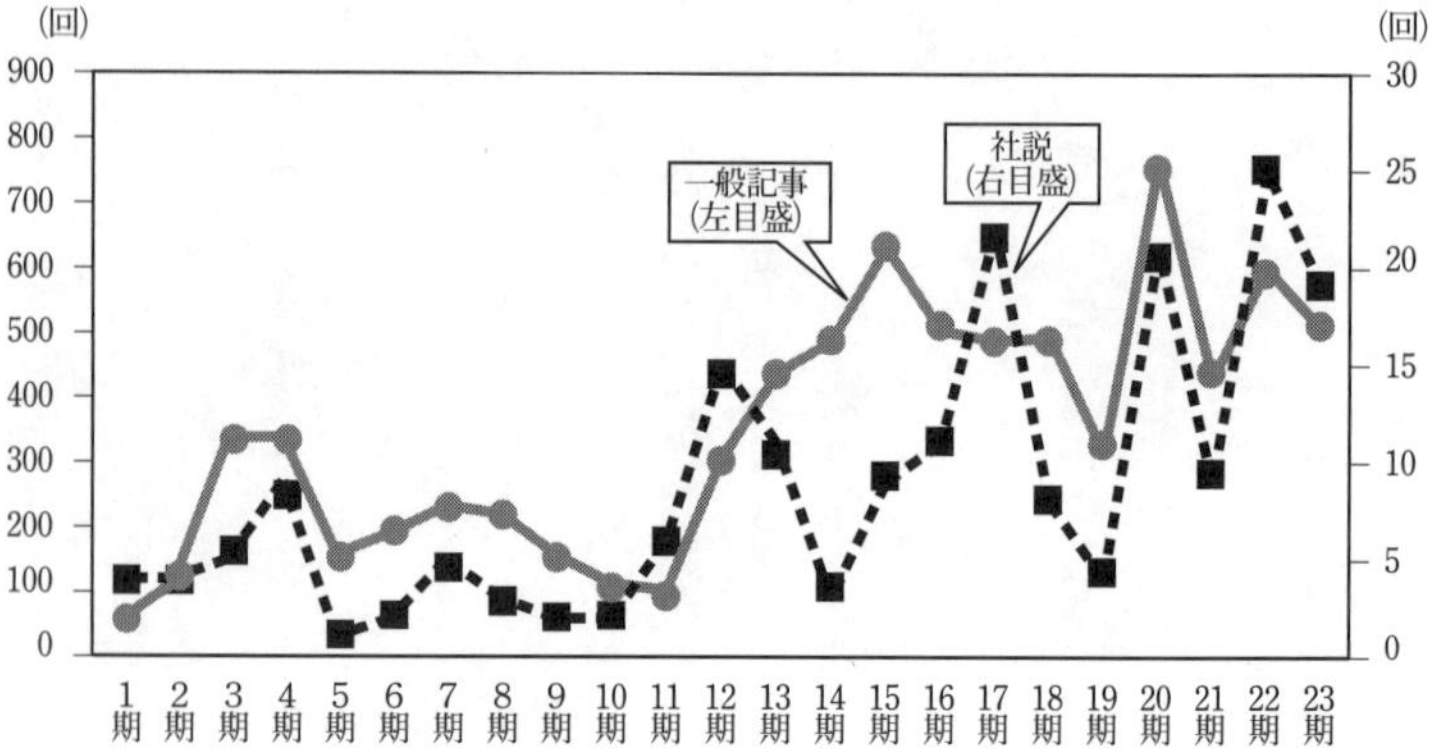

新聞記事データベースより近藤早映・大西作成

すい」という。しかし、私がみた限りでは、冷遇されている学術会議を見限る学者が多い中で、それでもやろうという人に共産党系といわれる人が多いだけだと思う。そうした批判は気にせず、地道な活動を続けることが大切だろう。(一九七七年一二月九日、毎日新聞朝刊、横山裕通記者[46])

と述べて、学術会議の活動低迷が最も深刻な問題と指摘している。活動の低迷は、学術活動の活動水準を示す成果(勧告などの発表)にも表れている。横山記者がこの記事を書いたのは学術会議の第一〇期末であった。この期にまとめられた勧告などは全部で三二件であり、第九期の六九件から大幅に減少している。また、学術会議に関連することが主要紙の記事や社説に取り上げられた件数も少なく([図2])、活動及び社会的注目度の両面で低迷ぶりを示した。こうした中で追い打ちをかけるように行われたのが、民間組織への移行か選挙制度の廃止かを迫る議論だったことになる。

第六節　学協会による推薦制とその後

選挙制度の廃止と学協会による推薦制の導入を盛り込んだ法改正は一九八四年に施行され、その詳細を定めた日本学術会議法施行令も定められた（八四年五月二九日付）。学術会議では大いにもめたが、七部それぞれの定員も施行令に明記され、人文社会科学系を構成する一部から三部は合計八三名と七名減り、理工系（四部、五部）が六四名、生命科学系（第六部、第七部）が六三名とそれぞれ増加し、合計は二一〇名と変っていない。部を構成する専門分野は相当数が追加され、その専門分野ごとに会員の定員が割り当てられた。また専門分野より数の多い研究連絡委員会の一覧表も示された。一方で、法で定める要件を備えた学協会は登録学術研究団体として学術会議に登録することができ（改正法第一八条）、会員候補者を選定し（同第一九条）、また会員の推薦人を指名して学術会議に届け出ることができることになった（同第二〇条）。こうして作成した会員候補者と推薦人の名簿に対して、会長が委嘱した委員からなる会員推薦管理会が会員候補者の資格の認定を行う（同第二二条の二）。認定された候補者から推薦人が会員として推薦すべき者、及び補欠の会員として推薦すべき者を決定して、学術会議を経由して内閣総理大臣に推薦して（同第二二条）、内閣総理大臣が任命するという手続が学協会による推薦制であった（同第七条第二項）[47]。

第一三期の会員選考に際しては、登録学術研究団体は約八〇〇名、同団体からの指名による推薦人数は約一三〇〇名、同じく選定による候補者数は約七〇〇名であった。つまり、八〇〇の学協会から推薦されて、会員推薦管理会によって認定された会員候補者が約七〇〇名。これをもとに、一三〇〇名程の推薦人が選考に当たって、二一〇名の候補者の推薦と、各研究連絡委員会につき一名、計一二四名の補欠を決めた。[48] 研究連絡委員会とは、この法改正で新たに導入された専門分野を構成する単位となる委員会で、会員の定員はこの研究連絡委員会ごとに定められた。例えば、筆者の専門領域に関連する分野であれば、災害工学研究連絡委員会（専門は土木工学）四名、都市地域計画研究連絡委員会（専門は建築学）二名、補欠それぞれ一名といった具合である。[49] 因みに、第一部から第七部までの会員割当数を、会員の多くが携わっている高等教育の大学院生数（法改正に近い八〇年度の修士＋博士課程学生数）を基準に眺めてみると、第二部・第三部（社会科学系）、第四部（理学系）では多すぎ、第五部（工学系）では少なすぎることになる。もっとも、何を基準にして会員の分野別割当数を定めるのが適切なのかは、議論の重要なポイントの一つではあるので、ここではこれくらいに留めておこう。

会員選考が推薦制となったことにともなって会員の資格と任命に係る規定も改正された。資格については、選挙制では選挙権と被選挙権を有する者は同じ資格とされ、大卒後二年以上経過等に加えて、研究論文、研究報告、または所属学会や所属機関の責任者によって研究者であることが証明された者とあった（発足時の法第一七条）。法改正では、「会員となることができる者は、その専門とする科学又は技術の分野において五年以上の研究歴を有し、当該分野における優れた研究又は業績がある科学者でなければならない」（改正法第一七条）と厳しくなった。また、選挙制では、「日本学術会議は、選挙された二一〇人の日本学術会議会員をもってこれを組織する」とあったものが、推薦制では、「会員は第二二条の規程による推薦に基づいて、内閣総理大臣がこれを任命する」（改正法第七条第二項）となった。改正法第二二条には先に述べた推薦のプロセスが定められている。選挙制では、学術会議内の選挙管理委員会が当選を確定することで会員資格が与えられたが、推薦制では、推薦を受けて任命することが必要であるという解釈から、首相の任命権者としての役割が学術会議法に定められたのである[50]。

こうして第一三期の会員選出から新制度が動き出した。新制度では、「会員は、通じて九年を超えて在任することができない。」（日学法第七条第五項）という任期規定も設けられ新陳代謝が図られることになった。第一三期の会員を第一二期と比較すると、会員経験者は四〇名にとどまり、第一一期から第一二期へ継続した会員が一一四名と半数を超えたのに比べれば大きく減少し、新人が増えたことになる。その意味では、会員選出制度の改正は会員の刷新に効果があったといえよう。もっとも、第一四期以降では新人は一〇〇名前後にとどまっているから、大幅な会員の入れ替わりは制度の変わり目における一時的なものだったことになる。また、女性会員は三名にとどまり、平均年齢が上がり、東京を中心とした関東在住会員が六割を超える等の問題点も指摘された。一方で、法改正の背景には、政府・与党の中に学術会議会員には政治的な偏りがあるという批判が強いことが指摘されてきた。個々の会員の政治信条を把握することはできないので、この点に関わる変化を分析することは困難である。ただ、一三期が始まった一九八五年から一五年間程の新聞記事を追ってみると[51]、日本学術会議と政府との対立を取上げた記事はほとんど出てこなくなった。むしろ、新

［図３］ 日本学術会議 種類別意思の表出件数

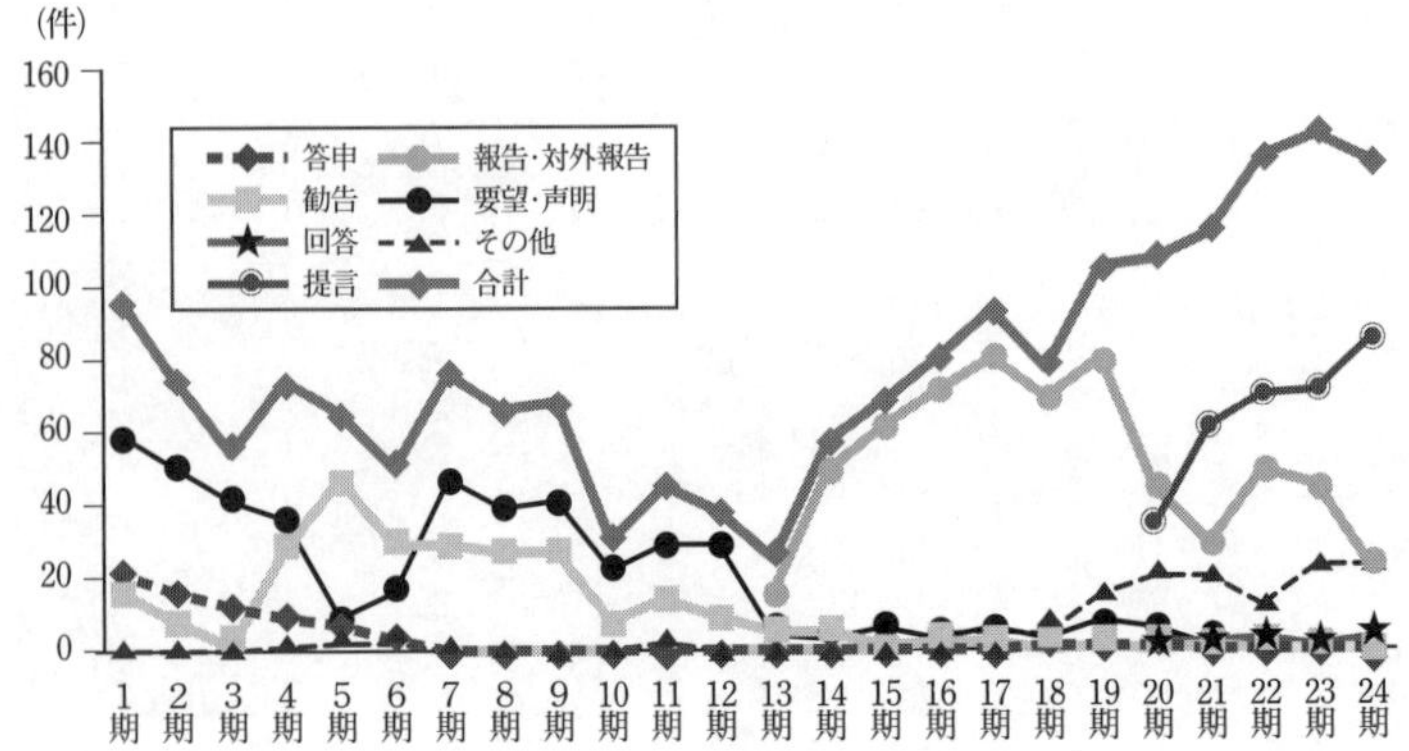

日本学術会議データより大西作成

制度の下での活動に対して、「政府に直言する気概失うな」（一九九四年七月二六日、毎日新聞朝刊）等といった政府への直言を促すような論調すら現れるようになった。したがって、二〇〇四年になって学術会議が再び会員選出制度の大きな変更をもたらす法改正に見舞われることになったのは、八四年法改正のような学術会議と政府・与党との長年にわたる確執とは異なる理由があったことになる（後述のように、実際に異なる理由による）。もちろん、きっかけは別でも、ひとたび法改正の議論が起これば、過去の確執がよみがえって、与党による厳しい対応が再燃することはなお十分にあり得る状況が続いていたとはいえるかもしれない。

一九八四年法改正、及びそれによる新しい選出方法で選ばれた会員によって行われた第一三期以降の活動は、データで捉えても大きな変化を感じさせるものとなった（［図３］）。学術会議による意思の表出の形態及び件数を見ると、第一二期と第一三期では、大きく異なっているからである。設立以来しばらくは学術会議からの文書は「要望」や「勧告」の形をとるものが多かった。しかし第一〇期頃から「勧告」が大幅に減り、「要望」も減少傾向で、全体に不活発と見られる状態に陥っていた。第一三期にはこの傾向が一段と深刻化して、もともと多くなかった「諮問・答申」、「声明」に加えて、「要望」と「勧告」も大きく減少したため、発出された文書件数全体が大きく減った。しかし、第一四期からは「対外報告」（第二〇期からは「報告」と「提言」に分れる）という形をとる文書が急増し、全体の文書数も増加した。もっとも、宛先や趣旨が明瞭な「諮問・答申」、「要望」、「勧告」等に比べて、名宛人を持たない「対外報告」という形式では訴求力が弱いのは否定できなかった[52]。誰に何をすることを求めるという働きかけに乏しいからである。そこで、第二〇期からは、「提言」という文書形式が登場し、その後、学術会議の見解公表方式として主流になっている。提言は、〝誰に、何をすることを求める〟というように対象と提案を明瞭に示すことを基本とするから、勧告に比べれば控えめな印象はあるとしても、報告に比べれば対象への働きかけはより能動的である。つまり、八四年法改正は、要望や勧告から報告や提言へという学術会議の意思の表出形態における転換を画することになったといえよう。

1　日本学術会議『日本学術会議二十五年史』（一九七四年）前史及び第一期報告。
2　日本学士院『日本学士院八十年史』（一九六二年）・同『日本学士院小史』（一九八〇年）。
3　日本学術会議・前掲書四頁。
4　日本学術会議・前掲書二六二〜二六四頁。
5　廣重徹『科学の社会史』（中央公論社、一九七三年）二五九頁。

6 日本学術会議・前掲書二六四頁。SLに続いて、工業技術（EL）、農業（AL）、医学（ML）の分野でもGHQと日本の学術界を結ぶ渉外連絡会が設置された。
7 日本学術会議・前掲書二六四頁。
8 委員長は、候補者選考委員会による候補者選定を経て、全員の投票で選出。兼重寛九郎が就任。
9 日本学術会議・前掲書二六五〜二七九頁。
10 日本学術会議・前掲書二七九〜二八〇頁。
11 日本学術会議・前掲書七頁。
12 D. Stanley Tarbell and Ann Tracy Tarbell, Roger Adams, a Biographical Memoir. NAS 1982.
13 学術体制刷新委員会総会記録（第三回、一九四七年一〇月二四〜二五日）によれば、当初からのSLメンバーとしては嵯峨根良吉と茅誠司が渉外連絡特別委員会委員となった。
14 学術体制刷新委員会総会配布資料綴にすべての回の会議資料及び会議録がまとめられている。
15 廣重・前掲書二五八〜二六五頁。
16 日本学術会議・前掲書二六四頁。
17 廣重徹『戦後日本の科学運動』（こぶし文庫、二〇一二年）一〇一〜一〇二頁。
18 二〇〇六年の会則全面改正で、日学法にある「勧告」に加えて、「要望、声明、対外報告、回答」の四種類の意思の表出が定められた。二〇〇六年の会則一部改正で、対外報告を「提言」と「報告」に分けた。すなわち、提言は、「実現を望む意見等を発表すること」、報告は「審議の結果を発表すること」である。
19 日本学術会議・前掲書二七九〜二八〇頁。学術体制刷新委員会総会配布資料綴、総会最終回記録（第八巻）。学術体制刷新委員は、結論を整理して内閣総理大臣への答申としてまとめた。その中には、法律要綱をはじめとする日本学術会議の設立と運営のための諸規則とともに、科学技術行政協議会の提案が含まれていた。これを基に科学技術行政協議会法が制定された。
20 日本学術会議・前掲書一七頁。それによれば拒否されたのは、羽仁五郎（歴史学）と山田勝次郎（経済学）。
21 日本学術会議・前掲書一七〜一八頁。
22 日本学術会議・前掲書一七頁。

23　科学技術政策にかかわる総合的な機関を政府に設けるべきという考えは、戦後まもなくから生まれていた。例えば、自由党の前田正男は、「科学技術行政機構の確立」（日産協月報七巻五号、一九五二年。日本科学技術史大系第五巻（通史第五）四一二〜四一六頁所収。）で専任国務大臣を置く科学技術政策の総合官庁を提案した。

24　科学技術庁設置法（一九五六年三月三一日公布、五月一九日施行）の第一九条に付属機関として科学技術審議会を置くとあり、その目的に、「科学技術に関する重要事項並びに日本学術会議への諮問及び日本学術会議の答申又は勧告に関する事項を審議すること。」と明記された。また、附則で科学技術行政協議会法は廃止された。

25　科学技術会議設置法（一九五九年二月二〇日公布施行）。

26　日本学術会議・前掲書七六頁。

27　日本学術会議・前掲書七七頁。

28　内閣府設置法第二九条第一項第五号（総合科学技術・イノベーション会議の議員）。

29　中山太郎『脱石油時代の科学戦略』（サイマル出版社、一九八〇年三月）一三七頁。

30　日本学術会議「日本学術会議の改革問題」『日本学術会議続一〇年史――第一〇期〜第一二期（一九七五〜一九八五）』一九八五年、七五頁。

31　日本学術会議・前掲書七八〜八一頁。

32　日本学術会議・前掲書八〇頁。

33　日本学術会議「日本学術会議改革要綱」（一九八二年一〇月）。

34　現会員が次期会員を選出する制度は、co-optation と呼ばれている。学術会議でこうした方式が最初に議論された一九八〇年代前半には、co-option という用語が使われていたようである。どちらも選挙に依らずに会員を選出するという意味で、同義で使われていたようだ。

35　日本学術会議・前掲書八一頁。

36　日本学術会議・前掲書一〇九頁。

37　日本学術会議総会決議「日本学術会議法の改正にあたって（見解）」（一九八四年一月一九日）。

38 国会での改正法成立後も、施行令で定める部の定員、会則で定める専門別の定員を巡って学術会議内の深刻な議論が続いた。結局、第一部三一人、第二部二六人、第三部二六人、第四部三一人、第五部三三人、第六部三〇人、第七部三三人、となった。法改正前は、日学法で各部三〇人と規定されていたが、改正法では第一一条で「各部の定員は、政令でこれを定める」とされたので、政令に対する学術会議の考え方を巡って激論が交わされた。

39 日本学術会議「学術会議の選挙」『日本学術会議二五年史』（一九七四年）四六一～四七一頁。

40 日本学術会議選挙管理規則は第二回選挙を前に一九五二年一二月三日付で定められた。第四回選挙を前に、五六年三月三〇日付で日本学術会議会員選挙規則が定められた。会員選挙規則はそれ以降、ほぼ選挙の度に改訂されてきた。

41 日本学術会議「選挙において科学者としての良心に恥ない行動を期待する声明」（一九五二年四月二四日）。同「日本学術会議会員選挙に関する声明」（一九七三年一〇月二四日）。

42 サンフランシスコ平和条約は一九五一年九月に調印され、五二年四月二八日に発効した。主要国では旧ソ連（ロシア）が調印しないまま現在に至っている。サンフランシスコ平和条約をめぐる学術会議での議論は、自由主義陣営を中心とした諸国との講和を優先させるのか、旧ソ連などを含む全面講和かをめぐる論争であった。当時すでに朝鮮戦争（五〇年六月～五三年七月）が始まり、日本の再軍備の動きが進む中で、議論は深刻な思想対立を背景に、学術会議は政治から距離を置くべきという立場論とが相まって複雑な様相であった。結局、学術会議では、この問題についての直接的な意思表示は行われず、また、この時期に行われた平和問題に関する決議提案も多数を得られず採択されなかった。本書第五章第二節参照。

43 日本学術会議「原子力潜水艦の日本港湾寄港問題について（勧告）」（一九六三年三月一一日）。同「同名（声明）」（一九六三年四月二六日）。

44 日本学術会議「大学問題について（声明）」（一九六九年一月二二日、五月二六日、一〇月二四日）。「大学問題について（勧告）」（一九六九年五月一〇日）。「大学運営に関する臨時措置法案に対する見解（見解）」（一九六九年七月七日）。「大学問題について全国の大学および科学者に訴える（声明）」（六九年七月七日）。「大学運営に関する臨時措置法案について（申入）」（一九六九年七月九日）。これらによって、大学の自主的・

民主的改革を支持し、政府による性急な大学自治への介入を批判した。

45　日本学術会議協力財団『新聞に見る五〇年の歩み――「日本学術会議」関連新聞記事資料』（一九九八年三月）。

46　日本学術会議協力財団・前掲書二〇三頁。

47　日本学術会議改正法（一九八四年施行）第七条第二項（内閣総理大臣による任命）、第二二条の一（学協会による内閣総理大臣への推薦）。

48　日本学術会議『日本学術会議続十年史』（一九八五年）二六三～二六五頁。

49　改正法における部以下の構成は、専門別の定員と研究連絡委員会からなっていた。会員定数の二一〇人に対しては、七一の専門分野に分けて定数が定められ、それぞれの専門分野の会員は一乃至複数の研究連絡委員会（一二四）に所属するようになっていた。

50　選挙ではなく推薦に基づいて会員を決めるため、首相による任命が必要となる、という論理は、第六章でも述べるように短絡的である。例えば、日本学士院の会員に関しては、学士院での選定で会員資格が与えられる。

51　日本学術会議協力財団『新聞に見る第一三期からの日本学術会議の活動』（二〇〇二年三月）。

52　学術会議自身による整理については、「日本学術会議の役割――変貌する社会の中で」学術の動向一九九六年一二月号二二～四二頁等。

第四章　二〇〇五年法改正——行政改革と学術会議

会員選出法の変更を含む次の日学法改正は、橋本龍太郎・小渕恵三・森喜朗内閣（一九九〇年代半ばから二〇〇〇年代初め）にわたる中央省庁再編を伴う大規模な行政改革の一環として行われた。学術会議にとっては、省庁再編による帰属省庁の変更に留まらない大幅な制度改正が行われることになったのである。国の行政改革に端を発したのであるから、学術会議にその原因があったというわけではない。行政改革は歴代内閣の共通テーマの一つであり、一九八〇年代の中曽根内閣以降は途切れずに内閣の政治課題となってきた。中でも橋本内閣が始めた行革は一府二二省庁から一府一二省庁へという中央省庁の大幅な再編統合を伴うものとなった。政府機関として対象のひとつとなった学術会議の処遇は簡単には決まらなかった。九八年六月に公布・施行された中央省庁改革基本法第一七条第九号で、「日本学術会議については、総務省に置くものとするが、総合科学技術会議において、その在り方を検討すること」とされ、関連法によって総務大臣所轄の下で総務省の特別の機関となり、在り方の検討を待つことになった[1]。基本法で内閣に設置されることになった総合科学技術会議も新組織だったので、学術会議の在り方の検討が始まったのは総合科学技術会議が発足した〇一年になってからであった。このため、本章第一節で述べるように、学術会議は政府の動きを前に、自らその在り方についての考えを提示する時間ができた。

さらに時系列的に示せば、その後、総合科学技術会議が発足して、二〇〇一年五月に「総合科学技術会議　日本学術会議の在り方に関する専門調査会」における検討が始まり、二年弱を経た〇三年二月に「日本学術会議の在り方について　最終まとめ」による意見具申が行われた。しかし、その中で日本学術会議の組織の在り方、すなわち設置形態については先送りされた。そして、〇四年四月に設置形態を除いた部分の法改正を行い（〇四年公布、〇五年施行。以下〇五年法改正という。）、設置形態については、この時点では、所轄を総務大臣から内閣総理大臣に、所属官庁を総務省から内閣府に変更することにとどめた。設置形態の根本的な検討結果は含まれなかったとはいえ、〇五年法改正は、後述のように会員選出方法、会員の任期、意思決定の在り方などを含んだ大幅なものとなった。

積み残された設置形態については、その後、二〇一四年に内閣府の科学技術政策担当大臣のもとに「日本学術会議の新たな展望を考える有識者会議」が設置され、後述するような結論（本章第五節）を出した。それは、議論が始ってから一八年かかって辿り着いた結論であった。

第一節　行政改革会議の議論

二〇〇五年の日学法改正は、橋本内閣で大規模な省庁再編に至る行政改革の議論が起こって、すべての行政組織の在り方が再検討される中で行われたものである。この時の行政改革では、首相を議長として設置された行政改革会議が一九九六年一一月末に第一回の会議を開き、九七年一二月初めに最終報告を取りまとめるまで、一年余の間に本会議を四二回開催し（加えて最終報告後に三回開催）、その他に、いくつかの小委員会、各地での一日行政改革会議、各省庁からのヒアリングを開催するなど集中的な審議が行れた。[2]

その中で、学術会議については当時存置されていた総理府本府の提出資料を踏まえた会議での意見交換で初めて取り上げられた。そこでは、科学技術会議や学術審議会との関係、予算不足で十分な対外活動が行えていないのではないかとの懸念が表明される一方で、内外に対して学界を代表する機関であり、勧告も多数出しており、今後科学技術がますます重要になっていくので有効に活用すべきといった肯定的な意見が表明された。[3]

行政改革における学術会議の取扱いが決まったのは一九九七年一一月中旬に行われた集中審議においてであった。その中でも、「日本学術会議は、諮問してもなかなか結論が出てこない機関であるが、学者が自由に意見を述べあう場として、広く意見を聴取するのに便利な機関であり、その使命について整理すべき」、「政策に対して科学的知見を利用することが必要であり、最近基礎科学の分野等で自主的な勧告を行うなどの活動を行っているが、これが政策とリンクできれば役に立つ」といった前向きな評価がある一方で、「会員となる学者の単なるステータスとなるだけで、その存在の意味が分からない。いっそ一度廃止して、どうしても必要なら再度設置すればよいのではないか」、「名誉欲の発散の場となっている嫌いがあり、廃止して総合科学技術会議に吸収すればよいのではないか」といった否定的な意見も出た。また「廃止するには相当なエネルギーを要するので、廃止は必ずしも得策ではない」、「当面存置し、どこかでその在り方を検討してはどうか」といった意見もあり、「当面総務省に置いて存置させることとするが、その在り方については、総合科学技術会議で検討する」との結論が了承された。[4] そして、行政改革会議の最終報告にはほぼこの結論の文言が書き込まれ、前述のように、翌年六月に成立した中央省庁等改革基本法にも第一七条にほぼ同文が盛り込まれた。こうして検討を委ねられた総合科学技術会議は、省庁再編が実施される二〇〇一年一月に設置されることになったために、学術会議の在り方をめぐる議論にも猶予期間が生ずることになったのである。

ところで、行政改革会議では、〃いったん廃止〃という学術会議にとっては厳しい意見も出た末に、総合科学技術会議での検討に委ねることになった。この議論の導き役を果たしたのが、元東大総長で理化学研究所理事長であった有馬朗人（一九三〇〜二〇二〇年）だった。一九九七年一〇月に有馬が行政改革会議の「企画・制度問題小委員会及び機構問題小委員会合同小委員会」に提出したメモには、学術会議について、

省庁の境を越え、文系、理系の区別なく、幅広い研究者の意見を集約する事のできる貴重な機関。今後とも、この特徴を活かした運用が望ましい。
但し、現在の日本学術会議は、メンバー構成上も、主な検討課題内容上も、過度に大学に偏っており、今後は省庁の境を越えた幅広い人材を集め、より幅広い課題に関する検討を行うよう、改めることが必要。[5]（有馬メモ）

とあり、その存続を是としつつ、改善点を示した。有馬は、物理学者で、東大総長時代を含む八五年七月〜九四年七月の九年間にわたって学術会議会員を務め、実情を熟知していた。その後、参議院議員を一期務めることになり、行政改革会議最終報告にしたがって総合科学技術会議での検討を経て行われた学術会議法改正案の作成とその国会審議においても役割を果たすことになる。

　行政改革会議における学術会議をめぐる議論を振り返ると、学術会議の存在をあまり重視しない委員が多いという状況の中で、有馬等がその役割を紹介しつつ学術会議必要論を展開したことによって、総合科学技術会議というこれからできる科学技術政策の最上位の審議の場に検討を委ねることになった。ではなぜ学術会議の印象が委員の間で薄かったのであろうか？　もちろん、一府二二省庁を一府一二省庁に減らすという橋本政権の公約達成のために必要となった議論の全体から見れば、学術会議の取扱いは枝葉の問題にならざるを得なかったとはいえるが、官僚経験者を排したメンバー構成となっていた行政改革会議には行政事情に詳しい委員があまりいなかったことも一因といえよう。つまり、行政機構の中で学術会議が果たしてきた役割が十分に理解されていなかったのである。また、学術会議との直接のつながりを持つ議員も少なかった。行政改革会議委員には学者も五名程含まれていた。[6]その中で、その後学術会議の会員となった委員はいたが、すでに会員を経験していたのは有馬だけであった。こうしたことが、〝何の役に立っているのか不明だから一度潰して様子を見る〟といった意見にもつながった。その背景には、先にデータで確認したように八四年法改正からの一〇年程の間（一三期〜一五期）が、学術会議からのアウトプットの少ない時期となり、社会へのインパクトに乏しかったこともあったろう。

第二節　総合科学技術会議（CSTP）の議論

二〇〇一年になって総合科学技術会議が発足すると、早速「日本学術会議の在り方に関する専門調査会」が設置され、〇一年五月から、最終回の〇三年二月までの一年九か月間にわたって、一三回開催された。専門調査会は、総合科学技術会議の議員四名と、専門委員一四名で構成され[7]、大学教員などの研究者、民間企業幹部、メディア関係者等が含まれた。また、過去に学術会議の会員を経験した委員も複数名含まれていた。専門調査会は、学術会議役員、学会関係者、企業やメディアの有識者からのヒアリングを実施しつつ進められ、第九回会合（〇二年七月）以降、素案、中間まとめ、パブリックコメント、さらに最終まとめの手順で議論が集約されていった。

専門調査会は発言者名入りで議事録を公開している。それを読むと、第一回会合で、出席委員がそれぞれ、学術会議の在り方に関わる所感を開陳する中で、学問の質を維持したり、科学的見解をまとめる上で、ボトムアップ型組織が必要であるとする意見が大勢を占め、〝学術会議がなくてもなにも困らないのではないか〟といった不要論は委員の中では少数意見のようであった。このため議論は、学術会議の要不要論ではなく、何らかの形で存続させることを前提に、どのような機能を担うべきか、担うべき機能に相応しい会員の選び方、組織の在り方はどのようなものか等を中心に進んでいった。もちろん、存続させるという方向が定まっても、多くの論点があり、それらは学術会議の在り方を大きく左右するものであった。

学術会議の在り方の検討では、学術会議側の意見も重視され、意見表明や意見交換の機会も設けられたので、対応する学術会議の動きを述べておこう。[8] 行政改革会議最終報告から総合科学技術会議における議論の開始まで約三年半のいわば猶予期間に学術会議は種々の議論を重ねた。まず、一九九八年秋頃に、会長・副会長と各部長からなる未来構想懇談会を設けて日本学術会議改革の基本構想を検討し、その素案が九九年二月に開催された学術会議の連合部会で報告された。しかし、行政改革での学術会議の存廃に言及する厳しい議論は九七年秋に本格化し、同年末の行政改革会議最終報告では、まず総理府に移管して二〇〇一年内閣府に総合科学技術会議設置後に、そこでその在り方を検討することが明記されていたので、中央省庁改革基本法の成立後（九八年六月）、しばらくして始まった学術会議における議論は、初動段階ですでに遅れ気味だったともいえる。

未来構想懇談会の報告は、懇談会自体が学術会議の正式な位置付けを持たない、いわば私的な集まりと見なされたこともあって、内容に対して会員から異論が続出し、合意を得るには至らなかった。[9] このため、批判を受けて修正を施したうえで、「日本学術会議の自己改革案について」（一九九九年一〇月二七日）と題する自己改革案と、学術会議の存在意義やその設置の在り方などを述べた「日本学術会議の位置付けに関する見解（声明）」（九九年一〇月二七日）とが同時に公表された。このうち、自己改革案は一二項目にわたっており、活動の活性化、国際活動の充実、情報公開の促進、学会等との連携を現行制度下で可能な範囲で示したもので、改革内容については、今後、運営審議会に企画委員会を設けて検討するとした。一方で、「位置づけに関する見解」では、学術会議の持つ機能は、カウンシル（審議会）機能、つまり学術政策に関する見解を示す機能と、アカデミー機能、つまりわが国の科学者を内外に対して代表する機能から構成されるとした。カウンシル機能においては、当時の科学技術会議や、二〇〇一年に発足予定の総合科学技術会議が内閣総理大臣を議長としたトップダウン型の組織であるのに対し、学術会議は、全分野の科学者によって構成される様々な委員会を通じてボトムアップ型に意見を集約する組織である、とその特徴を述べている。また、アカデミー機能としては科学者の優遇機関としての役割は持たないが、内外に対して日本の科学者を代表する機関として活動してきたとした。これらから、総合科学技術会議とは根本的に異なる組織であり、互いが他方の機能を代替することはできないから両者の存在が必要であるとした。この代替不能性は、「見解」の中で特に強調されており、行政改革の議論の過程でも現れた学術会議不要論を牽制する意図があったと思われる。

その後、学術会議の第一八期（二〇〇〇年七月〜〇三年七月）になって専門調査会での議論が始まったのに対応して、学術会議では運営審議会附置委員会として「日本学術会議の在り方に関する委員会」を発足させ（二〇〇一年二月）、およそ一年間の審議を経て「日本学術会議の在り方について（中間まとめ）」を総会での討議に付し、概ねの賛意を得たとしている。[10]

「中間まとめ」は、専門調査会第八回会議（二〇〇二年五月）でも報告され、学術会議会長・副会長と専門調査会委員との意見交換が行われた。「中間まとめ」で提案されているのは、多様な分野を包含する科学者コミュニティを形成するために二五〇〇人規模の会員をメリットに基づいて選出、その中から二一〇人程度の運営・執行メンバーを選出、会員と運営・執行メンバーは一期三年任期とし、就任時の年齢制限や再任回数制限を設ける、会長副会長・各部幹部からなる運営審議会を設置し勧告や声明の決定権限を与える、総合科学技術会議と相互補完的な関係で連携・協力する国の機関として位置付ける、といった内容であった。

学術会議からの意見表明も経て専門調査会における議論が集約され、最終報告は二〇〇三年二月に総合科学技術会議の名でまとめられた。最終報告に盛り込まれた改革の主要点を見ていくことにしよう[11]。

最終報告では、学術会議の基本的な機能を、政策提言機能、科学に関する連絡・調整機能、社会とのコミュニケーション機能の三点に整理し、その他として考えられる栄誉授与機能や研究助成機能は持つべきではないとした。これらの三点のうち、社会とのコミュニケーション機能は、日学法には「行政、産業及び国民生活に科学を反映浸透させる」（第二条）と書かれているのに比べて、双方向性を持たせた表現であり、同第三条の職務の項には明示されていない機能を加えた形になっている。

総合科学技術会議との関係については、総合科学技術会議が閣僚と有識者が科学技術に関する政策形成を直接行う場であるのに対して、学術会議はボトムアップ的に科学者の意見を広く集約して科学者の視点で中立的に政策提言を行う組織という役割の違いがあることから、両者が「車の両輪」となってわが国の科学技術の推進に寄与すべきと述べている。さらに、両者の事務が重複しそうな各年度の予算配分や予算編成の方針に関わる具体的な事柄は学術会議の提言に含めないこととした。

会員選出方法も重要な論点であった。欧米主要国の科学アカデミーでも、会員資格においては業績を重視し、現会員による推薦や投票によって会員を選出していることから、日本でもこのコ・オプテーション[12]方式を基本としつつ、新分野からの選出や多様な会員構成を可能とする方策を組み合わせることが考えられるとしている。加えて、産業人、若手研究者、女性研究者、地方在住者等を適切に選出するべきとしている。

会員任期については、全会員が一斉に交代する現行の「期制」は適当ではないが、一方で長期在籍会員や高齢会員の増加で会員構成が硬直化して活動が損なわれることがないように、定年制や会員ごとの任期制の導入を図るべきとした。

部門については、七部制は設立時の科学諸領域を反映したものなので、これに固執せずに文科系、理科系の二部門制、あるいは文科系、理科系、生命科学系の三部門制等に大ぐくり化して、部門や部門内の領域の定員も固定しない仕組みとすべきと述べている。

運営体制については、会員選出、会長・副会長選出、活動の基本方針の策定、部門の改廃といった組織・運営の重要事項は総会で審議して決定する一方で、迅速な意思決定が可能な運営体制を導入するべきとしている。

会員の種類と数については、狭義の会員と、会員とともに学術会議の機能を担う連携会員を設けるとした。会員は総会メンバーとなるとして、合議体として機能し得る規模という観点から二〇〇～三〇〇人と提案している。

さらに、専門調査会の議論で最も重要な論点であった設置形態については、「欧米主要国のアカデミーも政府から独立した法人格を有する組織であり、法律、勅許による設置根拠を有し、政府から財政支援を受けているのが通例である」と述べ、日本学術会議についても、最終的な理想形は国家的な設置根拠と財政基盤の保証を受けた独立の法人とすることが望ましいとした。ただ、直ちに法人とすることが適切かどうかは慎重に検討する必要があるとして、改革の進捗状況を実証的に評価するとともに、社会的な状況、科学者コミュニティの状況の変化等を見極めつつ「今後一〇年以内に、新たに日本学術会議の在り方を検討するための体制を整備して在り方の検討を行うべき」、と結論を述べている。

また、財務運営に関しては国費を中心とするが、学協会や科学者が経費や人員の一部を負担して運営を支援する仕組みの導入を検討するべきとした。この他、事務局の強化、評価体制の導入等が提案されている。

議論の出発点であった行政改革の観点から見れば、問題の核心であったともいえる設置形態については、専門調査会では結論に至らずに、「一〇年以内に改めて検討」というまとめになったのはやや拍子抜けという見方もできよう。しかし、設置形態に関する議論が相当深められたことには注目するべきである。一三回にわたる議論で設置形態は何度も取り上げられ、「国の機関としては廃止」、「独立した法人として設置」等の意見も交わされた。前述のまとめにあるように、学術会議の存在は重要である、科学者集団として独立した見解を表明するためには国の行政組織であることは不適切であり、主要国のアカデミーも公的に設置されているが国の機関ではない、といった意見が強く、「国家的な設置根拠と財政基盤の保証を受けた独立の法人」という案が有力となったものの、直ちに移行するべきという判断には至らなかったのである。

そして、後述のように、総合科学技術会議の意見具申に沿って、一〇年目に行われた再検討においては、現在の設置形態（内閣府の機関）は、日本学術会議に期待される機能に照らして相応しいものであり、これを変える積極的な理由は見出しにくい、とされて現在に至っている。

第三節　〇五年改正法の審議と成立

総合科学技術会議の意見具申を受けて、政府はその内容を日学法改正案として国会に上程した。二〇〇四年三月に衆議院文部科学委員会と本会議、同四月に参議院文教科学委員会と本会議で審議され、全会一致で可決された（衆参の委員会で付帯決議がついた）。この改正以降本稿執筆時（二〇二二年一〇月）まで、日学法の主要な改正は行われていないので、〇五年以降の学術会議の活動はこの改正法に基づいて行われてきたことになる。

二〇〇五年施行の改正法における改正項目は、①内閣総理大臣の所轄（第一条第二項）、内閣府の特別の機関（これは日学法ではなく内閣府設置法第四〇条第三項で変更）、②会員選出におけるコ・オプテーション制度導入（第一七条）、③七部制から三部制への部再編（第一〇条）、④幹事会設置と権限委譲による機動的運営（第一四条）、⑤連携会員制度の新設による構成員拡充（第一五条）、⑥会員一期六年、三年ごとの半数任命で再任なし、七〇歳定年制（第七条）、⑦会長互選、会長の指名による副会長選任（第七条）であった。前文及び、目的、職務、権限など定めた第一条から第六条までの主要な規定については、所轄を内閣総理大臣に戻して、内閣府の機関とする点を除いて変更されなかったものの、会員選出方法、任期と定年、内部の組織構成等にわたる設立以来最大幅の法改正となった。ことに、会員選出方法でのコ・オプテーション制の導入によって、形の上では、学協会等に所属する研究者と学術会議の会員・連携会員が直接的なつながりを持たないことになり、これまでの選挙制、学協会による推薦制からの大きな変更となった。

採決では政府による上程案が全会一致で可決された。経過を見ると、まず衆議院で三月一九・二三日の二日間、文部科学委員会における審議が行われた。政府側は、学術会議の主要な機能は、政府への政策提言、科学者間の連絡調整、社会に対する科学分野におけるコミュニケーションであるとして、法改正でそれらがより発揮できると説明した。野党側からは、政府への政策提言に関しては、政府の中にあって自由な主張ができるのかとの観点からの疑問が呈された。これに対して、政府側はこれまでも学術会議が南極観測の推進や国立公文書館の設立などで政策提言機能を発揮して先導的な役割を果たした実績があるとして期待を表明した。こうした質疑応答を経て委員会で可決され、付帯決議が提案・採択された[13]。

衆議院本会議での可決後[14]、舞台は参議院に移り、四月六日に文教科学委員会で実質審議が行われた。この中で、参議院議員となっていた有馬朗人（自民党）は五〇問近くの質問を重ねた。まず、これまで学術会議が果たしてきた原子力三原則の原子力基本法への盛り込み、南極観測の恒久化、種々の研究機関の共同利用による有効活用等の学術振興に関する役割を浮かび上がらせた。しかし、学術会議が科学技術政策に大きな影響力を持っていたのは一九七〇年代の終わり頃まではないかと述べる。その背景は文部省にできた学術審議会が学術に関わる大型の研究プロジェクトや施設・

機関整備における役割を増していったことであると指摘した。有馬自身も八五年から三期九年間学術会議会員を務めて、「研究費の増大、大学教育費の増大などを大いに図ったのですが、うまくまいりませんでした」と振り返っている。さらに、「大変意地の悪い質問をしたい」と前置きして、審議中の改正法で総合科学技術会議と学術会議が車の両輪というが、もし両者の方針が相反したらどうするのか、学術会議の独立性や中立性は保てるのかと質した。以下はその質疑応答である。[15]

有馬委員「内閣府の中に総合科学技術会議と両輪となったときに、政府の意向に大きく反するというふうなことが起こった場合にはどうするんでしょうか。中立性などは本当に保てるのでしょうか。」

茂木敏充国務大臣（科学技術政策担当、現自民党幹事長）「車の両輪という表現、私は、重要性から見て車の両輪なんだと。右のタイヤが右側を向いたから左のタイヤも同じように向いていかなくちゃならない、こういう意味とは解釈をいたしておりません。そういった中で、委員おっしゃる（原文のママ）中立性、独立性、公平性、そしてまた透明性、正に今後の日本学術会議に更に求められる性格だ、そんな風に解釈をいたしているところであります。」

このやり取りを経て、有馬は、「私は、日本学術会議が政府より予算を得ることを前提としながら、政府より独立した機関になることが望ましいと考えております。国立大学も国立大学法人になったのは自主性を強くするためでありました。しかも、非公務員になった方が本来の自主性、独立性を保ちつつ、学術・科学技術政策を立案し評価し、時に批判をすることがやりやすいのではないでしょうか」と述べている。

これに対して、政府参考人として答弁した学術会議事務局長は、設置形態の在り方については「今回の改革から一〇年以内に改めて検討が行われ、その結果を受けまして、必要であれば措置がなされるということになろうかと思います」と答えている。有馬は、しばらく他の質問を挟んだ後に、再び、自分は日本学術会議が伸び伸びとより一層活躍することを望んでいるとして、以下のような議論を続けた。

有馬委員「(一〇年後の見直しの際には)非政府、非営利法人化を一つの可能性として検討を続けていただきたいと思います。これは、独立性を真に確保する上でこの方針が良いかと思っていますが、大臣のご見解をお聞きいたします。」

茂木大臣「やはり理想的な姿としては、欧米諸国のアカデミーのように独立の法人になると、そういう形態があると思います。…今回の改革におきましては、日本のまだ社会というものはこの科学者の提言に対してどう受け止めるのかという問題であったりとか、欧米と違う税制制度の問題等々があって見送られるという結果になったわけでありますが、正に一〇年という期間を設定して今後の改革の進捗状況を評価して、望ましい在り方、再度検討するということでありまして、そこの中におきましては、委員御提言の非政府、非営利法人の可能性、これも検討の中に入ってくる、このように認識を私はいたしております。」

改正法案では、設置形態については、内閣府への移管と所轄の総理大臣への変更に留まり、政府に属する行政機関であることは変更されなかった。したがって、自民党の有馬議員と茂木大臣との質疑応答は、設置形態に関しては、今回ではなく一〇年後に改めて検討することで収められたことになる。それでも、この改正法案の質疑の中でももっとも深堀りされた質疑応答となった。結局、衆参委員会の付帯決議で設置形態の再検討が明記され、さらに参議院のそれでは、再検討について適当な時期に国会へ報告することを求めた。[16]

第四節　改正法の実施

改正法の中でまず動き出したのが、通常であれば三年間の第一九期（二〇〇三年七月～）の任期を九か月程短縮して行われた第二〇期の会員選出であった。任期短縮は第二〇期を〇五年一〇月から始めて、改正法を全面的に適用することにするためである。改正法では現会員が次期会員を選考して、内閣総理大臣に推薦することになる。その最初に推薦を担当する会員が学協会からの推薦という旧制度によって選出されていることによって旧制度の影響が残るという問題を回避するために、日本学術会議会員候補者選考委員会を設置することが附則に定められたうえ、〇四年四月施行の政令で[17]、その委員数を三〇名とすること等が定められ、委員会が新会員の選出を行った。こうして選考された第二〇期の会員は、新人が多いという点でそれまでの改選とは異なっていた。任命された二一〇名の会員のうち、前会員（第一九期）は二七名、元会員は五名で、会員経験者は合計三二名に留まった。第一九期の会員の場合には前元会員が九七名であり、それまでも概ね一〇〇名程度が前元会員の再選であったのに比べれば、大きな変化であった。ただ、既に述べたように、会員選出制度が変わった第一三期でも前元会員の再選は四〇名と大幅に減っているから、第二〇期における新人の増加は制度の変化という要因が働いたためであった。新制度では、会員は任期六年、半数交代で再任なしとなったのであるから、これ以降は新たに選ばれる会員はほとんどが新人ということになる[18]。その意味では、これまで三年ごとに約半数が新人になっていた選考結果とあまり変わらない新旧交代が、これ以降は制度的に保証されることになったといえよう。また、第二〇期の女性会員は四二名と前期に比べて三倍になった（現在では全体の三〇%をはるかに超えている）。さらに、七〇歳定年制の導入に伴って、六年間の任期を全うできるように配慮しつつ選考が行われるようになったこともあって、平均年齢も五歳近く若くなった。特に、これまでほとんどいなかった四〇歳台の会員が一四名と大幅に増えた。このように、現会員の課題認識に基づく努力によって会員構成を改善できることはコ・オプテーション制度のメリットといえよう。ただ、会員のうち半数以上が国立大学勤務であり、民間企業勤務者が少ないこと、関東地方（一三一名）、とりわけ東京都内を勤務先とする会員（一〇〇名）が多いという偏りには大きな変化がなかった。

新制度では、七部制から三部制になったことも大きな変化であった。ただ、各部の会員数についての法令上の規定は設けられなかった。新たな第一部（人文社会科学系）は、従来は一部から三部に属しており、定員は旧政令で合計八三名であったが、第二〇期には七三名が選考・任命された。新たな第二部は生命科学系で、これまでの第六部及び第七部の合計六三名に対応しており、第二〇期には六四名が選考・任命された。第三部は理工学系で、これまでは第四部と第五部の合計六四名であったものが、第二〇期には七三名が選考・任命された。学協会と緊密に関連していた研究領域別の研究連絡委員会は廃止された。各部には、法及び会則を根拠とした委員会のうち、分野別委員会と称する各部約一〇の常置委員会が設置され、専門分野別の審議が行われることになった。これらの委員会には、会員に加えて、学術会議における選考を経た推薦に基づいて会長が任命する約二〇〇〇名の連携会員も参加することになった。

学術会議の意思決定方法も変わった。年二回開催すると法で定められた総会（このほかに臨時総会を開催できる）では、新会員候補者の承認、会長互選や副会長の同意など重要人事や会則と細則の決定等を行うが、要望・声明・提言・報告・回答の意思の表出、国際活動、勧告、答申といった事項については幹事会に決定権限が委任された。幹事会は、会長・副会長及び各部役員（部長、副部長、二名の幹事）の合計一六名で構成され、月一回のペースで開催される。したがって、学術会議としての意思決定が効率的に行える体制となったのである。これらの日学法改正にともなう新たな制度に加えて、その後の制度拡充によって、若手アカデミーの設置（二〇一三年に会則改正で制度化）、有識者による外部評価（一五年に外部評価実施規程制定）、地区活動の拡充（一八年に「地方学術会議の開催について」を幹事会で決定）などが行われてきた。

日学法改正によって、改善された点が多い一方で、全国の科学者による選挙、学協会による推薦によって会員が選出されていた旧制度に比べて、コ・オプテーションでは現会員が会員選考の中心となることから、科学者の研究活動の母体ともいえる各種の学協会と学術会議との関係が疎遠になるという懸念が生じることになった。この問題の負の影響を軽減するために、後述するように防災等の分野で学協会との積極的な結びつきを図る工夫も行われてきた。

改善が及ばなかった問題もある。例えば、国会審議でも議論のテーマの一つとなった外国人研究者の参画である。学術会議の会員は特別職、連携会員は一般職の国家公務員となるため、外国人の任命はできないとされている。しかし、一部を除いては、公務員について、法律上は日本国籍を就任要件として明記していない。そのため、法律上はこれらの一部の公務員以外の公務員の任用において外国国籍を持つ者を起用することが可能とも解される。しかし、一九五三年三月二五日に「法の明文の規定が存在するわけではないが、公務員に関する当然の法理として、公権力の行使または国家意思の形成への参画にたずさわる公務員となるためには、日本国籍を必要とするものと解すべきである。」とする内閣法制局の見解（「当然の法理」）が示された。[19] これにより、国家公務員・地方公務員ともに、定型的な職務に従事する一部の官職を除き、日本国籍を必要とすることが原則となったのである。当然の法理は学術会議会員・連携会員にも適用されるとされ、〇五年日学法改正後も外国人は会員・連携会員に任命されていない。このため、学術会議では、外国人アドバイザー制度を設けて、外国人の研究者が学術会議の審議や国際活動に実質的に参加できるようにした。[20] しかし、筆者の会長時代に設けたこの制度はいわば暫定措置であり、問題の根本的解決ではなかった

（第六章で改めて論ずる）。

事務局体制の充実も日学法改正の論点の一つとなった。学術会議事務局は、内閣府の一部局であり、他の部局と同様の人事システムが適用されている。学術会議の活動から見れば、専門性に富んだスタッフが担当するべき事務も少なくない。働き手も満足し、キャリアアップに資する形で専門スタッフを雇用する仕組みを広く導入することはなお残された課題といえよう。

第五節　〇五年改革の評価と組織形態の存続

総合科学技術会議の意見具申において、学術会議の設置形態については、「改革の進捗状況を実証的に評価するとともに、この間の社会的な状況や科学者コミュニティの状況の変化などを見極めつつ、…より適切な設置形態の在り方を検討していくことが適当であると考えられる。このため、今回の改革後一〇年以内に、新たに日本学術会議の在り方を検討するための体制を整備して、上記のような評価、検討を客観的に行い、その結果を踏まえ、在り方の検討を行うこととすべきである」（総合科学技術会議「学術会議の在り方について」（二〇〇五年二月二六日））とされ、これを受けて設置形態については改正法案から外され、付帯決議に改めて検討という趣旨の項目が盛り込まれた。そして、一〇年後の見直しが始まったのは、筆者が学術会議の会長であった一四年（第二二期）であり、取りまとめが行われたのは翌一五年三月、改正法の施行から九年半が経過した時点であった。この間に学術会議は第二二期から第二三期に移り、筆者は会長に再選されていた。したがって、筆者は文字通り身近に進行した動きとして一〇年後の再検討を経験したことになる。
そしてまた、この一〇年間には、日本社会にとっても、学術界にとっても極めて重大な出来事となった東日本大震災が起こった。社会的には、被災地のみならず全国の地域と人々が自然災害の脅威を改めて感じ、復興が時間と費用を要する大事業であることを経験することになった。また、原子力発電の安全神話が崩れたことで、原子力災害からの復興の困難を実感するとともに、今後のエネルギー供給の在り方を根本的に見直す必要があるという課題を抱えることになった。そうした中で、学術会議は原子力の平和利用・発電利用を促進してきたというこれまでの経緯から、安全への配慮を強調してきたとしても、その責任は免れない。また、地震と津波についても、建造物や地域の耐震や耐浪対策が不十分であったことについての、科学者の代表機関としての責任は免れない。こうした責任を踏まえて、学術が国民と国土の安全をどのように守っていくのかを考えていかなければならないという状況の中で、設置形態の再検討の議論が行われたことになる。

再検討の経過を整理しておこう。再検討に着手したのはもちろん学術会議ではない。学術会議が置かれた内閣府の科学技術政策担当大臣がイニシアティブをとり、その下に有識者からなる「日本学術会議の新たな展望を考える有識者会議」（尾池和夫さんが座長、二〇〇四年七月第一回会議、以下、有識者会議と略す）が発足した[21]。有識者会議は七回の審議を行い、その中では、歴代の学術会議会長や学会等の代表へのヒアリングも行われた。審議の中では学術会議に対する種々の質問も出されたので、学術会議からも、委員間の意見交換の時間帯を除いて会長か副会長、そして事務局長等が出席した。

［表］2005年改革の主な成果（学術会議事務局作成資料より成果を抜粋）

会員選出方法	**【会員の性別、年齢、地域バランス】** 女性比率：3.5％→21.8％、54歳以下比率：3.8％→12.9％、関東以外の地区の割合：32.1％→38.1％、産業界所属者2.1％→1.9％（改革前の17～19期と改革後の20～23期の比較）
会員任期	**【会員の平均年齢の低下】** 63.6歳→60.1歳（改革前の第17～19期と改革後の第20～23期の各期首の数値の平均） **【活動への参加】** 会員の委員会等への所属数：711⇒1,687（改革前の第17～19期と改革後の第20～22期の比較）
部門再編	**【分野横断的課題を審議する委員会等の活発な活動】** 第20～23期で合計163委員会等を組織。（課題別委員会・幹事会附置委員会とその下の分科会数）
運営体制	**【提言等の数の増加】** 274件→395件（改革前の第17～19期と改革後の第20～22期の比較（累計）
会員の種類と数	**【活動への参画増加】** 改革前の研究連絡委員と改革後の連携会員の委員会等への所属数（延べ）：2,002→3,522（改革前の第17～19期と改革後の第20～22期の比較）
事務局体制	**【学術調査員の任用】** 2015年10月以降、延べ27名を任用。
評価体制	**【外部評価の実施】** 外部の有識者6名に依頼し、原則として毎年外部評価を実施。

日本学術会議事務局資料より大西作成

議論では、〇五年法改正を中心に行われた種々の改革の成果の評価と、それを踏まえた学術会議の今後の在り方、とりわけ設置形態に関する事項が中心となった。そのうち、〇五年改革の評価については、学術会議が［表］のような資料をまとめて報告した。既に述べてきたように〇五年法改正に基づく改革は、会員の選出方法、会員任期、部門、運営体制、会員の種類と数、事務局体制、評価体制にわたっており、それらについて、前述（本章第四節）のような成果があった。これを法改正前の第一七期から第一九期と法改正後の第二〇期から第二二期乃至第二三期を対比させつつ整理したものがこの表である。そこに示されているように、会員の女性比率の増加、若手の増加、関東以外の地域の増加、平均年齢低下、委員会所属数（延べ）の増加、分野横断型審議の場の増加、提言等の増加、改革前の研究連絡委員に比して改革後の連携会員の委員会所属数（延べ）の増加、学術調査員の任用、外部評価の実施とほぼすべての項目で成果が上がっていることが分かる。期待通りになっていないのは産業界所属の研究者の割合で、二・一％から一・九％へと、もともと少ない中でさらに減少している。筆者の経験上も、産業界所属の研究者の増加を、数値で示すのは容易ではない。産業界所属者の増加は、会員選考の重視事項のひとつであったものの、研究業績のある産業人は中堅にさしかかると大学や公的研究機関などに転職する場合が少なくなく、一方で逆のコースは少ないことが産業界所属会員の減少の理由の一つである。したがって、調査時点で産業界に所属しているのかどうかという観点での集計だけではなく、研究者としての主たるキャリア（研究実績や特許取得実績）を産業界で築いてきたのかどうかという観点からの集計も行うこと、及び、日学法にある「優れた業績」を企業内研究者の観点できちんと評価する方法を定着させ（知的財産への貢献等）、産業界に属する研究機関等における業績を正当に取り上げいくことが必要であろう。また、産業界で活躍する研究者も、学協会に所属しているであろうから、協力学術研究団体からの会員・連携会員候補者の情報提供に際して、産業界所属者を積極的に含めるよう依頼することも有力な手段である。

改正法に基づく制度によって実施された約一〇年間の活動を評価したうえで、有識者会議は二〇一五年三月にとりまとめを行い、科学技術政策担当大臣（有識者会議発足時は山本一太氏、取りまとめ時は山口俊一氏）に意見具申した。その中で、まず学術会議の存在意義について、科学者の自律的な集団であること、すべての学術分野の科学者を擁していること、独立性が担保されていることを上げ、地球環境問題をはじめとする複合的な問題に取り組むことが学術に求められている時代に、学術会議の重要性は増すと期待を表明した。具体的には期待される役割として以下の四点をあげている。

①社会的な課題に対しわが国の学術の総合力を発揮した俯瞰的・学際的な見解を提示する「社会の知の源泉」としての役割

②学術をめぐる様々な論点、課題についての分野横断的な議論の場を提供し、学術界全体の取組をリードする「学術界のファシリテーター」としての役割

③学術と政府、産業界、国民等とのつながりの拠点となる「社会と学術のコミュニケーションの結節点」としての役割

④各国アカデミーや国際学術団体と連携し、地球規模の課題解決や世界の学術の進歩に積極的に貢献する「世界の中のアカデミー」としての役割

これらは、例えば、総合科学技術会議の専門調査会の意見具申にある学術会議が果たすべき三点の機能（一四三頁を参照）にほぼ対応したものである上に、世界の中のアカデミーという国際活動を担う機能の重要さが強調されたものとみることができる。実際、地球環境問題、異常気象や地殻変動などに伴う災害対応の国際連携、そして、今回の新型コロナウイルス感染症以前にも様々に起こっていた感染症への取組の国際連携などにおいて、国連をはじめとする国際機関とも連携した学術の国際組織の活動やそこに加わった学術会議の活動は、国際社会でその重要度を増している。

その上で、有識者会議は〇五年改革でどのような取り組みが行われたのか、それらの評価に関し

て有識者からどのような意見が出たのかを整理して有識者会議としての報告書をまとめ意見具申した。それらは学術会議の四点の期待される役割に対応して一一項目、さらに組織としての在り方に関連して六項目の合計一七項目にわたる網羅的なものである。データによって客観的に示される現状は、会員構成や活動成果等のほとんどの分野でこれまでに比べて改善されていることから、これら一七項目における有識者会議の評価も肯定的なものが多い。しかし、いくつかについてなお不十分として改善の具体的な提案が行われている。不十分とされた主なものをあげてみよう。

まず、〇五年改革が会員推薦において学協会からの推薦制を廃したこともあって、「学協会との関係が見えにくくなっているのではないか」との指摘が行われている。一部の分野だけではなく、より横断的、恒常的な関係構築を進めるために、「分野横断的で具体的なテーマを設定し、成果物の取りまとめに向けた議論、シンポジウムの開催等を協力して行うなど、協働による活動を積み重ね」、関係強化を図るべきと述べている。[22]

社会とのコミュニケーションについては、メディア関係者との定期的な懇談の場を設ける等によって顔の見える関係を築き、発信力の基盤を強化するべきとした。[23]日頃の意見交換が重要との指摘は、産業界との関係についても行われている。そして、車の両輪とされてきた総合科学技術・イノベーション会議（二〇一四年の内閣府設置法改正時に名称も総合科学技術会議から変更された）との関係については、「政府との関係における独立性と中立性を保つという意味においては、科学技術政策の「司令塔」である総合科学技術・イノベーション会議をはじめとする政府の諸機関との役割の違いを明確にし、日本学術会議としては、あくまで学術的な観点からの見解を政府に対して提示することが役割である、という姿勢を保つべきである」と指摘し、そのために提言の科学的水準を高める必要があるとした[24]。

会員に求められる資質についても言及している。学術会議に期待される役割が政府はもちろん国内外の社会との関係を深めていくことを含んでいることから、その活動を担う会員・連携会員は、「様々な課題に対し、自らの専門分野の枠にとらわれない俯瞰的な視点をもって向き合うことのできる人材であることが望ましい」と述べ、そうした人材をコ・オプテーション制の下で学術会議に迎えるために、会員・連携会員の意識啓発が必要であり、特に狭い専門の視点だけで会員・連携会員が選考されないよう努めることが必要であると述べ、またこうした求められる人材像やプロセスを対外的に分かり易く説明する努力も必要と述べている[25]。

そして、最後に在り方に関わる組織（設置）形態が取り上げられた。その全文は以下である[26]。

> 日本学術会議は、政府から独立性を保ちつつ、その見解が、政府や社会から一定の重みをもって受け取られるような位置付け、権限をもった組織であることが望ましい。また、日本学術会議の性格が、本質的には事業実施機関ではなく審議機関であることを踏まえると、安定的な運営を行うためには、国の予算措置により財政基盤が強化されることが必要と考えられる。これらの点を考慮すると、国の機関でありつつ法律上独立性が担保されており、かつ、政府に対して勧告を行う権限を有している現在の制度は、日本学術会議に期待される機能に照らして相応しいものであり、これを変える積極的な理由は見出しにくい。

　この報告書は、直接的には科学技術政策担当大臣に宛てられたものであった。任にあった山口俊一大臣は、報告書を受け取ると、翌月に開催された学術会議総会であいさつに立ち、報告書作成の経緯に触れた後、以下のように述べた（二〇一五年四月）。

「ぜひ、今回の報告書を日本学術会議のさらなる発展に向けたきっかけとして、まさに我が国の科学技術の根源を支える「学術」を体現する機関として、これまで以上に力を発揮していただきたいと考えております。私も、担当大臣として、日本学術会議における主体的な見直しを、しっかりと後押ししてまいります。[27]」

　筆者も会長として、報告書の内容を踏まえて主体的に見直しを進めることを有識者会議や総会において表明してきており、担当大臣から学術会議への要請を受けて、さらにその必要を感じたことを思い出す。

　振り返れば、一九九七年から政府全体の行政改革を目指して始まった一連の動きは、学術会議に関してはこの報告で一つの区切りがついたはずであった。しかし、既に述べたように、菅義偉元首相の会員任命拒否に関連して、自民党から学術会議の設置形態見直し論が提起され、菅義偉政権がそれに同調したことで、まとまったはずの設置形態見直し論が再び動き出してしまった。その展開は第六章で述べることにして、ここでは、これも懸案であった学術会議の所在地問題に触れておこう。

第六節　移転問題の結論

在り方問題の最終局面でもう一つ並行して進んできたものが移転問題であった。有識者会議報告書の組織形態に関する意見の次に「所在地」についての記述がある。そこでは、学術会議の活動が審議活動を中心とすることから、限られた活動経費の中で活動を活発化するためにはその所在地はできるだけ会員・連携会員がアクセスしやすい場所であることが必要であると述べている。そして緊急事態において求められる役割に照らし政府の諸機関との距離が近い場所であることが望ましいとして、「現在地より適した移転場所を見出すことは難しい」と移転問題についても方向を示した。[28]

経緯は以下である。移転問題は総合科学技術会議の意見具申や国会の付帯決議などで検討が求められた問題ではなかった。行政改革よりさらに前の、多極分散型国土形成促進法に基づく「国の行政機関等の移転について」という閣議決定（一九八八年七月一九日）によって、東京への一極集中を是正するという観点から、各省庁から一機関ずつ合計七六機関と自衛隊の一一部隊を東京二三区外へ移転させることになり、総理府は当時所管していた日本学術会議を移転対象機関としたのである。学術会議では、閣議決定から一年以上経過した八九年一〇月の総会で「国の行政機関等移転推進連絡会議において移転先が横浜市のみなとみらい二一地区になった」ことが報告された。[29] 総会での受け止め方がどのようなものであったのかは明確ではない。それでも、『日本学術会議五十年史』に、この問題についての事実関係、三役及び運営審議会のとった対応が報告され、今後の移転に関する諸問題は三役及び運営審議会に処理を一任することになったと淡々と記述されているから、[30]それほど深刻な問題とは受け止められていなかったのかもしれない。確かに、学術会議の活動はその名が示す通り大小の会議を開催することが中心となるので、会員等の会議参加者にとっては、交通の便が悪くなければ立地にはそう拘らないということだろう。しかし、現実問題としてとらえると、講堂や大小の会議室を備えた現庁舎（七〇年六月に新設され、上野から移転）と同等の施設が与えられるのかという不安等が生じて、移転は先延ばしになってきた。筆者が会長になった時も、移転問題を抱えていることは知らされたものの、差し迫った課題としては引き継がなかったように思う。

しかし、ある時、一九八〇年代末以来の行政機関の移転事務の現在の担当者である国土交通省の担当部局の方々が来訪して、移転対象機関で移転していないのが学術会議くらいになったので、そろそろ年貢の納め時、移転を決断してもらいたいと申し渡された。このため、俄かに学術会議としての対応を迫られることになったのである。執行部で何度も議論を重ね、最終的に幹事会で学術会議としての対応をまとめたのは二〇一七年八月一七日、この期の、そして筆者の会長としての二期六年間の任期満了の一月半前であった。その内容は、一九八八年の閣議決定を履行するため、二〇一八年度中に「日本学術会議の中枢管理機能の一部を横浜市に移転する」というもので、[31]中枢管理機能としては、会長と事務局長の執務室、予算、人事、広報といった事務機能の一部をあげた。また、移転に際しては会員・連携会員にとっての高い利便性を維持し、審議に必要となる会議室や講堂を確保して審議機関としてさらに発展できるように配慮して頂きたいという条件を付けた。組織の中枢部を含んだ一部移転案は前例もあるということで事務的には受け入れられたようであり、政府としての意思決定に向けて作業が進んだのを確認して筆者は退任した。

ところが、しばらくして、学術会議自体が移転するより、地方での学術会議の活動を充実させる方が、一極集中是正や地方の振興といった当初の閣議決定の趣旨に適合するという政府の判断が下された、と知らされた。つまり、施設と機能の立地は現状のままというわけである。行政機関の一部移転については、それを必要とした東京一極集中問題と地方の停滞問題が引き続き存在しており、現在もまち・ひと・しごと創生法のもとで一部の行政機関の移転が行われている。したがって、行政機関の移転そのものの必要性がなくなったというのではなく、学術会議については二二〇〇名の会員・連携会員がいるとしても全員が非常勤なので、その施設の立地よりも学術会議が実施するシンポジウム等のイベントを各地で行うことがより効果的と判断されたということのようだ。筆者は、会長として、移転には余分な経費が掛かるのにと思いながらも、約三〇年前の閣議決定に従わざるを得ないと観念していたところ、最終局面で政府高官による合理的な判断が行われたという報せを受けることになったのである。

移転問題に関しては、有馬朗人も二〇〇五年法改正の国会質問で触れている。「私は（学術会議の横浜への移転は）やめたらどうかと思っているんですよ。あのまま残っておられたらいい。…もう一度お考えになっていただきたいと思います。大臣、よろしくお願いいたします。大変あそこは便利でありますので、私たち研究者としてはあそこが非常にいいと思っております。」と質し、茂木大臣から、「貴重な意見として承らさせていただきたい、今後どういうことができるか検討してみたいと思います。」との答弁を引き出した[32]。そして、有識者会議の報告書でも現在地が適当とした。

有馬の国会質問や有識者会議の報告書が、学術会議には地方での活動を強化することで各地の活性化に貢献させるという政府の最終方針にどれだけの影響があったのかは不明だが、事務所の移転よりも、活動の地方展開を図るべきというこの件に関する政府の判断は説得力のあるものであった。

その後、移転に関する取扱いの変更に伴って、二〇一八年一月二五日付で「地方学術会議の開催について」（幹事会決定）を定め、地方での学術会議活動を強化し、地方創生に貢献するとした。そして、この決定の中で、学術会議の一部移転に関する幹事会決定（一七年八月一七日付）を廃止したのである。

1　学術会議の所轄の変更（内閣総理大臣から総務大臣）は、「中央省庁等改革のための国の行政組織関係法律の整備等に関する法律」第三六条（一九九八年七月公布、二〇〇一年一月施行）による。
2　行政改革会議「最終報告」（一九九七年一二月三日）。
3　行政改革会議「第一九回会議議事概要」（一九九七年六月二五日開催）。
4　行政改革会議「第三七回会議議事概要」（一九九七年一一月一七日開催）。
5　有馬朗人、行政改革会議「企画・制度問題小委員会及び機構問題小委員会合同小委員会」第五回会合（一九九七年一〇月二二日）に提出したメモ。
6　有馬の他、猪口邦子（上智大教授）、佐藤幸治（京大教授）、塩野谷祐一（一橋大名誉教授）、藤田宙晴（東北大教授・所属はいずれも当時）が委員。このうち、猪口は後に学術会議会員となった。
7　途中で議員が一名追加、また最終回の直前に議員のうち三名（会長を含む）が任期満了で退任。

8　石井紫郎・浅島誠「学協会の集団から真の「学術政策」を発信する組織へ」学術の動向二〇〇六年一月号。石井は、二〇〇一年一月から二〇〇三年一月まで総合科学技術会議の議員で、一三回の会合のうち一二回の会合を含む期間「日本学術会議の在り方に関する専門調査会」の会長を務め、議論をリードし、取りまとめた。この対談の中で石井は、「総合科学技術会議は実はお役所です。ですから、それと次元の違う幅と長さですね、それを持って学術と科学技術の在り方をきちんと考える組織が総合科学技術会議のほかに絶対に必要です。そういう意味で私が言いましたのが車の両輪です。」として学術会議の役割を論じている。こうした観点から学術会議の意見も重視された。

9　郷信弘「日本学術会議の改革へ向けた動き」日本物理学会誌五四巻九号、一九九九年九月。会員として総会に出席した立場から、非公開とされた「未来構想懇談会」による基本構想を紹介し、総会で出された相当強い批判的意見を客観的に整理している。〝基本構想では、日本学術会議の現状が各個別分野の陳情型活動に忙しい組織と捉え、これを強く否定して、個別分野を超えた俯瞰的立場からの社会的貢献を目指す組織に変えなければならないとしている。しかし、それのみが日本学術会議にふさわしいという主張には多くの会員が戸惑いを感じたようだ。多くの会員は各研究分野の固有と思われる問題も重視しつつ、人類社会への使命をよりよく果たしうる方向に改革を進めるべきと思っていると感じる。〟というのがその趣旨である。

また、吉川弘之「行革の中の改革」学術の動向二〇〇三年八月号は、学術会議会長として未来構想懇談会を主導した吉川による行革に伴う学術改革の動きの総括であり、未来構造懇談会の基本構想にも触れていて、会員から激しい議論があり、一部削除することになったとある。

10　江沢洋「学術会議の改革」日本物理学会誌五七巻九号、六六九〜六七二頁（二〇〇二年九月）。中間報告に関する学術会議総会での討議の模様を伝えており、ほぼ全員が賛成であったとしている。

11　江沢洋「学術会議の改革――その後」日本物理学会誌五七巻一二号、九〇九〜九一〇頁（二〇〇二年一二月）。郷信弘「学術会議の改革」日本結晶学会誌四五巻五号、三四一〜三四三頁、二〇〇三年五月。これらが、総合科学技術会議の中間まとめ、最終意見具申と、日本学術会議の在り方委員会の中間まとめ（改革議論における日本学術会議案）の比較検討を行っている。総合科学技術会議の最終報告（意見具申）は、「日本学術会議の在り方について」（二〇〇三年二月二六日）。

12　最終報告書では、コ・オプテーションの用語が使われ、この後、現会員が次期会員を選出する方法は、こう呼ばれるようになった。
13　衆議院文部科学委員会会議録、国会会議録検索システムによる会議録。
14　衆議院本会議では二〇〇四年三月二三日に採決され、〝異議なし〟で可決。
15　参議院文教科学委員会会議録、国会会議録検索システムによる会議録。
16　参議院本会議では、二〇五票中、二〇五票の賛成で可決。衆参の委員会でそれぞれ付帯決議が行れた。
17　日本学術会議会員候補者選考委員会令（二〇〇四年四月一四日施行）。
18　新制度でも、補欠の会員及び第二〇期の会員で三年任期であった者は再任が可能となった。
19　法制局一発第二九号（一九五三年三月二五日）。
20　日本学術会議アドバイザー等について、二〇一六年六月に「二．日本学術会議外国人アドバイザーについて」を新設し、外国人アドバイザーが学術会議の審議や国際交流活動に参画できるようになった。
21　メンバーは研究者五人、学術機関一人、民間企業三人、行政官出身一人、メディア一人、総合科学技術イノベーション会議一人、合計一二人（座長尾池和夫京都造形大学長、座長代理羽入佐和子お茶の水女子大学長）。事務局は内閣府大臣官房に置かれた「日本学術会議の展望に関する検討室」。
22　日本学術会議の新たな展望を考える有識者会議「日本学術会議の今後の展望について」（二〇一五年三月二〇日）一五頁。
23　「日本学術会議の今後の展望について」一八頁。
24　「日本学術会議の今後の展望について」一九～二〇頁。
25　「日本学術会議の今後の展望について」二四～二五頁。
26　「日本学術会議の今後の展望について」二八頁。
27　日本学術会議「第一六九回総会速記録」（二〇一五年四月九日）。
28　「日本学術会議の今後の展望について」二八頁。
29　みなとみらい二一地区は、横浜市が中心となって開発を進めていた地域であり、ある時期まで、学術会議の立地も想定されていた。

30 日本学術会議『日本学術会議五〇年史』(一九九九年三月)一七二頁。

31 日本学術会議「第二五〇回幹事会議事要旨」(二〇一四年一一月二一日)学術会議HP掲載。

32 しかし、この段階では移転対象から外れることはなかった。

第五章　日本学術会議の活動

本章では学術会議の活動を通して、学術会議の果たしてきた、あるいは果たしている役割を考えていくことにしたい。第三章と第四章で、学術会議発足以来の会員の選出方法の変化を追いながら、いわば活動の担い手を通じて学術会議とは何かを描いてきたとすれば、本章では、選考された会員が何を社会に発信してきたのかを通して、学術会議とは何かを考えてみたい。戦後、GHQの後ろ盾によって設立された学術会議は、科学技術政策への関与という重要な役割を果たすことを期待されていた。その舞台として用意されたのがスタック（STAC、科学技術行政協議会）であったことは第三章第三節で述べた。政府と学術会議との関係を概観すると、発足時のスタックが学術会議をもっとも高く位置付けた制度であり、その後、学術会議に対する政府の対応窓口（学術会議の幹部が職指定で構成員となる政府の会議体）が、科学技術審議会、科学技術会議、総合科学技術会議、そして総合科学技術・イノベーション会議へと変わっていくにつれて、会議体における審議事項に学術会議の所掌事項が明示されなくなったり、構成員に指定される人数が減少することによって、位置付けが低下していった。その背景には、自ら科学者としての独立性を重視した学術会議が時の政府の意に沿う意思表明ばかりを行ってきたのではなかったことがあろう。また、政府が審議会等のより多様な場を通じて、科学者を登用するようになったことも関係があろう。それでは、政府の中にあって、学術会議はどのような主張を行い、どのような役割を果たしてきたのであろうか。

戦後間もなくの時期は、敗戦によってわが国の科学研究の立ち遅れが浮き彫りになったこともあり、学術会議は国による種々の分野の研究機関の設置を求め、さらにこうした研究機関の必要性を裏付ける学術の長期計画にも関わろうとしてきた。公的資金による研究機関の設置は、科学の向上を国力の増強と結びつけるという意味で、戦災からの復興段階の日本にとっては必須の施策だったといえよう。こうした観点から、まず学術会議が行ってきた研究機関の設置勧告と長期計画への関わりについてとりあげ、第二節以降で、戦争と平和、原子力問題等へと対象とするテーマを発展させていくことにする。

第一節　研究機関の整備と学術の長期計画

日学法では、政府は学術会議に諮問を行い、学術会議はそれに対する答申を行うこと、さらに、それとは別に勧告を行うことができるとされていた。これらの役割は、発足以来今日まで変わっていない。中でも、研究機関設置に関する勧告等は科学技術の振興における強力な促進剤の役割を果たしてきたといえよう。

戦後間もなくの日本は、戦災によってあらゆる産業が壊滅的な打撃を受け、十分な食糧生産さえままならない中で、学術会議が科学者の意識を把握するため実施したアンケート調査で、「科学の成果を上げねばならぬ」との回答をはるかに上回る回答が「本収入だけでせめて最低生活がしたい」といった生活問題に寄せられるといった状況にあった。[1] ただ、それでも、より多数の回答が研究費の増額等の科学の復興への期待に寄せられており、厳しい生活環境の下で科学研究の復活可能性を示していたともいえるのかもしれない。

また、太平洋戦争における兵器開発、特に広島と長崎へ投下された原爆の開発においてアメリカが日本をリードしたことは、核爆弾に直接関わる分野のみならず、より広い範囲でアメリカの科学者の層の厚さと質の高さを示すことになった。このことが、戦後、日本の科学者や日本社会に強烈な刺激を与えたのは想像に難くない。もちろん、戦後の学術会議での議論では、戦争を起こしたこと自体への反省から軍事研究への加担に対する戒めが重視されたのであるが、同時に科学技術開発の国際競争に積極的に参加するべきという意識を持った科学者も少なくなかった。

日本学術会議の第一回総会は一九四九年一月に開催され、定員の少ない学士院の講堂を使ったために、暖房の届きにくい補助椅子で参加する者もいた中で、熱心な討議が行われたと記録されている。[2] そして、すでに第一期から、温泉研究所（要望）と国立ライ研究所（勧告）の設置要請が政府に対して行われ、[3] 研究体制拡充のため、政府に研究機関の設置を提案することが学術会議の大きな役割であると認識されていった。

後で述べるような理由から、本節での概ねの考察範囲とする第一期から一九六六年一月に終わる第六期までの一七年間に三〇件程度の研究機関設置が要請され（多くが勧告、その他要望や申入という形式をとった［表1］）、その多くが実現されていった。これらの要請は、スタックにおける政

[表1] 学術会議による研究機関設置要請とその後の取扱い(第1~7期)

期	期間	勧告や要望で取り上げた研究機関 ○その後国立大学・国立機関で実現、× 国立機関などでは実現せず
第1期	49.1 ~ 51.1	× 温泉研究所(要望)。○国立ライ研究所(勧告)
第2期	51.1 ~ 54.1	○原子核研究所 (申入)⇨東京大学附置原子核研究所。○反射望遠鏡(申入)⇨岡山県天体物理観測所。
第3期	54.1 ~ 57.1	× 分析化学中央機関。○国立放射線基礎医学研究所(申入)⇨国立放射線医学総合研究所。○物性物理学研究所 (要望)⇨東大附置物性研究所。○蛋白質研究所 (要望)⇨阪大蛋白質研究所。○人口問題を総合的に研究する機構 (要望)⇨人口問題研究所の部門増。航空技術研究機関(意見照会への対応)
第4期	57.1 ~ 60.1	○海洋総合研究所 (要望)⇨東大海洋研究所。○自然史科学研究センター (要望)⇨国立科学博物館の若干の部門増設、しかし不十分。○数理科学研究所 (要望)⇨京大数理解析研究所。○プラズマ研究所 (勧告)⇨名古屋大プラズマ研究所。○公文書散逸防止について(勧告)
第5期	60.1 ~ 63.1	○極地研究所(申入、同日勧告)。○国際地震工学研修所(勧告)。○アジア・アフリカ言語文化研究センター(勧告)。○宇宙科学研究所(勧告)。○関西研究用原子炉・実験所(勧告)
第6期	63.1 ~ 66.1	○学術研究用大型高速計算機 (勧告)。○琉球政府・琉球気象台地磁気観測所 (要望)。○霊長類研究所 (勧告)⇨京大霊長類研究所。○溶接研究所 (勧告)⇨(阪大接合科学研究所)。○国立民族学研究博物館 (勧告)⇨1971年になって実現する運び。○耐震工学研究の強化拡充 (要望)。× 固体地球科学研究所 (勧告)。○大気物理研究所 (勧告)。○分子科学研究所 (勧告)。○情報科学研究機関 (勧告) (情報科学、基礎情報科学、情報工学)
第7期	66.1 ~ 69.1	(「研究所の設立ならびに研究体制確立の推進について」によって整理) ○生物研究所・生物科学研究交流センター (勧告)⇨生物研究所は基礎生物学研究所(交流センターの機能も担当か)。× 研究用生物系統株保存利用機構(勧告)、× 古生物研究所(勧告)⇨1974年次以降設立の方向に向く。○国語・国文学研究資料センター (勧告)⇨国文学研究資料館。× 結晶学研究所。× 微生物株センター (勧告)。× 総合地誌研究所(勧告)。× 人間行動研究所(勧告)。× 人体基礎生理学研究所(勧告)。構造工学総合研究所 (勧告)。× 生物物理基礎研究所 (勧告)。× 基礎有機化学研究所(勧告)。× 高等生物センター・個別系統保存施設(勧告)、基礎育種学研究所

学術会議HPと各機関の情報より大西作成

府との協議の案件となり、そこでゴーサインが出れば、文部省などの担当省庁によって実施段階に移された。研究所等の設置要請は、学術会議におけるそれぞれの専門分野での審議、及び総会での決議に基づいて行われ、審議の過程で要請に際しての基本的な考え方が整えられていった。その中で重視されたのは基礎研究である。第二期に行われた原子核研究所と反射望遠鏡の設置に関する申入は、次の文で始まっている。

基礎科学の研究は直接の実用を目的とするものではありませんが、あらゆる進歩の源泉であり、人類の将来の運命を決定する重大な要素であります。しかるにわが国の現状においては、基礎科学の研究が甚だしい悪条件の下におかれており、急速な進歩を遂げつつある諸外国の研究から今や取り残されようとしております。本会議は、政府がこの際基礎科学育成の重要性を認識され、その振興のため格別の考慮をはらわれるよう希望いたします。（日本学術会議「原子核研究所の設立と反射望遠鏡の設置について（申入）」（一九五三年五月六日））

さらにこの申入では、他の事例にも通ずる研究所の在り方についても触れており、（一）重点的に巨大施設を持つ、（二）全国的に共同利用の途を拓く、（三）研究者の自主的運営を可能ならしめるような組織を持つ、（四）研究所固有の定員を持つとともに、各大学との人事交流を盛んにする、（五）研究者の養成の意味で各大学より大学院学生を引き受けて研究の指導をする、こととして〝学術会議の五原則〟と呼ばれるようになった。こうした考え方は、その後、特定の大学に附置する研究機関を他の大学も利用できる共同利用研究所（現在では共同利用・共同研究拠点）としたり、独立して設置した研究機関を大学等に属する研究者が利用できる共同利用研究機関に発展し現在に至っている。しかし、五原則のうちで（三）の自主的な運営に関しては、当該研究機関を利用する全国の科学者による自主的な運営を求めていると解されることから、研究機関が附置される大学から見ると、大学の自治に抵触する恐れがあると捉えられて、異論が唱えられる場合が生じた。この点は、後の事例の中で改めて取り上げよう。

① 原子核研究所

提案されたいくつかの研究所についてその後の展開を追ってみよう。最も早い時期に提案された原子核研究所は、以下のような理由で、素粒子物理学者等の悲願が込められた施設であった。戦後間もない時期に湯川秀樹（一九〇七〜八一年、四九年受賞）、続いて朝永振一郎（一九〇六〜七九年、六五年の日本学術会議会長時に受賞）の二人の理論物理学者がノーベル物理学賞を受賞したことにも表れているように、すでに戦前からわが国の素粒子物理学をはじめとする基礎物理学は世界的な水準にあり、実験分野においても理化学研究所、京都大学、大阪大学がサイクロトロンを四器有するといった高水準の研究環境を整えていた。ところが、戦後、軍事目的に利用される疑いから、サイクロトロンはＧＨＱによってことごとく廃棄処分されたうえ、素粒子研究そのものも禁じられてしまった。

しかし、一九五一年に来日したサイクロトロンの発明者でノーベル賞受賞者のアーネスト・ローレンス（一九〇一〜五八年、Ernest Orlando Lawrence）が、基礎研究重視の観点から、日本でサイクロトロン施設を備えた素粒子物理学の研究が行われることに好意的で、かつ安全保障上の懸念はないことを指摘したことでGHQの方針が変わり、戦前保有していた理化学研究所、大阪大学、京都大学でのサイクロトロンの再建が認められた。しかし、再建された施設はもはや原子核研究にとって先端を行く規模ではない、という声が研究者の中で高まった。そこで、学術会議の原子核研究連絡委員会で検討した結果、当時の世界の最高水準の一GeVクラスのサイクロトロンを直ちに作ることはわが国の経済力からみて困難であるとして、五〇〜七〇MeV程度のサイクロトロンをまず作って、中間エネルギー領域での原子核研究を精密な実験とともに進めることが適当との申入がまとまった。さらに、最先端の一GeVクラスの加速器については準備的研究を始めて、近い将来の実現を目指すとした。[4]この申入を踏まえて、原子核研究所の設置が決まった。具体的には、国立学校設置法改正でできた「国立大学の教員その他の者で当該研究所の目的たる研究と同一の研究に従事する者に利用させるため」の共同利用研究施設制度を適用した大学附置の共同利用研究施設としての東京大学における整備が、東京大学としては宇宙線観測所（五三年設立）に次いで認められ、[5]五五年七月に、都下田無の東大実験農場の一角に建設された。[6]

運営について課題となったのは、原子核物理学研究者コミュニティの関与と、東京大学の自主的運営との調整であった。当初は、研究所に外部研究者を含めた協議会を設けて研究者コミュニティの意見を反映させる一方で、運営には研究所教授会が当たるという案が概ね合意されたものの、文科省大学制度審議会や学術会議を巻き込んで議論は継続された。結局、発足から二〇年を経て七六年に、研究者コミュニティによる自主的な運営というよりは、東京大学の他の附置研究所に倣って大学側の自治を尊重するという通常の附置研運営規則に近い形で原子核研究所規則が制定され、これに基づく研究所協議会が発足した。その上で、共同利用やその他の重要事項に関する研究所所長の諮問機関として共同利用運営委員会が設置された。[7]

また、学術会議による申入にもあった一GeVクラス加速器導入のための準備的研究については、早い時期から高エネルギー部門（一GeV以上のエネルギーレベルを扱う素粒子物理学部門）を発足させて、原子核研究所においては七五〇MeVの電子シンクロトンが建設された。[8]

その後、日本の加速器物理学の研究は、東京大学の二機関、すなわち原子核研究所と中間子科学研究センター、そして文部省の機関である高エネルギー物理学研究所（原子核研究所の当初構想にあった高エネルギー部門の研究を継承）を中心研究機関として推進されていった。さらに、東京大学原子核研究所の筑波研究学園都市への移転計画を機に三機関の組織見直しが検討された結果、三機関は統合され、九七年四月に高エネルギー加速器研究機構が発足し、機構内に素粒子原子核研究所と物質構造科学研究所の二研究所が大学共同利用機関として設置されて現在に至っている。

② 国立放射線医学総合研究所

原爆被爆国であるにもかかわらず、放射線医学の研究では、日本は世界に後れを取っていた。研究所設置を学術会議が申入れたのは一九五五年一月一一日であり、原爆投下からすでに一〇年近くが経過していた。[9] 申入をまとめる契機となったのは、前年三月一日に起こった太平洋ビキニ環礁におけるアメリカの水爆実験による第五福竜丸乗組員の被爆であった。この水爆実験はヒロシマ型原爆の一千倍の威力があるとされたもので、太平洋全域で放射性物質降下が観測されるなど放射性物質の拡散は広範囲に及んだ。このため、同船はアメリカが設定した危険区域外で操業していたにもかかわらず、大量の放射性物質を被爆することになり、乗組員全員が原爆症を発症し、半年後に機関長の久保山愛吉氏が亡くなった。これを機会に日本をはじめとして各国で原水爆禁止運動が起こり、米ソの核兵器増強競争がもたらす恐怖の均衡による戦争抑止ではなく、核兵器の廃絶を求める声が世界的に広がっていった。

この重ねての被爆体験とともに、放射線による障害は、原子力の平和利用においても発生し得るため、放射線医学を中心とした諸研究を進める必要があるという点が申入の主旨であった。加えて、ドイツ、フランス、アメリカ等でも放射線医学の研究が組織的に行われていたにもかかわらず、日本の研究体制は系統的で十分であるとはとても言えない状態であることがこの被爆を通じて浮き彫りになり、放射線に関わる医学研究を含む研究機関設置を促した。

申入が示した研究所の体制は物理、化学、生物、遺伝、診断、治療、障害研究部などから成る総合的なものであった。これを受けて、一九五七年に科学技術庁所管の国立研究所として放射線医学総合研究所が発足した。その後、二〇〇一年に文部科学省所管の独立行政法人に改組され、一六年に日本原子力研究開発機構と合併して量子科学技術研究開発機構（現在は国立研究開発法人のひとつ）となり、研究所はその一部となった。さらに一九年に同機構量子医学・医療部門の一部門となり、二一年に緊急被ばく医療センターと合わせて、がんの放射線治療や核医学診断等を行う量子医科学研究所と、緊急被ばく医療や放射線の影響に関する研究を行う放射線医学研究所に再編されて現在に至っている。

この間に、一九九九年には、茨城県東海村のＪＣＯ（住友金属鉱山の子会社）東海事務所で杜撰な作業管理が原因となって起きた原子力発電用核燃料製造工程での臨界事故の際に被曝した作業員三人がヘリコプターで放医研に緊急搬入され入院した（治療には放医研と東大病院が当たったが二人が亡くなった）。二〇一一年の東京電力福島第一原子力発電所事故では、三号機の復旧作業に従事していた作業員三人が福島県立医科大学病院より搬送され収容された。また、同事故での福島県内住民の被曝調査にも参加するなど、放射線医学の中核機関として活動してきている。

③　公文書の散逸防止と公文書館

一九五九年に日本学術会議が「公文書散逸防止について」との勧告を内閣総理大臣に行ったことが契機となって七一年に総理府の付属機関として国立公文書館が設置された。公文書の保存や管理が国家の重要任務であることは明らかであるにもかかわらず、それまで、わが国には国立の公文書管理施設はなかったのでなる。学術会議の勧告の主文は以下である。

わが国においては、諸外国の例に見られるような国立公文書館のないことが、保管期限を過ぎた官公庁の公文書の散逸消滅の最も重要な原因をなしている。これらの公文書の中には、学術資料として価値あるものが多く含まれているので、その散逸消滅は、将来の学術発展の上に憂慮にたえない。そこで究極の目標として、政府による国立文書館の設置を切望するものであるが、その前提として、政府において公文書散逸防止ならびにその一般利用のため、有効適切な措置を講ぜられるよう要望する。（日本学術会議「公文書散逸防止について（勧告）」（一九五九年一一月二八日））

この勧告を含めて、学術会議は二〇〇八年までに公文書館の設置、公文書の管理の在り方、専門人材の育成や配置に関連して、勧告、要望等を一〇回出している[10]。歴史学関係をはじめとする会員の強い関心が世代を継いで継承されてきたことの結果である。しかし、まだ記憶に残るところでも、年金記録の杜撰な管理、政府による恣意的とも思える公文書の廃棄、あるいは到底許されない官庁組織ぐるみの（あるいは幹部からの指示による）公文書改ざん等、常識を超えた不正な行為が公文書をめぐって行われてきたのは驚くべきことである。インターネットを通じて古い資料を閲覧できる場合もあって、史資料が身近な存在になってきた最近でもこうした問題が頻発しているのであるから、過去においては、闇に葬られてきた貴重史資料は少なくなかったはずである。つまり、何次にもわたってこの問題で勧告等が出されてきたのは、公文書の適切な保存・管理・閲覧という国民の知る権利を裏付けることになる政府の業務が全く不十分にしか行われてこなかったことの結果でもあった。

勧告等を何度も繰り返さなければならなかったのは、学術会議にとってもどかしさの募る経験ではあった。しかし、勧告等が効果を上げてこなかったわけではない。一九五九年の勧告が究極の目標としていた国立公文書館が七一年に設置されたのをはじめ、公文書に関わる施設整備、法制度整備、人材育成では様々な改善が行われてきたといえる。それでも民主主義の根幹にかかわるこの分野の取組が十分な段階に達したとはいえず、学術会議のような組織が、絶えず批判的な観点から国の活動をウォッチし、必要に応じて警鐘を鳴らしたり、不十分さを指摘することが現在なお必要といえる。

公文書管理の動きを整理してみると、国立公文書館が設置されたので、それを支える法制度の整備を学術会議が勧告したことによって一九八七年に公文書館法が制定された。先行して整備された施設を支える法律が一六年を経ってようやくできたことになる。しかし、これは全体が七か条の短い法律で、公文書館を定義するに留まる〝精神規定的な色彩が濃〟いと指摘される課題の残るものであった。[11] 特に、公文書館を、公文書などを「保存し、閲覧に供するとともに、これに関連する調査研究を行うことを目的とする施設」（法第四条第一項）とし、「公文書館には、館長、歴史資料として重要な公文書等についての調査研究を行う専門職員その他必要な職員を置く」（同第四条第二項）としながら、附則で特例を設けて、「当分の間、地方公共団体が設置する公文書館には、第四条第二項の専門職員を置かないことができる」と抜け道を作ったために、各地の公文書館の組織が充実したものとならず、また人材育成体制も不十分なものに留まってきた。このため、この時期以降、学術会議によるこの分野の主張は、公文書の保存、管理、閲覧に供する施設の整備、そのための財源確保を含めた制度整備もさることながら、それを支える歴史、法律、政治、文書管理、さらにデジタル技術など多岐にわたる専門分野の人材育成の重要性を強調したものとなってきた。人材育成については、大学における専門教育を通じた〝アーキビスト〟の養成や資格認定制度の創設などに及んでいる。

制度面では、一九九九年に「国立公文書館法」によって国立公文書館が独立行政法人化された。その業務は行政文書としての保存期間を終えて移管された歴史公文書の保存等を中心とするとともに、歴史公文書などの保存及び利用に関する研修も行うことができるとされている。[12]学術会議の最新の提言（二〇〇八年）は、こうした人材育成をさらに本格的なものとするために、大学院修士課程レベルでの専門教育を拡充する提案を含むものである。

行政に関わる意思決定や執行が、法律や関連する諸規則に基づいて公正・公平に行われることは民主主義社会において最も強く期待されることであるのは言うまでもない。公正や公平が権限保有者によって恣意的に解釈され、歪曲されることなく、意思決定や執行の妥当性を社会が常に監視し、検証できるようにするためには、意思決定や執行の根拠となった法令解釈や指示が文書として保存されていることが必要となる。つまり、定められた期間はそれぞれの部署で公文書が管理されるとともに、管理期間終了後も適切な判断の下で保存、管理、閲覧され、事後的、歴史的な評価、事実関係の正しい理解と共有に使われることが必要である。しかし、わが国では、前述のように、行政文書そのものがねつ造されたり、改ざんされる例が少なくないなど、公務員による犯罪的ともみられる行為が現在に至るまで後を絶たない。これらを防止し、行政文書、歴史文書を国民共有の財産として重視し、その保存に最大限の敬意が払われるようにするためには、文書の収集、保存、管理に当たる人材の専門性と権威を高めていくことが必要となる。この分野では、すでにみてきたように、日本学術会議の累次にわたる勧告などによって、公文書館や法令等の整備に大きな進展があった。だが、まだ十分ではない。学術会議での議論の深化とともに、わが国の公文書管理がさらに充実したものとなることが求められている。

④　学術審議会の発足と学術会議

三つの事例を取上げて、学術会議の研究所設置に関する勧告等が実現され、様々な問題をはらみながらも、各分野でのわが国における科学研究活動に重要な役割を果たしてきたことを見てきた。これらの勧告等は、典型的には、大型の研究施設を有する研究機関のように、国内にいくつも設けることは費用の点から現実的ではないため、選択と集中によって特定の場所に大型研究施設を設置するとともに、関係分野の研究者が機関を超えて利用できるようにしようというものであった。このような共同利用型研究施設は、二〇〇八年学校教育法改正によって国公私立大学共通の施設として制度化され、共同利用・共同研究拠点と呼ばれるようになった。しかし、それ以前は国立大学の附置研究所・施設として位置付けられていた。したがって、日本学術会議の第六期までの勧告等によって設置された研究機関はもっぱら国立大学に所属したことになる。共同利用型の附置研究所（共同利用研究所）は一九五三年の国立学校設置法改正で導入され、東京大学の宇宙線観測所と京都大学の基礎物理学研究所がまず設置された。続いて、先に取り上げた原子核研究所（東京大学）が学術会議の勧告によって設置され、同じく学術会議の要望や勧告を受けて、物性物理学研究所（現東京大学物性研究所）、蛋白質研究所（大阪大学）、海洋研究所（東京大学）、数理解析研究所

（京都大学）、プラズマ研究所（名古屋大学）等が設置されていった。

さらに、研究の進展や、国際的連携と競争の中で求められる研究機器の規模拡大に伴って一層集中的に資金投入すること、貴重な研究史資料を集約的に管理整理して研究促進を図ること等が必要になったことから、大学から独立した研究機関を設置して研究者が共同利用できる仕組みが設けられた。何度かの法改正を経て現在は四つの大学共同利用機関法人（いずれも機構と呼ばれ、その下に複数の共同利用の研究所、施設、センターが設置されている）と、大学共同利用機関法人以外の法人に属している大学共同利用機関である宇宙科学研究所がそれである。これらの研究所等にも、国立極地研究所（学術会議一九六一年勧告・申入、六三年九月設置）、国文学研究資料館（学術会議六六年勧告、七二年設置）、国立民族学博物館（学術会議六五年勧告、七四年設置）、分子科学研究所（学術会議六五年勧告、七五年設置）、基礎生物学研究所（学術会議六六年勧告、七七年設置）、生理学研究所（学術会議六七年勧告、七七年設置）等のように、学術会議の勧告等によって設置され、現在まで維持されている研究機関は少なくない。また、再編されて、現在は高エネルギー加速器研究機構に吸収されている高エネルギー物理学研究所も学術会議が六二年に設置勧告を行ったものである。このように、学術会議は発足以来研究機関の設置提案を積極的に行い、政府もそれに応えて大学附置研究所や大学共同利用機関の研究所等の整備によって提案を実現していった。

学術会議の勧告には、単に設置の趣旨を述べるだけではなく、敷地や建物の規模、主要な研究設備、設置するべき研究部門、研究者の規模などをかなり具体的に示しているものもあり、分野内の科学者はもとより、文部科学省などの担当官庁とも事前の調整を行っていると窺わせる場合も少なくない。つまり、当初は、学術会議内部の議論から設置勧告のアイデアが生まれてきた場合もあったのであろうが、次第に、各分野の科学者コミュニティや関係行政機関による検討を経て生まれた研究機関設置案を政府としての正式な検討のレールに乗せるステップとして学術会議の勧告等が位置付けられるようになったともいえよう。

本節の初めで、学術会議と研究機関設置の関係を考察する期間を学術会議の第一期から第六期（一九四九年〜六六年）としたのは、研究機関設置に関わる学術会議の役割が、この時期以降、次第に縮小していったからである。第六期までに勧告等の対象となった研究機関は約三〇あり、そのほとんどが何らかの形で実現されたのに対して、第七期以降は実現されたものは大幅に減少している。[13]その理由は、第一に、大型の研究装置や貴重な研究史資料の全国的な共同利用のための施設を設ける必要性が高い分野で設置が進んで、次第に充足していったことであり、また第二に、文部省に学術審議会が設置され（六七年）、大学関係の研究機関の設立に関しても文部大臣の諮問を受けるようになったことである。この結果、これまで、発足から五六年（科学技術庁発足）までは学術会議→スタック（科学技術行政協議会）→政府、五六年から五九年までは学術会議→科学技術審議会→政府、さらに五九年からは学術会議→科学技術会議→政府というルートで学術研究に関わる諮問・答申や勧告に関する事項が審議され、政府に伝達されていたものが、六七年以降は、文部省の所管事項に関しては、学術会議を介さずに学術審議会への諮問・答申というルートが新たにできたのである。場合によっては、学術審議会と学術会議の両方からお墨付きを得ようとするケースもあったが、文部行政に関しては、つまり大学の附置研究所や共同利用のための研究施設に関しては、学術審議会ルートが本来の手続となった。学術会議は、現在に至るまで、研究機関の設置や大型の研究機器の整備には関心を持ち続け、必要に応じて提言等を行っている。しかし、政府がこの問題を意思決定するための必須の諮問機関という役割はすでに有していない。その転機となったのが文部省学術審議会（二〇〇一年に科学技術・学術審議会となった）の設置であったといえよう。

⑤　学術会議と長期計画

学術会議が初期に果たしてきた役割に、個々の科学技術領域における新研究機関設置提案があったことに関連して、これらを個別的に提案するのではなく、わが国の科学技術研究の長期的発展に位置付ける必要があると考えるようになるのは自然のことであった。現在では科学技術基本法の下で、科学技術基本計画（二〇二一年からは科学技術・イノベーション基本計画）が五年ごとに作成されている（一九九五年以降）。しかし、それ以前は国が作成する法定の長期計画はなかった。そうした中で、科学技術研究振興のための中長期計画を最初に作成しようとしたのは学術会議であり、第三期の五四年に長期研究計画調査委員会（後に長期研究計画委員会と改称）を発足させ、「一．長期的な観点から、科学技術振興の経済的効果を判定する、二．国の経済の立場から必要とされる科学技術振興の具体的方向につき、できうるかぎりの計画性を確立するために必要な調査を行う」（第一六回総会における設立提案理由）という趣旨で検討を始めた。[14] しかし、専任の専門家を持たない学術会議にとって長期計画作成は難事業で、当初の段階では、人口問題やたんぱく質に関する研究機関の設置提案と、基礎研究重視等を提案するにとどまった。

一方、政府の側では、科学技術庁設置に続いて、一九五九年に科学技術会議設置法によって内閣総理大臣の諮問機関として総理府に科学技術会議が設置されると、同年に「一〇年後を目標とする科学技術振興の総合的基本方針について」が第一号案件として諮問された。学術会議では、こうした科学技術政策の根幹にかかわる事項は本来学術会議に諮問されるべきとの観点から政府のやり方に反発が生じた。[15] 科学技術会議による諮問への答申は六〇年一〇月に公表された。これに対して、学術会議は六一年五月に、「科学技術会議の「一〇年後を目標とする科学技術振興の総合的基本方針について」(諮問第一号)に対する答申について」と題する勧告を発表した。その中では、各論にわたる意見とともに、総論として科学技術会議が人文科学、社会科学を排除して検討している点と、自然科学を含めた全分野において基礎部門を重視しない傾向がある点を批判している。そもそも、科学技術会議を生み出すもととなった科学技術庁の設置に当たって、政府が科学技術を「人文科学のみに係るもの及び大学における研究に係るものを除く」(科学技術庁設置法第三条、なおこの場合人文科学には人文科学と社会科学が含まれる(筆者注))とし、科学技術会議設置法においてもこの限定的用法をそのまま使ったために、科学技術、とりわけ事象の観察や考察から成り立つ基礎研究において、人間や人間社会と観察や理論構築の相互関係という重要な視点が欠落したり、科学の応用的側面の強い技術においても人間や人間社会への影響や受容という観点が欠落するという重大な問題を惹起しているというのが、学術会議の少なからぬメンバーの認識であった。

この認識は正鵠を得ているとはいえ、科学技術庁や科学技術会議が先に述べたような科学技術の限定された用法の下で発足し、行政の所掌事項がそれを踏まえて振り分けられている以上、現実論としては簡単には受け入れられない段階に至っていた。要するに文部省が進める高等教育をベースとした科学研究、通産省が進める産業振興と結びついた科学技術の研究開発と棲み分けながら新官庁である科学技術庁の存在場所を作ろうとすると、その所掌事項は自ずから限定されざるを得ないという官庁の論理は、ご都合主義そのものであるとしても、一旦合意されると容易に変更し得ないのも事実であった。換言すれば、学術会議の勧告にある科学技術に人文科学や社会科学を含めるべきであるという主張や、基礎研究を重視すべきという主張は、法改正と省庁所掌事項の再整理を抜きには受け入れられ難くなっており、その法改正は、こうした議論から実に六〇年ほどを経て二〇二一年四月の科学技術基本法の改正で科学技術の用語に関わる〝人文科学のみに係るものを除く〟という限定を削除することでようやく進展を見たのである[16]。

振り返れば、戦後、科学技術の発展を基礎に国の再建を目指した動きが科学技術庁を生み出したといえようが、そうであれば、当時文部省、通産省あるいは郵政省等が所掌していた科学技術行政の大部分を集約する形で新しい行政組織を立ち上げることもあり得たのかもしれない。しかし、現実はそうはならず、原子力、宇宙探索等の新しく生まれた科学技術分野を担当する行政庁として科学技術庁が設立されるに留まった。それだけに、所掌事項を「科学技術」つまり科学と技術全般とするのは、所掌範囲にことのほか関心を持つ日本の省庁の感覚からは、科学の範囲においてあまりに広すぎるとされたのであろう。

話を学術会議の長期計画に戻すと、科学技術振興の基本方針を示すことは自らの役割と述べた以上、学術会議としても総合科学会議による答申に対する意見具申だけではなく、自ら体系的に取りまとめる必要があると考えるに至ったようだ。その結果、長期研究計画調査委員会は研究機関の設置提案を行う一方で、長期計画の審議を進め、二度にわたって中間報告を行ったうえで、第六期の一九六五年一〇月に「科学研究計画第一次五か年計画について（勧告）」をまとめた[17]。そのもとなった「長期研究計画調査委員会報告」は謄写刷り五〇〇頁を超える大作で四九研究分野の将来計画が報告されていた。勧告の中で特に強調されたのは五点で、（一）大学における基礎的研究の経常費の計画的充実、（二）巨大科学における装置の建設・推進の計画性、及び他の科学分野との調和を保った進め方、（三）大型電子計算機、図書館、各種資料センターのような全国的、全分野的な共通基盤の計画的推進、（四）単年度予算制度等の制約を受けない研究費創出のための科学研究基金制度、（五）研究分野、あるいは課題に対応した従来の分野を超えた研究者組織による研究計画の検討作成である。そして、勧告は研究費の見積りにも及び、国の一般会計の一〇％程度を科学技術に割くことは過大な要求とは考えられないとしている。

学術会議のこの五か年計画が政府にどれほどのインパクトを与えたのかは定かではない。しかし、学術会議にとって状況はあまり好ましくはなかった。なぜなら、こうした長期計画に関わる提案を受け止めることになる政府による科学技術基本計画作成制度案がとん挫してしまったからである。つまり、一九六八年の通常国会に提案された科学技術基本法は野党の反対もあり審議未了となったのである。

ただ、学術会議の立場はやや複雑であった。学術会議としては基本法の企画段階から、人文科学を除外しないことなどを求めて政府と折衝してきたが、提出された法案が人文科学を除外したままのものであったことから、かねて主張してきた包括的な科学分野の振興を図る科学研究基本法の制定を求めて科学技術基本法には反対の立場を表明していたからである。いずれにしても、この時点では、学術会議が目指していた人文社会科学から生命科学、自然科学、工学まで科学の全分野を包含する長期計画はもとより、人文社会科学を除いた分野を対象とした長期計画策定の制度も実らなかったのであるから、学術会議が行ってきた長期研究計画作成の活動もそれを活用してくれる相手を持たないままとなった。

それから三〇年近くを経て一九九五年に科学技術基本法は議員立法として提案され成立した。もちろん九五年法は六八年法案とは異なる内容であるが、科学技術基本計画の策定が含まれる点等において六八年法案を踏襲しているうえ、科学技術に「人文科学のみに係るものを除く」との限定をつけた点も同じであった。しかし、後者については第二条で「自然科学と人文科学との相互のかかわり合いが科学技術の進歩にとって重要であることにかんがみ、両者の調和のとれた発展について留意されなければならない」（科学技術基本法第二条第二項）として人文科学軽視という批判に配慮を示した。こうした配慮もあって、国会での委員会審議においては大きな議論とはならなかった。[18]付言すれば、基本法の重要点は、科学技術基本計画について、「その実施に要する経費に関し必要な資金の確保を図るため、毎年度、国の財政の許す範囲内で、これを予算に計上する等その円滑な実施に必要な措置を講ずるよう努めなければならない」（科学技術基本法第九条第六項）と政府の努力義務を定めた点である。この結果、基本計画には、科学技術予算の五年間の目標額が明記されることになった。[19]

ともあれ、科学技術基本計画が始まったのは基本法施行後の一九九六年からであった。したがって、それよりだいぶ早い時期に作成された学術会議の五か年計画は、政府による政策検討の際に参考とされたり、一部が取り上げられることはあったとしても、そもそも存在しない政府の科学技術分野の長期計画に取り上げられることはなかった。こうした状況下で、学術会議としては、六五年に勧告の見直し、再検討を行い、七一年一二月に「科学研究五か年計画について」との勧告をまとめた。その後もしばらく長期研究計画委員会（あるいはその後継委員会）は存続したが、研究機関の設置要望をまとめることはあっても、長期計画の改訂は行っていない。

⑥ 学術会議の役割変化

本節での検討の対象とした第一期から第六期では、研究機関の設置勧告が学術会議の重要な役割となっていたのに対して、第七期以降は、その役割が新たにできた科学技術会議や学術審議会に移っていくなど、学術会議の果たす役割が次第に変化していることは学術会議自身も感じるところとなっていた。こうした中で、学術会議の在り方を改めて考えるべきであるという意見が強くなってきた。それが、第七期末における学術会議内外の広範な回答者を対象としたアンケート調査と、それを受けた第八期における「日本学術会議のあり方検討特別委員会」（以下、あり方特委と略す）の設置につながった。あり方特委は、（一）本会議設立の精神、日本学術会議法に規定された目的と職務の再確認、（二）創設以来の活動の総点検、成果と欠陥の検討、（三）現行法の枠組みで可能な組織、運営上の改善策の策定、（四）法改正を要する大幅な機構改革に関する問題点と改革構想の検討、というかなり根本的な問題を検討するという問題意識をもって設置された。精力的な審議を行って、第一次、第二次中間報告草案、中間報告、最終報告を作成し、その一部は第八期中に実行に移された。ただ、最終報告の主要内容の実施は第九期に委ねられた。すなわち、「内部諸機関の組織、運営上の改善策、特に学術会議と科学者の結びつき、交流を格段に強化するための方策」などの実施は、第九期に申し送られ、ほぼ実現されるに至った。しかし、「日本の学術体制全体のかくあるべきビジョンの策定や、その中での日本学術会議の改革構想については、せいぜい問題点の指摘にとどまり、まとまるところまで行かなかった」と総括されている[20]。ここで、まとまるところまでいかなかった、と自ら述べているのは、七部制からの大ぐくり化（二部制や基礎科学と実学への二分等）、科学者数に応じた専門分野会員定員の見直しといったテーマについて意見集約ができなかったことを指している。

また、より根本的な問題と考えられる学術会議の基本的性格、つまり現行のような審議組織であるべきか、それともそれ自身で研究機関を直轄し、多額の研究費を掌握して、学術研究を自ら遂行する実施機関として活動するべきかという問題も、アンケート調査の結果を踏まえて議論された。会員を始め、広く研究者に対して行われたアンケート調査では、学術会議が研究実施機関となるべきとの意見がかなり多かったという。その背景には、戦前の学術研究会議が軍の要請に応えて研究を進める研究者によって構成され[21]、そこでの予算配分がそれぞれの研究に直結し、研究費が潤沢に配分されたことを思い起こした研究者が多かったからではないかと分析されている[22]。学術研究会議ばかりではなく、戦後の学術会議の研究機関設置勧告の成功体験も、学術研究行政の一翼を担うべきという意識を生むことにつながったといえよう。この件については、あり方特委での審議の結果、「学術会議は本質的にやはり審議機関としてとどまるべきである」との結論に達し、この点が翌第九期の冒頭での新会長の所信表明や「第九期の発足あたって」の申合せに示された[23]。

現在まで維持されているこの結論は、この時期には、選択肢というよりも、すでに他の道には進めない中で確認されたものとみるべきであろう。しかも、戦後復興期を経て、科学技術会議や学術審議会が設けられて、行政機構が自ら政策的な判断を行う仕組みが整えられてきていたから、学術会議は行政の意思決定に関わる審議機関とも言えなくなっていた。研究機関の設置などの問題も、すでに学術会議によるゴーサインがなければ、行政が前に進めないという状況ではなくなっていた。それにつれて、個々の研究機関設置や研究費の要望を行うことが学術会議の役割なのかという疑問が浮かぶようになってきたのである。あり方特委の結論は、この状況を踏まえたものといえよう。

しかし、こうして整えられつつある科学研究の推進体制が十分なものかには大きな疑問があった。『日本学術会議二五年史』のまとめは、研究者の中に学術会議が大規模な研究実施機関になることへの期待があるのは、「角度をかえてみれば、この四半世紀間世界的に急激に発展、大規模化した科学研究に対応するだけの規模の学術行政機関がわが国には全く欠落しているかあるいは正しく機能していないところにその真の原因がある」と述べている。つまり、研究者が抱いている研究費や研究施設に対する欠乏感が、学術会議が直接研究機関を掌握することへの期待を生んだという指摘である。

振り返ってみると、本節④でも述べたように、文部省に学術審議会ができた頃（一九六七年）から、学術会議の学術機関設置要望の効果は低下し始めた。その中で学術会議の軌道修正も行われてきた。自然災害分野を例にとると、自然災害科学研究体制の整備促進（六七年）に見られたような施設のスペックや、必要とする研究者やスタッフの人数も書き込んであり、そのまま概算要求に使えそうな勧告[24]は次第に出されなくなった。代わって、八九年には国連による国際防災の一〇年に対応して「国際防災の一〇年――災害科学研究者からの提言」がまとめられた[25]。これは、国連が九〇年からの一〇年間を国際防災の一〇年としたのを踏まえて、国際協力の課題を含めながら、防災研究の課題を整理したもので、基礎から実践的な課題までを網羅的に整理している。具体的な研究機関の設置を求めたものではないが、幅広い研究を進める枠組みを提案していて、学術会議ならではの俯瞰的な議論を生かした提言であり、各研究機関や研究者がそれぞれの将来の在り方を考える際にヒントになるものといえよう。

本節で述べたような経過で、個別の研究機関等に関する設置要望は次第に学術会議の手を離れていった。しかし、学術会議が、科学のすべての分野を包含した組織として科学研究の進むべき方向について総合的に議論できる場であるという点は変わっていない。この点に着目して、わが国の科学研究のこれからの発展のために重点を置くべき分野を提起する役割を担うべきだという意見が学術会議内部で強まり、二〇一〇年から、「学術の大型研究計画マスタープラン」（種々の名称が使われてきたが最近のものはこの名称が使われている）を提言としてまとめることになった。そのいくつかが、国の補正予算等の枠で、実現されたこともあって、各期において、多数の研究者が参加して、一定規模以上の大型研究計画を優先度を付けて提案するようになった。従来の研究機関設置とは異なり、すでに研究を担う主体が存在する中での研究施設や研究計画の提案という側面が強いが、科学の振興という観点からの学術会議の役割を果たすものといえよう。[26]

1 第八回総会に報告された科学者の生活問題に関するアンケート。日本学術会議『日本学術会議二五年史』(一九七四年)二八〜三〇頁。
2 日本学術会議・前掲書一三頁。
3 初期における学術会議による勧告や要望は、短いものが多かった。ともに一九五〇年一〇月二三日付で出された国立癩研究所の設置勧告は本文二行、理由四行、温泉研究所の設置要望は本文二行、説明八行という具合であった。
4 日本学術会議「原子核研究所の設立と反射望遠鏡の設置ついて(申入)」(一九五三年五月六日)。
5 東京大学『東京大学百年史』部局史四、第二一編、原子核研究所。
6 田無地区東大用地の土地利用の詳細は、田無地方史研究会「西東京市・東大原子核研究所用地について」(二〇二〇年一〇月二二日)に詳しい。
7 東京大学・前掲書六七四頁。
8 菊谷英司「東大原子核研究所での日本における高エネルギー物理学実験の始まり」、日本物理学会第六九回年会(二〇一四年三月、東海大学)での口頭発表を発表者ご本人が文章化したものとある。
9 日本学術会議「国立放射線基礎医学研究所の設置について(申入)」(一九五五年一月一一日)。
10 以下いずれも日本学術会議による。
①「公文書散逸防止について(勧告)」(一九五九年一一月二八日)
②「歴史資料保存法の制定について(勧告)」(一九六九年一一月一日)
③「官公庁文書資料の保存について(要望)」(一九七七年一一月二一日)
④「文書館法の制定について(勧告)」(一九八〇年七月三一日)
⑤「公文書館専門職員養成体制の整備について(報告(第五常置委員会))」(一九八八年五月二五日)

⑥「公文書館の拡充と公文書等の保存利用体制の確立について（要望）」（一九九一年五月三〇日）
⑦「資料の紙質劣化の対策について（要望）」（一九九六年一〇月一八日）
⑧「行政改革と各種施設等独立行政法人化の中での学術資料・標本の管理・保存専門委員の確保と養成制度の確立について（対外報告（学術基盤情報常置委員会））」（二〇〇二年三月一二日）
⑨「学術資料の管理・保存・活用体制の確立および専門職員の確保とその養成制度の整備について（対外報告（学術基盤情報常置委員会））」（二〇〇三年六月二四日）
⑩「公文書館法とアーキビスト養成（提言〈史学委員会歴史・考古史資料の情報管理・公開に関する分科会〉）」（二〇〇八年八月二八日）

11　日本学術会議・前掲資料⑤。

12　小原由美子「国立公文書館の現状と課題――国の公文書などの移管制度を中心に」情報管理四八巻一二号、二〇〇六年三月、八〇六～八一六頁。

13　中井浩二「学術会議の果たした役割とその退潮」総研大研究会『共同利用機関の歴史とアーカイブス二〇〇四』。本節の一七二頁の［表1］でも変化が分かる。

14　長期研究計画調査委員会の提案は、一九五四年一月開催の第一六回総会で行われた。日本学術会議・前掲書五九～六一頁。

15　中山茂『科学技術の戦後史』（岩波新書、一九九五年）九七頁。及び日本学術会議・前掲書一〇四頁。

16　科学技術基本法改正（二〇二一年四月施行）で、法律名が科学技術・イノベーション基本法と改正されるとともに、第一条は、旧法は「この法律は、科学技術（人文科学のみに係るものを除く。以下同じ。）の振興に関する…」であったものが、改正法では、「この法律は、科学技術・イノベーション創出の振興に関する…」となり、科学技術に関するカッコ書きが削除されたことで、限定がなくなった。

17　日本学術会議「科学研究計画第一次五か年計画について（勧告）」（一九六五年一二月一六日）。

18　基本法は当時の衆議院で九〇％以上を占める四党共同提案であったので、そもそも強い反対は起こらない構図の下で上程された。

19　計画期間五年間の政府による科学技術関係投資額（科学技術関係予算）が示された。第一期は計画を実績が上回ったが、第二期から第四期まで計画を達成できなかった。第五期（二〇一六〜二〇年）になって、計画期間中に科学技術関係予算の大幅な読み替えを行ったので、数値上は計画を達成したことになった。第六期（二〇二一〜二五年）では、政府研究開発投資という新たな用語を指標に用いており、「第六期基本計画期間中の研究開発投資の適切な把握方法について適宜検討を行う」とあるので、計画目標と実績値の整合性、過去の目標値と第六期のそれとの間の整合性はなくなった。政府の計画で、期間中に計画と実績との整合性がとれなくなるのは適切ではない。

20　日本学術会議・前掲書「第八期報告」二〇〇頁。

21　当初国際組織（万国学術研究会議　ＩＲＣ）に対応して組織された学術研究会議が、累次の規程改正によって自前の軍備開発を支える組織へと変貌していった。

22　日本学術会議・前掲書「日本学術会議のあり方検討特別委員会」四二五〜四二九頁。

23　申合せには、「…（学術会議が）創立以来堅持してきた独立して任務をおこなうという姿勢を堅持する」とある。この場合の〝独立して任務をおこなう〟は、日学法第三条の「一．科学に関する重要事項を審議し、その実現を図る、二．科学に関する研究の連絡を図り、その能率を向上させること」を指していると解することができる。つまり、審議機関であることの確認を意味していた。

24　日本学術会議「自然災害科学研究の拡充強化について（勧告）」（一九六七年一一月一〇日）。

25　日本学術会議災害工学研究連絡委員会「国際防災の十年——災害科学研究者からの提言」（一九八九年七月二五日）。

26　日本学術会議科学者委員会が中心となって求めているもので、第二一期には、「学術の大型施設計画・大規模研究計画——企画・推進策の在り方とマスタープランの策定について」（二〇一〇年三月一七日）と「学術の大型施設計画・大規模研究計画マスタープラン二〇一一」（二〇一一年九月二八日）。第二二期には、「学術の大型研究計画マスタープラン（マスタープラン二〇一四）」（二〇一四年三月一二日）。第二三期には、「学術の大型研究計画に関するマスタープラン（マスタープラン二〇一七）」（二〇一七年二月八日）。第二四期には、「学術の大型研究計画に関するマスタープラン（マスタープラン二〇二〇）」（二〇二〇年一月三〇日）が作成されてきた。

第二節　学術における戦争と平和

①　第一期の声明をめぐって

一九四九年に誕生した学術会議の最初の総会決議は、「日本学術会議の発足にあたっての科学者としての決意表明」と題する声明の採択だった。その中に、「これまでわが国の科学者がとりきった態度について強く反省し、今後は、科学が文化国家ないし平和国家の基礎であるという確信の下に、わが国の平和的復興と人類の福祉増進のために貢献せんことを誓うものである。（傍線筆者）」との一節がある。総会では、この文に関して、「これまで」の次に、「特に戦時中」の文言を加えるべきとの意見が出され、賛否両論が表明された結果、「これまで」の言葉の中に、当然、戦時中も含まれるということで原案通りに可決されたという。[1] ここに示されているように、政治、経済、社会の様々な分野で装いを新たにした戦後体制の一環として生まれた学術会議にとっても、戦時下における科学者組織の活動に対する反省をどのように表すのかは大きなテーマであった。もちろんこの点は、選挙によって選ばれた新会員のみに課せられた問題ではなく、産婆役を務めた兼重寛九郎委員長以下の学術体制刷新委員会のメンバーにとっても重要テーマであった。刷新委員会は、会員をすべて科学者による選挙で選ぶという方法を定め、日学法の前文に、日本学術会議は、科学が文化国家の基礎であるという確信に立って、科学者の総意の下に、わが国の平和的復興、人類社会の福祉に貢献し、世界の学界と提携して学術の進歩に寄与することを使命とし、ここに設立される。（日本学術会議法前文）

と、文化国家や平和的復興という表現を用いることでその責めを果たそうとした。そして、誕生した学術会議がこれに応えて決議したのが先の声明である。

時代は大きく飛ぶが、筆者は、会長時代に取組んだ「科学者の行動規範」や、軍事的安全保障研究に関する議論を通じて、第二次世界大戦時における日本の科学者の組織的な戦争協力や原爆を含む大量破壊兵器の研究開発を反省し、学術の成果を平和と結びつけようとする意識が、現在もなお多数の会員の中にあることを改めて知った。しかし、同時に、反省を踏まえた科学者のあるべき姿の模索が多様性を帯びていることも感じざるを得なかった。多様性を生む問いかけの一つは、戦争の動機や戦乱の深刻化につながる兵器の開発に可能性を与える恐れがあれば、科学研究そのものを否定するのか、それとも科学研究自体は科学的探究心の発露として肯定的にとらえて、研究結果の兵器への応用を抑止する立場を表明することで科学者の立場は正当化されるのかである。あるいは、戦争とそれに使われる兵器の開発という場合、特に日本においては憲法の下で紛争解決を武力によって行おうとすることは否定されるとしても、自衛的手段としての武力行使やそのための兵器開発もまた否定されるのかも今日まで持ち越されている根本的な問題であろう。

もちろん、学術会議の第一期に、これらの問題が直ちに突き付けられたわけではない。この時期には、日本が行った戦争において（日中戦争や太平洋戦争）、種々の戦闘、本土空襲、沖縄戦、原爆投下等によって甚大な人的、物的被害を招いたことに対する協力者として、あるいは積極的ではないとしても専門知識や技術をもって動員された者としての反省が科学者間で共有されることがまず重要であった。[2] そして、戦争に対してとった態度に対する反省をどのような観点から行うべきか、そのことがさらに問われる局面が、その後の学術会議の歴史の中で様々に訪れることになったのである。

第一期の学術会議においては、発足に当たっての決意表明に続いて、二年の間に学術と戦争に関連した決議が二つ行われた。ひとつは、「原子力に対する有効なる国際管理の確立要請」と題する声明である。[3] 本文は二行の簡潔なもので、この標題がまさにその内容である。決議されたのは第四回総会、一九四九年一〇月六日であり、この年の八月末に旧ソ連が核実験に成功して米ソの核軍拡が始まった直後に当たる。アメリカのアイゼンハワー大統領が原子力の平和利用を提唱するのはまだ先であるから、声明にいう原子力とは核兵器を指すことになる。

原子力兵器国際管理を提唱したのは、そもそもアメリカが原爆開発を始めるきっかけを作ったレオ・シラード（一八九八〜一九六四年、Leo Szilard, アメリカに亡命したハンガリーの物理学者）であった。[4] シラードは、一九四四年末頃には、当初の心配であったナチス・ドイツによる核爆弾開発の可能性がなくなったことがアメリカで共有されてきたため、次の問題としてアメリカと旧ソ連の間で核兵器の製造競争が行われることを見越して、アメリカ大統領に、破滅回避策として核兵器の国際管理を進言しようとした。彼は、核爆弾開発を進言した時と同様、アインシュタイン（一八七九～一九五五年、Albert Einstein, ドイツ生まれの物理学者、三三年にアメリカ移住）にも支持を依頼し、大統領宛の書簡で、核兵器の国際管理とそのためのリーダーシップをとるためにアメリカによる核兵器の、特に予告なき使用を止めるよう進言したのである。しかし、ルーズベルト大統領が死去したことでこの書簡は開封されないままであったとされる。[5] 核兵器の国際管理の考えは、開発の身近にいた科学者にもまた共有されていた。アメリカの核兵器開発を担ったマンハッタン計画における科学者側の責任者（開発を行ったロスアラモス研究所長）のオッペンハイマー（一九〇四～一九六七年、J. Robert Oppenheimer, 物理学者）は、戦後、リリエンソール（一八九九～一九八一年、David Eli Lilienthal, 法律家）を委員長とする諮問委員会の中心的メンバーとして、国際連合を活用して核兵器の国際管理を進めるよう政府に勧める報告書（アチソン・リリエンソール報告書）を一九四六年三月にまとめた。[6]

学術会議の声明は、こうした背景を踏まえてまとめられたのであろう。ただ、シラードやオッペンハイマー等が国際管理を考えたのは、アメリカが核兵器独占の優位さを生かせるという状況の下での方策としてであり、旧ソ連が核実験に成功した時点（一九四九年八月）では、国際管理への期待はさらに大きくなったとはいえ、その現実性は乏しくなっていたといえよう。

もう一つの決議は、学術会議第六回総会で行われた「戦争を目的とする科学の研究には絶対従わない決意の表明（声明）」（一九五〇年四月二八日）と題する、これも数行の簡潔な声明であった。[7] 以下に全文を示しておこう。

日本学術会議は、一九四九年一月、その創立にあたって、これまで日本の科学者がとりきたった態度について強く反省するとともに科学文化国家、世界平和の礎たらしめようとする固い決意を内外に表明した。

われわれは、文化国家の建設者として、はたまた世界平和の使として、再び戦争の惨禍が到来せざるよう切望するとともに、さきの声明を実現し、科学者としての節操を守るためにも、戦争を目的とする科学の研究には、今後絶対に従わないというわれわれの固い決意を表明する。

第二次大戦終結後、各地で国際関係の変化が起こり始めた。アジアでも、ベトナム、フィリピン、インド、ビルマ、インドネシア等、東南アジア、南アジア各地で植民地からの独立が進むとともに、欧州では東西対立が激化し、東アジアでは中華人民共和国が成立する等、イデオロギーの対立を背景とした緊張が高まっていた。声明は、日本にとっては敗戦による区切りがついたが、国際情勢としては様々な紛争の種が存在しているという状況下で決議されたことになる。

そして、声明発出後も、日本にとってはさらに身近なところで情勢が変化していった。一九五〇年六月には朝鮮戦争が勃発し三年間続いた。この間、同七月には連合軍司令長官マッカーサーの指示で警察予備隊が創設され、海上保安庁が増強された。また、五二年四月には前年九月に調印されたサンフランシスコ平和条約が発効し、日本は主権を回復した。朝鮮戦争は日本に再び戦禍が迫る緊張をもたらす一方で、軍事物資をはじめとする様々な物資の需要によって製造業を始めとする諸産業の復興に弾みをつけることになった。

こうした周辺環境の変化の中で、学術会議では、戦争を目的とした科学の研究には絶対従わない、との一九五〇年の決議に、再軍備への警鐘を加えた声明案が五一年一月、同一〇月、さらに五二年一〇月の総会に提案された。しかし、いずれも四〇%程度の賛成に留まり、否決された。五一年一月からは学術会議の第二期がスタートし、前年末の選挙でおよそ半数が交代しているから、第一期の会員とは異なる採決結果となるのはあり得ることであった。第二期におけるこれらの三度の決議提案に際して反対意見の主たる論点は、〝学術会議はこの種の政治的な発言をすべきではない〟というものであった。提案内容への直接的な賛否ではなく、提案の性格に異を唱える意見は法学者を中心に多数の賛同者を得て同趣旨の決議案が三度否決されたのである。[8] 一方で、この否決は学術会議が再軍備に賛成したのではないことを確認する質問が出されて、会長が同意を表明した。[9]

一九五〇年の「戦争を目的とする科学の研究には絶対従わない決意」の声明決議に続く決議は難航したが、五五年にラッセル・アインシュタイン宣言が、タイトルにある二人に加えて、湯川秀樹等一一名の連記によって出され、続いて敵対する陣営を超えた科学者の会議（パグウォッシュ会議）が開催されると、学術会議は同会議の声明を支持する声明を出した。[10]

② 米軍からの資金提供問題

第二期の議論から一五年ほどした一九六七年（第七期）に、「軍事目的のための科学研究を行わない声明」が総会に提案され、今度は決議が成立した。[11] この声明は「軍事目的」との用語を表題に用いているものの、本文の決意表明内容には「戦争を目的とする科学の研究は絶対にこれを行わないという決意を声明する」と書かれており、結論部分は四九年声明とほぼ同じ表現である。では、第二期に三度否決された同趣旨の声明案が第七期ではなぜ賛成多数となったのか。もちろん、この間に何度も会員選挙があって、ごく一部の会員を除いて、ほぼすべて入れ替わっているから異なる採決結果は起こり得る。しかし、第二期で多数の賛同を得た〝学術会議としては政治的な声明は避けるべき〟という主張は、第七期の会員にとっても受け入れ易い考えと思われるが、それを超えて賛成多数となったのは、声明にある通り、「科学以外の力によって、科学の正しい発展が阻害される危険性が常にわれわれの周辺に存在する。近時、米国陸軍極東研究開発局よりの半導体国際会議やその他の個別研究者に対する研究費の援助等の諸問題を契機として、われわれはこの点に深く思いを致し、決意を新たにしなければならない情勢に直面」していたからであった。

〝情勢〟、つまり日本の科学研究に対する米軍からの資金提供が常態化しているという情勢は、一九六六年五月の新聞報道を契機に明らかにされていった。そして、学術会議が米軍による支援と直接関わるのは、六六年九月に日本物理学会が主催し、学術会議も後援して行れた第八回半導体国際会議に当たって、会議支援のために、米陸軍極東研究開発局から八〇〇〇ドル（当時の三六〇円／ドル換算で約二八八万円）を提供されたことである。このうち五八〇〇ドルはアメリカの学者七名（人選は主催者を中心とする日本側実行委員会による）の渡航費に使われ、二二〇〇ドルはアメリカからの参加者の滞在費などに使われたという[12]。新聞報道で取り上げられたのは、物理学会の国際会議だけではなく、全国多数の大学や研究機関が恒常的に米軍からの資金援助を受けている実態だった[13]。国会の予算委員会でもこの問題が取り上げられ、文部省が全貌を示す資料を提出した。当然ながら資金提供を受けたとされる研究者が所属する大学や研究機関は対応に追われ、やがて、それぞれが事実関係を確認した上で、米軍からの資金提供に否定的な見解が大学学長等によって次々と示されていった。渦中に置かれた物理学会でも真相究明や責任追及の動きが進んだものの、〝詳細な説明〟とことわって行われた報告が多分に曖昧さを含むものであったことが疑念をさらに深めることになった[14]。六七年九月には日本物理学会の第三三回臨時総会が召集され、四項目の決議案が提案されて、関係者の処分を求めた決議四を除く三項目が賛成多数で議決された。決議一と決議二は、それぞれ米軍からの資金提供を受けたことは遺憾、学会に諮ることなく資金の受領を決めたことは誤り、とする今回の事態への対応であったが、決議三は、「日本物理学会は今後内外を問わず、一切の軍隊からの援助、その他一切の協力関係をもたない」とするもので、現在も学会員に尊重するよう求めている[15]。

学術会議の声明決議は、こうした経過を経て、新聞報道後の最初の総会である一九六七年一〇月の第四九回総会で行われた。米軍の支援を受けた国際会議に後援者として関わったことに会長が遺憾の意を表明したのに加えて、学術会議が当事者としての責任を自覚しつつ改めて決意を示すことが必要との意見が多数を占めたことが、二度目の声明の決議をもたらした。

③　平和研究、憲章、行動規範

一九六七年声明決議の経過はこのようなものとして、それでは、米軍資金の提供を受けた国際会議の開催が否定されるべきとの決議の背景にはどのような考えがあったのか？

一九六七声明以降、戦争を目的とした研究に直接関連した学術会議における大きな議論はそれから五〇年後の防衛施設庁の安全保障技術研究推進制度をめぐる問題に飛ぶことになる。この問題は本節⑤で述べるとして、ここでは学術会議の行動規範等に触れつつ、科学研究がその資金や主体によって軍事目的とどのように関わるのかを考えてみたい。学術会議がこの点を掘り下げて論じているのは、七四年にまとめられた「我が国における平和研究の促進について」と題する勧告においてである。[16] 勧告の主目的は、国際平和学会の設立や国連の「平和研究の科学的作業に関する決議」等にみられるように国際的に次第に拡充されてきている平和研究を日本でも積極的に進めるべきという観点から研究体制の充実を求めたものである。同時に、これまで学術会議が行ってきた平和を擁護する活動を肯定的に評価するとともに、国内外に浸透させる点においては不十分とした。その上で、軍学共同の実態とわが国の科学者の在り方に及ぼす影響の把握、軍学共同に対する科学者の立場の確立、軍事研究の定義、さらには軍事研究ないし軍学共同が防衛の名のもとに行われるであろうから防衛概念の明確化も必要であるとしている。これらの点を踏まえて、学術会議の役割として、科学と軍事の接点が今後一層広がり、多様化すると想定される中で、科学者の個人的・集団的責任、倫理綱領等を明らかにすることが必要であると述べている。

学術会議におけるこうした議論は、その後、このテーマのもう一つの柱である平和研究の推進に重きが置かれたため、研究者の倫理の観点から科学と軍事を取上げるまでには時間を要した。関連する科学者の行動規範は二〇〇六年一〇月、日本学術会議憲章は〇八年四月に制定されたのである。しかし、この時点では、科学者の行動規範には、科学と平和、あるいは軍事に触れる項目は含まれていなかった。また、憲章には、前文に、科学者は、「地球環境と人類社会の調和ある平和的な発展に貢献することを、社会から負託されている」とあるものの、憲章を構成する項目に科学と平和や軍事の関係に直接触れるものは含まれていない。この点を明確に記述したのは、一三年に行った科学者の行動規範の改訂に際してであった。東日本大震災を経ての改訂であったので、原発問題で問われた科学者の社会的責任や、科学者のなすべき社会との対話や社会への助言を加えるとともに、「科学研究の利用の両義性」の項目を立てて以下を加えた。

六　科学者は、自らの研究の成果が、科学者自身の意図に反して、破壊的行為に悪用される可能性もあることを認識し、研究の実施、成果の公表にあたっては、社会に許容される適切な手段と方法を選択する。（日本学術会議「科学者の行動規範――改訂版（声明）」（二〇一三年一月））

この声明は筆者の会長時にまとめたものであり（当時の小林良彰副会長が検討分科会委員長として中心となった）[17]、「破壊的行為」と広義に表現したのは、ウイルスの研究等がバイオ・テロに悪用されるケースなどが指摘されていたからである。兵器の多様化とともに、科学論文を参考にして、研究室で直接破壊的行為に使われる物質を製作することも可能であることから、科学者は研究成果の発表にも破壊的行為に悪用されないよう責任を持つことが問われるという観点も重視された。これらを通じて示されているのは科学者が責任を有する範囲の広さである。

④　デュアル・ユースの構造

アメリカでは、デュアル・ユース、すなわち、ある目的（例えば民生用）で開発され技術の他の目的（例えば軍事用）への転用は、冷戦終結後の一九九〇年代に特に注目されるようになったという。冷戦終結で伸びの止まった国防予算による兵器・装備品の開発を、民間の様々な研究開発の成果を活用することによって補っていこうという狙いからである。民間企業の研究開発費が順調に伸びていたことがその背景にあり、米国防総省の関心は宇宙産業、情報産業、バイオ産業等をはじめとする多様な産業分野に向けられていた。もちろん、デュアル・ユースは九〇年代に始まったことではない。第一次世界大戦では、特に化学の研究蓄積が毒ガスや爆薬の開発に応用され、さらに組織的に科学の成果を兵器開発に応用することが進み、第二次世界大戦では核物理学の知識が核兵器を生んだ。[18]第二章でみたように、科学技術の軍備への応用をより組織的に進めるために、米国の提唱で連合国側が万国学術研究会議を設立したのも第一次世界大戦中であった。[19]それ以来、第一次世界大戦、第二次世界大戦、さらには冷戦と続く戦争や国際緊張の下では、中立的な意図で行われた科学研究の成果を軍が利用するというだけではなく、科学研究に勤しんできた科学者を軍が組織的に動員して、基礎研究の段階から軍事用への応用可能性を探っていくことも行われてきた。また逆に、こうして軍によって開発された研究成果には、第二次大戦で多数の負傷兵を感染症から救って一般治療薬となったペニシリンをはじめとする抗生物質、戦後、米国防総省の高等研究計画局の資金によって開発されてインターネットの前身となったＡＲＰＡネット等、様々なものがある。[20]つまり、

［表２］ 研究資金出資者、研究実施機関·研究者、成果の利用目的による
デュアルユースの整理と論点（大西作成）
——民生的／軍事的の両義性の観点から

研究資金の出資者	研究実施主体	成果の利用（第３者による場合を含む）	
民生的(非軍事的)組織からの研究費	民生的研究機関・所属研究者	民生的利用	①資金と利用の一致
		軍事的利用（軍事的組織の装備品に利用）	②デュアルユース
軍事的組織からの研究費	民生的研究機関・所属研究者	民生的利用	③デュアルユース
		軍事的利用（軍事的組織の装備品に利用）	④資金と利用の一致
民生的組織からの研究費	軍事的研究機関・所属研究者	民生的利用	⑤資金と利用の一致
		軍事的利用（軍事的組織の装備品に利用）	⑥デュアルユース
軍事的組織からの研究費	軍事的研究機関・所属研究者、あるいは一定の管理下に置かれた民生的組織の研究者	民生的利用	⑦デュアルユース
		軍事的利用（軍事的組織の装備品に利用）	⑧資金と利用の一致

① 日本の科学技術研究の主要な領域であるべき。
② 研究成果は公開なので、様々な利用が可能。日学「科学者の行動規範（改訂版）」第６条の対象。
③ 基礎研究として成果は公開。「安全保障技術研究推進制度」の「副産物」として期待されている。
④ 基礎的研究としての、成果は公開。「安全保障技術研究推進制度」の主目的。
⑤ 研究費の性格から、成果は公開。軍事的研究機関にとっては副産物。
⑥ 研究費の性格から、成果は公開。軍事的研究機関のミッションに適う。
⑦ 軍事的研究機関にとっては副産物だが、奨励される場合もある。軍事的機密研究が一定の役割を終えた後、研究投資回収等の目的で、機密解除され、民間用途に開放。
⑧ 本来的な活動。我が国では、憲法·諸条約などの制約。

民生的研究の出資者、研究機関と研究者、その成果と、軍事的研究の出資者、研究機関と研究者、その成果の間には、多様な双方向（デュアル・ユース）の関係が成立してきたといえよう。[21]

こうしたデュアル・ユースの構造を改めて整理してみると表のようになる（［表2］）。つまり、資金の出資者には、民生的組織（民間企業や政府の民生部門）と軍事的組織があり、研究実施主体としては大学をはじめとする民生的研究機関と軍事的組織に属する研究機関があり、成果の利用には民生的利用と兵器や装備品など軍事的利用がある。表で、資金の出資者と成果の利用とが異なる場合がデュアル・ユースと呼ばれることになる。国際的な文脈の中では、東西対立が激化していた時代には

軍事的組織に研究開発資金が多く割り当てられ、そこからの成果が民生用に転用されるタイプのデュアル・ユース（［表2］の③や⑦）が多かった。これに対して緊張が緩和されれば、軍事的組織の資金による研究開発が縮少するから、企業の投資や文教・産業系官庁の資金による研究開発のウエイトが高まり、②や⑥といったタイプのデュアル・ユースが増加する。いうまでもなく、研究・技術開発の成果が無制限に活用されていいわけではない。特に軍事的な利用にあっては本節⑤で詳しく触れるように、国際条約や各国の規範や法令によって制約が課されることになるから、その範囲内での軍事的利用が国内外で許容されるべきであることを認識する必要がある。加えて、アメリカにおける原爆開発に当たって、若い科学者が、科学的好奇心から開発に参加していたことを考えると、科学の応用に関する倫理観の醸成も欠かせないことである[22]。

⑤　安全保障技術研究推進制度

学術会議にとって、戦争と平和に関わる最新のテーマは、防衛装備庁の安全保障技術研究推進制度への対応であった。防衛装備庁が大学教員等も応募できる公募型研究費として、この制度を発足させたのは二〇一五年度であり、やはり筆者の会長時代であった。公募型研究費というので、防衛と科学（者）の関係という観点から学術会議が取り組むべきテーマと考え、一六年五月に分野横断型の「安全保障と学術に関する検討委員会」を発足させて、一七年三月に日本学術会議の名で声明[23]を、翌四月に委員会名の同趣旨の報告[24]をまとめた。この取り組みは社会的にも大きな反響を呼んだ。大学から公募に応じて採択された研究があったことに対する学術会議の態度が曖昧との批判が出る一方で、学術会議の立場は旧態依然で、東アジアにおいて安全保障上の緊張が高まっていることへの認識が不足しているという批判もあった。筆者は、日本においては安全保障に関する国民的な合意形成が十分に行われているとはいえないために、学術会議の対応が種々の批判を招くのは避けられないと考えてきた。その意味では、以下に述べるような今回の防衛装備庁の制度への対応を一つのステップとして、さらに学術会議の中でも議論を深め、広く社会との意見交換を継続することが必要な問題と思う。ここでは、学術会議の議論を改めて振り返ってみたい。

この問題に関して、学術会議の声明や報告が、大学等の研究者が防衛装備庁による公募研究費へ応募することを禁じたとか、応募を認めた大学へ学術会議幹部が抗議に出向いた等の虚偽の情報が流布された。誤りであることを認めて訂正したケースが多いのだが、誤情報の流布の程度に比べて、修正が行き渡らないのが常であり、一部に誤解が存在したままという問題が残っているので、それについても正しておく必要があると思う。

二〇一七年声明と報告は、「国権の発動たる戦争と、武力による威嚇又は武力の行使は、国際紛争を解決する手段としては、永久にこれを放棄する」とする日本国憲法第九条第一項の観点から、本節で述べた戦争を目的とした研究はこれを認めないとした学術会議の過去二度の声明（一九五〇年と六七年）を継承するとした。その上で、研究成果が時に科学者の意図を離れて軍事目的に転用され、攻撃的な目的にも使用され得るため、まずは研究の入り口で研究資金の出所等に関する慎重な判断が求められるとし、大学等の研究機関に、軍事的安全保障研究（自衛力確保のための研究）と見なされる研究について、その適切性を目的、方法、応用の妥当性の観点から技術的、倫理的に審査する制度を設けるよう求めた。また、学協会に対してはそれぞれの学術分野の性格に応じたガイドラインを設定するよう求めた。したがって、学術会議は大学等による応募を禁じたわけではなく、研究開発制度を運用しようとしている組織の目的や方法、あるいは応募の内容についての評価と判断を行うためのガイドラインの設定を求めたのである。

こうした慎重な検討を求める背景には、第二次世界大戦におけるわが国の経験、つまりわが国でも原爆開発の研究が行われたし[25]、生物・化学兵器が開発され、使用されたという事実があると筆者は考えていた[26]。その結果として、それぞれのガイドラインに基づく評価では、所属教員が応募することを一律に認めない大学もあれば、テーマによっては認める大学もあり得ることになる。

その一例が、当時筆者が学長を務めていた豊橋技術科学大学であった。そこでは二〇一五年度から一七年度まで、防毒マスクの研究というテーマで、応募し、採択された研究があった。もちろん学長として認めたのであり、声明後の一七年度における研究継続に際しては、学術会議による声明・報告に応じて、学内に審査制度を設けて応募の可否について審査した。この審査制度について、大学の対応例の一つとして少し詳しく紹介しおきたい。

「競争的資金制度等による安全保障研究の取扱い」と題する学内規則では、今回の防衛装備庁による競争的資金などのように、安全保障問題に関わる資金への応募や、公募ではなくても共同研究や受託研究等の要請等があった場合には、全て、この「取扱い」の対象となるとしている。「取扱い」ではまず申請の可否を審議するため手順を定めている。その中で最も重要となるのが、審査項目であり、十項目にわたっている[27]。

①公的機関が公募する競争的資金制度（国からの再委託を含む。）であり、一般的な競争的資金と同様の手続で申請が可能あること。
②公募研究であり、外部有識者を中心とした審査委員会で選定される仕組みであること。
③研究グループの構成について、制約を設けていない制度であること。
④成果の幅広い活用が想定される基礎的研究であること。
⑤応募するテーマが戦争を目的とした研究ではないこと。
⑥研究の成果が破壊的行為に悪用される可能性があることを認識し、そのような恐れがある場合には、研究の実施、成果の公表に当たって、社会に許容される適切な手段と方法を選択した申請であること。
⑦成果の公開が認められ、知的財産は所定の条件の下で本学に帰属すること。
⑧採択された場合には、資金提供元による適切な進捗管理の下で、過度な干渉を受けることなく研究を進めることが見込まれること。
⑨研究にあたって、「特定秘密の保護に関する法律」（二〇一三（平成二五）年法律第一〇八号）の特定秘密等の提供を受けることなく、また研究成果が特定秘密に指定されるものとはならないこと。
⑩当該公募研究に申請しようとする研究者は、本学が定める研究倫理教育及びコンプライアンス教育の受講を完了した者であること。
学内審査は、これらのすべてが満たされているかどうかをめぐって行われる。申請内容に直接係

る⑤、⑥と申請者に係る⑩を除いては、公募要領等に明記されるべき事項であり、今回の防衛装備庁の研究制度では、その全てが明記されていることを確認した。特に、学術会議での議論を経て二〇一七年度には公募要領が改訂され、「受託者による研究成果の公表を制限することはない」、「特定秘密を始めとする秘密を受託者に提供することはなく、研究成果を特定秘密を始めとする秘密に指定することはない」、「プログラムオフィサーが研究内容に介入することはない」ことが明記された。これらを確認の上で、さらに申請内容が防毒マスクの改良という趣旨であって⑤、⑥及び⑩の事項にも合致していること確認した上で申請（継続）することを認めたのである。これは、筆者が学長を務めていた大学の例である。他の大学においても、応募を認めた場合には、それぞれの判断の根拠を示すことが望ましいと思う。

安全保障技術研究推進制度では、支給する研究費が、年間総額で、発足時の三億円から三年目に一一〇億円へと膨れ上がったものの、その後も一〇〇億円前後で推移している。その背景には、防衛装備庁の従来からの装備研究開発費を削らなければ、これ以上に額は増えない財政事情があった。一方で、日本の科学技術予算は四・二兆円程度（当初予算、二〇一九〜二一年度平均）であり、このうち国防用の研究費は二・九%（一二〇〇億円）であり、また、大学へ支出されているのは約五二%（二・二兆円）である。つまり、日本の場合には、例えばアメリカのように国防用の研究費が科学技術予算（約一七兆円）の五〇%近くを占める国に比べて安全保障関係研究費（国防用研究費）の科学技術予算におけるウエイトははるかに小さい。[28] そしてこうした構造が急に大きく変わるとは思えない。したがって、資金の構造を踏まえるならば、日本では、デュアル・ユースという場合にも、防衛装備庁の研究費による研究成果よりも、文科省等からの民生的な研究費による研究成果を、適切なシビリアン・コントロールの下で防衛装備の開発にも活用していくことの方が、はるかに効果が上がりそうで現実的な道である。

より根本的な問題に立ち返れば、筆者は、安全保障については、外交的安全保障を最優先させ、自衛の範囲に限定して軍事的安全保障を位置付けるべきと考えている。その上で、研究の自発性や成果の公表等の条件が満たされれば、憲法と国連憲章から許される自衛の範囲に限定した軍事的安全保障にも応用し得る基礎研究をわが国の大学等で行うことは許容されると考えている。

少し詳しく述べれば、筆者は日本において安全保障と学術に関して少なくとも四つの立場が存在すると考えてきた。それは、①自衛隊を違憲として否定し、大学などの研究者が装備のための研究をすることも否定する、②自衛隊の存立を認めるが、大学などの研究者はその装備に関する研究に関わるべきではないとする、③自衛隊の存立を認め、大学などの研究者がその装備のための研究開発をすることを認めるが、種々の条件が守られるべきだとする、④米国や中国では軍の装備に関わる研究が科学技術の発展をもたらしていることから、日本の研究者も積極的に関わるべきだとする――四つの立場だ。こうした整理は、安全保障のための装備への科学技術あるいは研究者の関わりを、否定的・消極的な立場から積極的な立場まで並べたものとなる。筆者自身は、③の立場をとることを、学術会議での議論のまとめが行われる前から表明してきた。[29]

①には「戸締まり必要論」の観点から与しない。筆者は日本国憲法の戦争放棄、軍隊不保持・交戦権否定の条項を支持している。従って憲法前文の記述を踏まえ、近隣諸国を含む諸外国との友好

関係の構築に努め、相互の信頼と尊重の下で平和を維持することを目指すべきだと考えている。この観点で、前述の日本学術会議の二つの声明も堅持すべきだと考え、学術会議がその方向をとるように主張してきた。

しかし一方で、現実論としては、国連憲章にも明記されている自衛権（個別的自衛権）に基づき自衛組織を保有することは国の安全保障にとって避けられないだろう。そのために、いわば戸締まりとして、自衛隊やその装備が必要となる。そう考える背景には、内閣府の世論調査（二〇一八年）で、自衛隊に良い印象を持つ人（「どちらかといえば良い印象」を含む）と、その防衛力は「いまの通りでよい」または「増強した方がよい」と答えた人は、何れも九〇％近いという国民意識がある。自衛組織を持つことが不測の武力攻撃を抑止し、国民の安心感につながるということだろう。

もちろん、多くの戦争が自衛の名で始まり、際限なくエスカレートしていったとの認識から、自衛の装備にも否定的な考えがあることは承知している。このため自衛権行使にも歯止めが必要であり、切迫して他の手段がない場合に、過剰防衛にならない範囲で認められる。国連憲章でもその時限性や行使時の国連安保理への報告が規定されている。加えてわが国も生物兵器・化学兵器禁止条約や核不拡散条約に加盟しており、自衛装備には制約がある。これらを順守するのは当然のことである。

その上で、戸締まりをすることが他人の家に泥棒に入るための準備と考える人はいないように、自衛装備が直ちに戦争につながるとの主張は強弁に過ぎるのではないか。

②については、自衛隊やその装備を認めるのであれば、その装備の改善などにつながる研究をしようとする研究者が出てくることを否定すべきではないと考える。しかし同時に、筆者は自衛隊やその装備への協力を否定する研究者の考えも尊重したい。先の戦争での侵略者・加害者としての行為への反省や、原爆投下などで国民が被った悲惨な体験の上で、こうした心情を持つことは理解できる。

そこで筆者は③の立場に立つが、その前に④について触れておこう。すでに本節でも触れたようにインターネットやドローン（小型無人機）のように軍事技術から派生して、デュアル・ユースによって普及している技術は少なくない。しかしこのことから、軍事とのつながりを科学技術の発展に不可欠と考えるのは短絡的だろう。戦後の日本をみれば、民生的な研究に集中した上で、多くの成果を上げて工業化や情報化を進め、高度医療社会を築いてきた社会があることが分かる。日本のノーベル賞受賞者は民生的な研究費を獲得して成果を上げた。したがって筆者は④には賛成せず、日本は今後も民生的な研究を基本にして世界に貢献する道を進むべきだと考えている。

③の立場に戻ると、自衛目的に限定して、大学などの研究者が将来の装備品開発に役立つかもしれない基礎的な研究をすることを可能とするが、それには条件がある。最も重要なものは、研究目的や、その成果の応用が自衛の範囲内として許容されることだろう。どこまでが自衛の範囲なのかについては、科学者の主観を超えて、国民的な合意をベースとして定められるべきもので、合意形成のための国会等で議論が節目で行われることが必要である。そして、それぞれの研究について、その目的が自衛装備の範囲内であることの説明責任を、研究資金を提供する側、研究実施者、さら

に実施者が属する機関がそれぞれ果たすことが必要となる。特に、自衛に関する軍事的手段は、国際的な緊張緩和、即ち安全保障に関する外交的手段が効果的に行われれば軽減できる点を踏まえて、外交的手段の強化を図ることが欠かせないであろう。

1　日本学術会議『日本学術会議二五年史』（一九七四年三月）一一頁。

2　第二次世界大戦への日本の科学者の動員については、以下に詳しい。廣重徹『科学の社会史』（中央公論社、一九七三年）。山崎正勝『日本の核開発：一九三九―一九五五――原爆から原子力へ』（績文堂出版、二〇一一年）。岡本拓司『科学と社会』（サイエンス社、二〇一四年）。

3　日本学術会議「原子力に対する有効なる国際管理の確立要請（声明）」（一九四九年一〇月六日）。

4　一九三九年八月付けシラードとアインシュタインの大統領宛の手紙で原爆の開発を進言した。古川安『科学の社会史――ルネサンスから二〇世紀まで』（ちくま学芸文庫、二〇一八年）二八六～二八八頁。

5　シラードとアインシュタインによるアメリカ大統領宛の二通目の手紙。古川・前掲書二九一～二九二頁。無警告での日本への核兵器使用に反対することを陸軍長官宛の書簡で表明した科学者グループがシカゴを中心に存在し、シラードもその一人であった。

6　報告書は、「原子力の国際管理に関する報告」（一九四六年三月二一日）。報告書に名前のあるディーン・アチソンは当時の国務次官。ピーター・グッドチャイルド（池澤夏樹訳）『ヒロシマを壊滅させた男　オッペンハイマー』（白水社、一九九五年）。

7　日本学術会議「戦争を目的とする科学の研究には絶対に従わない決意の表明（声明）」（一九五〇年四月二八日）。

8　杉山滋郎『「軍事研究」の戦後史』（ミネルヴァ書房、二〇一七年）二四～三三頁。

9　杉山・前掲書二七頁、一度目の否決時における質疑応答。

10　日本学術会議「〝Resolution in Support of the Statement of the International Meeting of Scientists at Pugwash〟（声明）」（一九五七年一〇月四日）。

11 日本学術会議「軍事目的のための科学研究を行わない声明（声明）」（一九六七年一〇月二〇日）。
12 日本物理学会委員会「事実調査委報告」日本物理学会誌二三巻八号（一九六八年）。
13 本田直文「軍資金導入問題について」物性研究八巻五号（一九六七年）、三〇九〜三一五頁。
14 小野周「半導体国際会議と米軍資金の問題について」物性研究八巻五号（一九六七年）、三一六〜三一九頁。
15 日本物理学会は、「日本物理学会行動規範」に続く文書として「第三三回臨時総会の決議三について」を位置付けている。
16 日本学術会議「我が国における平和研究の促進について（勧告）」（一九七四年一一月二〇日）。
17 検討に当たったのは、「日本学術会議改革検証委員会学術と社会及び政府との関係改革検証分科会」（委員長小林良彰副会長）。
18 古川・前掲書「第一二章」。
19 岡本・前掲書「第一三章」。
20 シャロン・ワインバーガー（千葉敏夫訳）『DARPA秘史』（光文社、二〇一七年）一六七〜一七六頁。廣重・前掲書二一六〜二二〇頁。
21 杉山・前掲書「第五章」。
22 J．ウィルソン編『われらの時代に起こったこと――原爆開発と一二人の科学者』（岩波現代選書、一九七九年）。
23 日本学術会議「軍事的安全保障に関する声明（声明）」（二〇一七年三月二四日）。
24 日本学術会議（安全保障と学術に関する検討委員会）「軍事的安全保障研究について（報告）」（二〇一七年四月一三日）。
25 山崎・前掲書「ニ号研究の開始」三七〜六六頁。
26 杉山・前掲書一九〜二〇頁。
27 豊橋技術科学大学「競争的資金制度等による安全保障研究の取扱い」。
28 文部科学省科学技術・学術政策研究所「文科省科学技術指標二〇二一」統計集二〇頁。
29 例えば、大西隆「安全保障と学術の協力」日本経済新聞朝刊経済教室二〇一六年一一月二八日等。

第三節　原子力の平和利用

原子力問題も学術会議が設立当初から取り組んできたテーマであった。原子力問題といっても、核実験反対、核拡散防止や軍縮、原子力発電等の原子力エネルギー平和利用と安全性、放射線の人体への影響、さらに学術会議として関心の深い原子力平和利用に関わる人材育成等の研究・教育等に関わる様々な問題が含まれる。さらに、当初は核物理学や素粒子物理学の研究体制についても未分化のまま原子力問題の一環として議論されていた。これらのうちで、核兵器に関わる問題は、戦争と平和に関する取組として第二節でも取り上げた。本節では、特に、原子力の平和利用に関連して、その在り方、事故への対応や教訓を中心に考えていくことにする。いうまでもなくこの問題は、二〇一一年の東日本大震災における東京電力福島第一原子力発電所事故によって重要性を増すことになった。事故の背景に、米ソ英、そして仏などを中心に、原子力の研究と応用が進む中で、被爆国・敗戦国の日本が世界の動きに遅れまいとして原子力利用に取組む過程で安全性を軽視する体質、つまり安全神話が浸み込んでいく隙が生まれたのではないかという疑問がある。

核兵器の持つ破壊力ゆえに原子力は恐怖の科学技術という認識が強まった中で、新たな展開のきっかけとなったのが、アメリカのアイゼンハワー大統領による国連総会における電撃的な原子力平和利用演説であった[1]。演説を生んだのは、強力な破壊力を有するために、抑止力としての役割はあるとしても、〝使えない手段〟となった核兵器に代わる原子力の利用法を見出すことで、核兵器開発に注いできた資金や人材の活用を図ろうとの考えであった。瞬間的に連鎖を起こせば巨大な爆発力を生む核分裂を、コントロールしながら起こすことで得られるエネルギーを、熱や動力に変換して使うというのが平和利用である。しかしその過程で、人体に有害な放射性物質や放射線が放出されるので、いかに防御するかが必須の課題となる。大統領演説が契機となり、米英ソ等の核保有国がそれぞれ原子力発電の技術開発に取り組み、原料となる放射性ウランとともに、完成品（発電システム）を売り込み、技術協力を行う形で、各国で原子力発電の設置が進むことになった。

世界における原子力発電の展開を概観すると、ソ英米が開発を競い、一九五〇年代後半から実用化が始まり、七〇年代のオイルショックによって建設が増加した。着工基数でみると六〇年代後半から七〇年代がもっとも多い時代であった。しかし、アメリカでのスリーマイル島原発事故（一九七九年）、旧ソ連でのチェルノブイリ原発事故（一九八六年）の影響で八〇年代になると新規着工基数は減少し始め、九〇年代には着工数ゼロの年もあった（[図3]）。その後、化石燃料資源の有限性、温室効果ガス排出削減の必要等を背景に、二〇〇〇年代には特にアジア地域での着工が進んだ。しかし、経年劣化による廃炉の増加や、東日本大震災による福島第一原発の事故によって、欧州を中心に原発への依存度を減らそうとする国が増えたために、原子力発電による発電量は二〇〇〇年頃から頭打ちとなっている。現在運転中の発電用原子炉は（運転中とは、営業運転開始から営業運転終了（廃炉）までの間の状態にある原子炉を指す）、アメリカに九四基、フランスに五六基、中国に四八基、ロシアに三四基、日本に三三基等、三一か国に四三四基である。[2] これらに加えて、建設中または計画中の原子炉が中国に四五基、ロシアに一七基等とされ、運転中に建設中、計画中

［図３］ 世界の原子力発電所 着工基数の推移

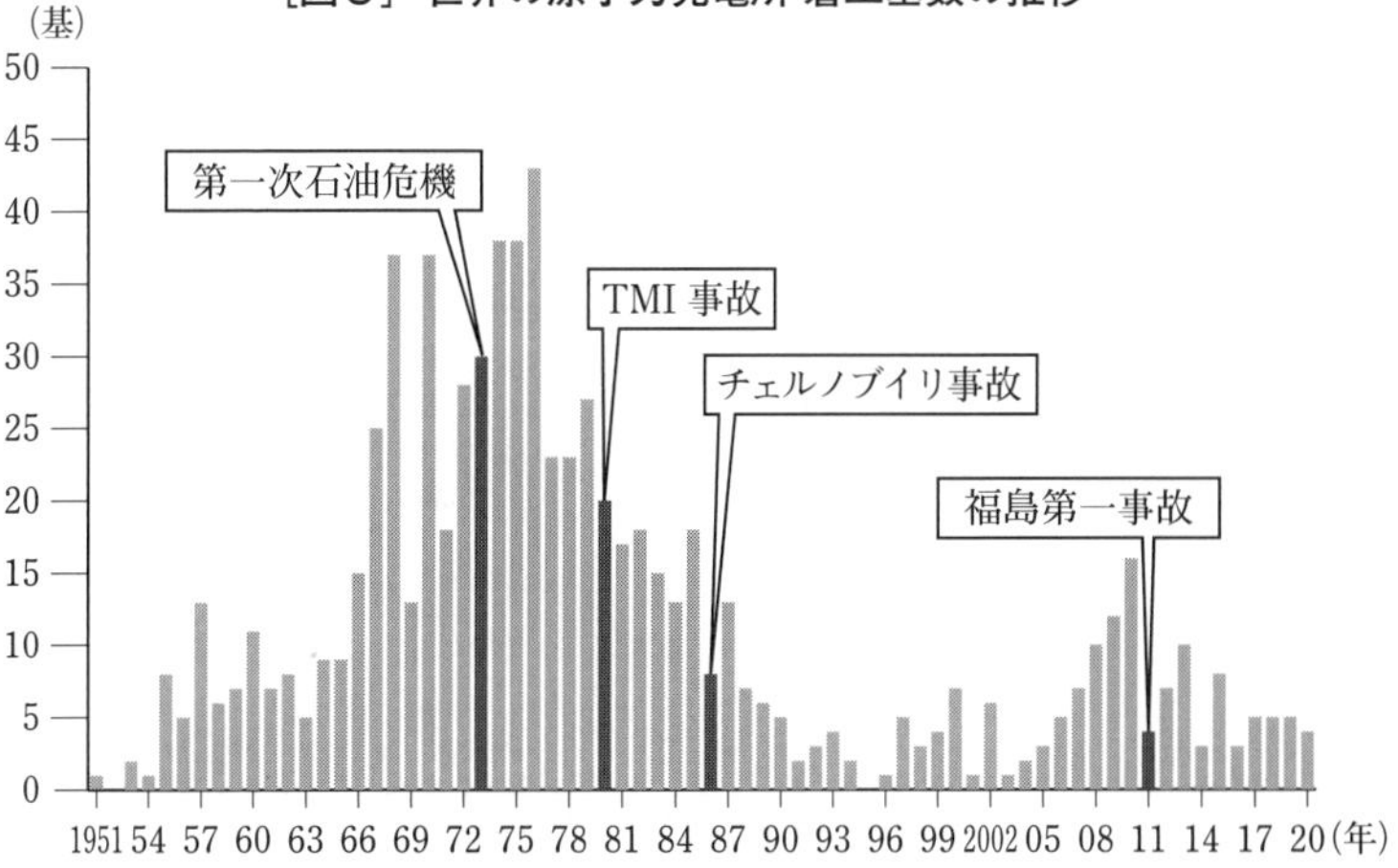

IAEA PRIS データより大西作成

を加えた合計は五七五基になる。また、発電電力量に占める原発シェアは世界で一〇・三％である。国別にシェアをみると、フランスで七〇％程度になっているのが突出して高い値であり、次いで韓国が二五％、二〇％弱がアメリカ、ロシア、イギリス、カナダ等である。温室効果ガスの排出削減、エネルギー資源の安定供給、原発の安全管理や高レベル放射性廃棄物の長期にわたる管理の困難、再生可能エネルギーの供給拡大など、エネルギーをめぐる様々な課題や動きの中で、今後は世界的に原発のシェアが低下していくと考えられる。しかし、それでも廃炉や放射性廃棄物の安全管理等、原発に関わる長期的な取組が必要となることは避けられない。

①　原子力発電の登場

学術会議と原子力との関係は、学術会議の設立と同時に始まったといっていい。前節で述べたように、原子力に関する学術会議の最初の文書は、一九四九年一〇月に、副会長であった核物理学者の仁科芳雄（一八九〇～一九五一年）が総会で提案して採択された「原子力に対する有効なる国際管理の確立要請（声明）」で、この場合の国際管理の対象は核兵器であった。声明は、核の廃絶や、日本の研究者による核兵器の研究には直接触れずに国際管理を求めた。声明採択の議論の中で、当時の会長が、「日本学術会議は、平和を熱愛する」の一文を加えるよう提案し、加えられた。[3] もちろん、この時点の日本は連合軍による占領下であり、ポツダム宣言の受諾により武装解除、再軍備禁止を受け入れていたのだから、日本の研究者が核兵器の研究を行うことは許されなかった。そればかりか、占領政策では、日本における原子エネルギーと航空機に関連する研究は許可するべきではないとし、日本にあった四基のサイクロトロンも廃棄処分していたから、核兵器開発は言うに及ばず、実験を伴うような原子エネルギーの研究を行うことも考えられなかった。

次の段階は、サンフランシスコ平和条約の発効（一九五二年四月）によって主権が回復し、原子力や航空機関係の研究に制約がなくなった時期である。どのような研究を進めていくべきか、新憲法を始めとする新体制の中で許される研究は何かという観点とともに、研究者の倫理や、戦時下でとった科学者の態度を反省するという学術会議の立場を踏まえつつ研究の方向を示すことが問われた。

一方で、時代は動いており、朝鮮戦争が始まり、マッカーサー司令長官の指示によって警察予備隊が創設、海上保安庁が増強され、それを引き継ぐ形で平和条約発効後には吉田内閣の下で実質的再軍備が進んだ。科学研究の分野でも、解禁となった原子力と航空機の研究開発の開始に向けて、日本政府は、これらを所管するための科学技術庁の設置に向けて動き出した。山崎によれば、渡米してアメリカの科学技術政策を調査してきた衆議院議員の前田正男が携わってまとめ、学術会議にも示されたとされる同庁設置要綱案には、科学技術庁の設置目的が、「原子兵器を含む科学兵器の研究、原子動力の研究、航空機の研究」とあり、付属機関として設置する中央科学技術特別研究所がこれらの研究に当たる、とあったという。[4]

学術会議でも、アメリカ大統領国連演説の前から、副会長の茅誠司（第二期副会長、任期は一九五一年一月～五四年一月）、伏見康治らが中心となって講和条約発効によって原子力研究が可能となることに期待して研究体制を整える準備を始めた。[5] 下準備を経て、五二年一〇月の総会で、①翌年四月の総会で政府に対して原子力問題についての申入を行うことの可否、②この問題について学界にその趣旨を徹底させ、かつ意見のある所を知るために、広く学会等の意見を探り、臨時委員会で四月総会に向けての提案準備を行うこと（加えて、参考資料として総理府に原子力のデータ収集整理や、原子力利用の発展性・将来性を検討するための委員会を設置することを求める案もつけられた）、を求める提案を行ったのである。[6] しかし、これに対して、五二年一〇月開催の総会前から、原子力研究の成果が軍事に利用されるという懸念による反対意見が強くなっていた。総会でも、被爆体験をした会員の三村剛が原爆の惨害について長時間にわたって述べた上で、「世界中がこぞって平和的な目的に使うことがはっきりするまで日本は原子力の開発は行うべきではない」と主張した。[7] 他にも、日本での原子力研究が再軍備につながる恐れが指摘されたり、核物理学などの基礎研究を重視するべきという主張が出され、結局、茅等は提案を引っ込めざるを得なかった。それでも、原子力問題に関する学術会議の考えをまとめる分野横断的な第三九委員会を設置することになった。[8]しかし、この委員会での審議は、明確な結論を出すには至らなかった。[9]

一九五三年になると、アメリカで前述のような原子力平和利用に向けた大きな政策転換が起こった。新大統領となったアイゼンハワーはイギリスの軍民両用炉の開発による原子力発電計画に刺激を受けて、原子力の軍事利用とともに、動力やエネルギー源として非軍事的な民生利用を進めるため官民の合意形成を進め、原子力開発への民間参入の体制づくりを進めた。このことを世界に宣言し、賛同を求めたのが、五三年一二月のAtoms for Peaceをテーマにした国連演説であり、現在のIAEAとなる国際機関の設置によって、核保有国による核物質の共同管理、共同拠出や技術協力による原子力平和利用を提案した。ただ、五四年になってアメリカが実際に採用したのは二国間協定方式による核物質と核技術供与の政策であった。

アメリカによる原子力の民生的利用、国際協力の提案に素早く対応したのが、中曽根康弘等の改進党議員であった。中曽根は一九五三年末にアメリカを訪問して核物理学研究施設などを視察して現地での動きに直に接しており、日本でも民生利用を進めることが急務であると考え、民生利用促進のための実験用原子炉整備の予算提案（保守三党共同予算修正案で二・六億円の原子力平和利用研究補助金を計上、五四年三月二日に提案、四日に衆院本会議で可決）を皮切りに、政府における体制整備を図っていった。[10]

一方で、学術会議は、原子力平和利用の議論が膠着状態になったことで、中曽根からも学者の議論が停滞していると揶揄されていた。学術会議の動きが再び活発になったのは、太平洋ビキニ環礁でのアメリカの水爆実験による第五福竜丸の放射線被爆（一九五四年三月一日）によって放射性物質を扱うことへの不安が広がったためであった。実は、第五福竜丸の被爆は、中曽根等による予算提案前日の三月一日に起こったのだが、報道されたのは三月一六日になってからであり、それを機会に、原水爆反対の国民運動が急速に全国に広がっていった（一週間で一千万人が署名）。こうして、アイゼンハワーの国連演説や実験用原子炉予算計上によって原子力平和利用のための研究開発推進の動きは力を得たものの、ビキニ被爆事件によって原子兵器の脅威が改めて立ちはだかるという複雑な構図が生まれた。

学術会議では、実験用原子炉整備予算によって、日本における本格的な原子力利用研究が始まるとしても、それが再軍備論と結びついて核兵器開発に向かったり、アメリカの核兵器開発に協力する役割を担うことを警戒する意見が強かった。加えてビキニ被爆事件が起こったので、原子物理学を専門とする伏見康治は、私案として「原子力憲章草案」をまとめ、原子力の研究開発利用における平和目的への限定とその保証のための公開と、海外との連携遮断等を国として定めることを提案した[11]。憲章草案は、第三九委員会と原子核特別委員会に諮られ、核物理学者を中心とした専門家が集まる後者では平和利用とその保証、研究状況の公開、真に能力のある研究者への門戸開放が必要との意見が強く、憲章草案への概ねの賛意が得られた。これらを踏まえて、第三九委員会は、一九五四年四月の総会に、学術会議の原子力研究・利用三原則と呼ばれることになる、「公開、民主、自主の原則」を示した国内声明を提案し、採択されたのである。国内声明では、原子炉整備、原子兵器の脅威（ビキニ環礁での実験とは明記されていない）、四月初めに行われた国会衆参本会議での原子力平和利用と国際管理の決議に触れた上で、「わが国において原子兵器に関する研究を行わないのはもちろん外国の原子兵器と関連ある一切の研究を行ってはならないとの堅い決意をもっている」と述べた。この精神を保証するための原則が、原子力の研究と利用に関する一切の情報の公開、民主的な運営、日本国民の自主性ある運営による原子力研究であると提起したのである。[12]

また、この総会では、対外向けの英文の声明「原子兵器の廃棄と原子力の有効な国際管理を望む声明（声明）」（一九五四年四月二三日）も決議された。この対外声明では日本が原爆投下とビキニ環礁での実験で人的被害を受けたことに言及して、「原水爆実験の停止、大量破壊の核兵器の廃棄、そして真に効果的な原子力の国際管理の確立を望んでここに声明を発する」とした。原子力について、「原子エネルギーを平和的に利用するならば、人類の将来に巨大な寄与を及ぼすであろうという事実については、強く認識している。そしてまた、特に日本国民は我々の生活水準を向上させるための新しい技術とエネルギー源を探し求める必要に迫られている。そして我々科学者は、原子力の研究開発に関し、これこそ自らの責任であるということに十分に気付いている」と述べて、原子力エネルギーの平和的利用を支持した上で、原子力の利用では、より恐るべき原子兵器の生産が行われているために平和利用の希望は絶望的なものにならざるを得ないとして、原子兵器の停止・廃棄・国際管理の必要を訴えたのである。この二つの声明を通じて、国内的には原子力の平和利用に徹するために公開・民主・自主の原則を求め、対外的には原子兵器の停止・廃棄・国際管理を求めたことになる。

これを機に、日本でも原子力平和利用が始まる。[13] 一九五四年度予算の実験炉整備費が促進剤となって、産官による原子力利用体制構築に向けて原子力基本法（五六年一月施行）、原子力委員会設置法（五六年一月施行）、総理府設置法改正による原子力局設置（五六年一月施行）と科学技術庁設置法（五六年五月施行、原子力局移管）、日本原子力研究所法（五六年五月施行）、原子燃料公社法（五六年五月施行）の制定によって政府の原子力利用体制整備が進み、さらに電力各社や企業グループが参入体制をとることで原子力発電が実用化されていくことになる。その中で、先の原子力利用三原則は原子力基本法の第二条（基本方針）に書き込まれることになった。振り返ってみると、学術会議での議論においては、特に激論の交わされた五二年一〇月の第一三回総会のように、米ソの緊張が解けるまで、日本では原子力の研究を行うべきではない、という意見が有力であった。そこから、原子力の利用を平和利用に限ること、そのことを保障するために公開・民主・自主の原則を法律で定めるという着地点まで学術会議における議論の重心が移っていったことになる。[14]

②　平和利用と三原則

ところで、原子力三原則には、原子力利用に際して、最も重要な点とされ、国民の関心も高かった平和利用は含まれていない。原子力利用に関する情報公開、自主的研究開発、さらに研究能力・技術能力以外の理由で研究者・技術者を選別しないという研究開発利用の民主的運営が、伏見の原子力憲章草案に含まれ、その後、法律にも書き込まれた三原則であった。その点では、原子力研究・利用三原則という表現は最も肝心な点である平和利用を外しているともいえた。また、原子力基本法の条文では三原則を構成する公開・民主・自主の用語は定義なしに用いられている。平和については兵器の研究開発利用は行わないという趣旨が明確であるともいえようが、他は曖昧さが残る。[15]特に、その後進行していった原子力発電のための利用では、海外からの技術や製品を導入しつつ国産の技術を高めるという技術提携方式がとられたので、自主は初めから放棄されていた。また、技術導入後の自主改良が進んで、それぞれが知的財産を取得し、独自の技術者集団を生み出していくことになったのであるから、公開や民主も、具体的に何を意味するのかは当初から曖昧であったといえよう。

加えて、民主の観点では、原子力発電が本格的に行われる際には立地先における合意形成が、設置と運営を民主的に行うという点で重要なテーマとなる。地域に歓迎される施設として受入れの合意が形成されて立地するのが民主的なプロセスであろうが、現実には地域の反対の声を押し切る形で立地が進むケースが少なくなかった。度重なる原発の事故を経た現在でも、立地地域自治体の承認は立地や稼働の事実上の条件になっているものの、法的に裏付けられているわけではない。その意味では、立地における民主、つまり民主的意思決定も常に成り立ってきたわけではなかった。

さらに、平和、公開、民主、自主の、平和利用+原子力利用三原則に安全が含まれていなかったことも問題を残すことになった。三原則を謳った一九五四年四月の声明は安全にかかわる問題には全く触れていない。同一〇月に申入では、「放射線による障害に対する対策、特にその予防のために、予め万全の措置を講ずること」の項があるが、原子力発電所が起こしかねない核分裂反応の暴走による重大事故などへの言及はなかった。[16]

原子力の発電用利用はその後、世界的な流れになり、日本でも電力供給全体に占めるシェアを高

「日本学術会議」

（ISBN978-4-535-58778-6）2022 年 12 月 10 日第 1 版第 1 刷発行

下記の通り訂正し、お詫び申し上げます。

事項索引

誤　《さ》　申入

正　《も》　申入

めていった。振り返ると、学術会議はその黎明期に、原子力基本法に取り入れられた原子力三原則――本書の整理によれば平和利用を含めた原子力利用四原則といった方がいいかもしれないが――を提起したことになる。しかし、この点について、吉岡斉は、「三原則の提唱・定着過程は確かに、日本の原子力体制の草創期の一つの重要なエピソードではあるが、それ以上のものではない」と述べている。[17]続いて吉岡は、原子力体制の骨格といえば、推進官庁としては、研究開発や基本政策を担う科学技術庁と電力行政を通じて電力会社と手を組む通産省（現経産省）の二元からなり、相互牽制を伴いながら進んでいったこと、そして、稼働する発電所が増えるにつれて力を増したのが電力会社・海外メーカーと手を組んだ日本の重電メーカー・通産省からなる勢力であったこと、こうした中で、三原則に向けた学術会議の活動は周辺的エピソードの一つにとどまったと述べている。[18]確かに、原子力利用のように、科学技術の理論と実践が海外で蓄積され、日本に空白期間が存在したような分野での日本の科学者の役割は大きくなかった。まして、発電所という巨大な装置の普及を、自らの主導の下で進めようとする主要国政府や欧米企業が動き、これに国内の電力会社や大手重電メーカーが呼応する中での学術会議の役割は限定されたものであったろう。

しかし、それでも原子力基本法に原子力三原則が盛り込まれたのは当時の学術会議の政策立案現場との近さを示すものであった。この法案は、いわゆる五五年体制成立後（自由民主党と日本社会党の発足による保革体制）、両党議員四百数十名の議員提案によるもので、提案理由の説明に立った中曽根康弘は、「第二条は、基本方針をうたっております。その中心は平和目的に限るということであります。つまり軍事的利用は絶対禁止するという意思であると同時に、学術会議の意見を尊重いたしまして、民主、自主、公開の三原則を明瞭にうたい、さらに国際協力に資するということも明確にうたったのであります」と述べている（第二三回国会衆議院科学技術振興対策特別委員会、五五年一二月一三日）。学術会議の提案がそのまま法律に取り入れられることは、学術会議法の改正を除けばその後もなかったことであり、この時期における学術会議の政策形成における存在感の大きさが感じられるとともに、現在との落差を浮かび上がらせているともいえよう。

③　原子力発電所の普及と停滞

黎明期を経て、原子力発電は日本の電力供給の柱の一つとなっていった。しかし、その過程は順調とはいえず、様々な問題を生み出しながら苦難が拡大していくことにもなった。原子力白書等によってデータを整理すると、日本では、現在までに五七基の商業用原発が建設され、すでに二四基が廃炉となり、三三基が運転中で、このうち新規制基準の適合性審査を終了し再稼働を開始したものが九基となっている。加えて、三基が建設中、四基が計画中である。運転開始日で集計すると六〇年代一基（廃炉）、七〇年代二〇基（うち一六基廃炉）、八〇年代一六基（うち七基廃炉）、九〇年代一五基、二〇〇〇年代五基、一〇年代以降ゼロとなり、七〇年以降の三十年間に精力的に建設されたことが分かる。炉型で整理すると、ほとんどすべてが軽水炉であり、東京電力が採用してきたGE社・東芝・日立の沸騰水型軽水炉（BWRまたはその改良型のABWR）と、関西電力が採用してきたWH社・三菱グループの加圧水型軽水炉（PWRまたはその改良型のAPWR）にほぼ二分されてきた。そして、設備利用率をみると、海外メーカーによる完成された技術の提供という触れ込みとは裏腹に、立ち上がりからトラブルが続いて低迷し、主要国の設備利用率水準とされる八〇％程度に達していたのは九五年から〇一年の間だけである。[19] 特に〇一年後は、ＢＷＲでトラブルが続出して六〇％を割り込む設備利用率となり、ＰＷＲでは八〇％に近い値を維持していたのに、日本全体の設備利用率は低迷した。さらに東日本大震災による全原発の稼働停止と新規制基準の導入への対応のため、五年間にわたって設備利用率がほぼゼロとなり、その後、最近時点（二〇二〇年度）でも一三％程度に留まっている。[20]

設備利用率低迷の背景には、少なくとも二つの大きな問題があるといえよう。第一は、先にも触れたように、原発が完成された技術ではなく、大小様々なトラブルが起こり、それへの対処が設備の安定的な稼働を妨げたことである。国内の原発では、一九八一年敦賀原発の放射性物質海洋放出と作業員超過被曝事故、九一年美浜二号機蒸気発生器伝熱細管破断、同年浜岡三号機原子炉給水量減少、九九年志賀一号機臨界事故、二〇〇四年美浜三号機二次冷却水配管蒸気噴出などであり、いずれもＩＮＥＳレベル一か二と評価される事故であり、大事には至らなかったものの、対応のために利用率が下がるとともに原発技術への不信感を増すことになった。加えて、商業用原子炉ではないが、もんじゅナトリウム漏洩火災事故（九五年ＩＮＥＳレベル一）、東海村ＪＣＯウラン加工工場臨界事故（九九年ＩＮＥＳレベル四）、等が起こった。個別の事故だけではなく、二〇〇二年原子力安全・保安院は、東京電力が八〇年代後半から九〇年代前半にかけて福島県と新潟県の原発で合計二九件の自主点検記録虚偽記載を行っていると発表した。この事件で会長・社長など東電幹部が引責辞職した。さらに他の電力会社においても同様のケースがあったことが明るみに出た。また、東電の福島第一原発一号機においてもさらに悪質とされる隠ぺい工作が発覚し、一年間の運転停止命令を受けることになった。また、二〇〇七年には、新潟中越沖地震によって、柏崎・刈羽原発で震度六強を記録した。幸い稼働中の原発は自動停止し大事には至らなかったが、使用済み核燃料の冷却水が海に放出され、放射性物質の放出や関連施設の火災が発生した。地震計の記録からは、原発設計時の耐震性評価時に想定した加速度を上回る揺れがあったことが明らかとなり、その後の対応に長時間を要し、完了前に東日本大震災が起こることになった。原発に関わる大きな事故は海外でも起きた。一九五七年のイギリスのウィンズケール原子炉火災事故（ＩＮＥＳレベル五）、七九年のアメリカのスリーマイル島原発事故（ＩＮＥＳレベル五）、八六年の旧ソ連（現ウクライナ）チェルノブイリ（ウクライナ語ではチェルノビリ）原発事故（ＩＮＥＳレベル七）等である。これら国内外の事故等が、当該原発はもとより他の原発に対しても安全向上のための改良、点検の長期化、あるいは運転停止などの影響を与え、設備利用率を低下させることにつながったのである。

第二に、こうした国内外での事故や、電力会社による不信行為によって、社会の原発を見る目が一層厳しいものとなったことである。電力会社の意向に配慮する国の動きは鈍かったとしても、住民の懸念を直接受け止める立場にある地方自治体は、安全・安心確保の観点から従来にも増して厳しい姿勢で電力会社や国に対応するようになった。原発・電力会社・政府関連部局に対する国民の不信感が増したことを背景に、立地地域の自治体は、原発の立地や稼働に対して次第に発言力を強め、安全向上や情報公開を求めるようになったのである。特に事故、地震、隠ぺい工作が重なった東京電力の原発が立地している福島県や新潟県では、原発の安全性重視そのものが首長選挙の争点になり、選ばれた首長が安全性確保の要望を譲らないケースが増えるようになった。

自治体が、原子力発電所の地域への立地や運転に関与するのは、原子炉設置許可申請の前段階において、経済産業大臣が行う重要電源開発地点指定に際してである。申請書記載事項に地元同意状況が含まれており、指定適合条件には、環境影響評価法の手続完了、所在地を管轄する市町村長の同意、知事意向に対する考慮がなされていることが含まれ、都道府県知事に対しては意見照会が行われる。これらが不備であったり、意見照会に際して、知事が立地に不同意を表明すれば、指定が行われないことになる[21][22]。

また、運転開始後も、原子力災害対策特別措置法によって、事業者は原子力事業者防災事業計画を立てる際に立地地域及び周辺地域の知事と市長村長との協議を行うことが定められている。この法律は東日本大震災後に作られたものである。それ以前にも、原発有事の際には災害対策基本法によって知事と市長村長が災害からの住民の保護に責任を有することを踏まえて、自治体と事業者が原子力安全協定を締結してきた。安全協定は法的根拠を持たないとはいえ、事故や不祥事が頻発してきたことによって実質的な拘束力を強めてきた。そして、東日本大震災後の現在では、特措法によって安全確保や有事の際の避難等のために関係自治体に立地や運転に関与するより強い立場が与えられている。このように、原発は安全に関する立地地域の理解が得られなければ、立地できず、また立地しても運転できない時代に入っているといえよう。安全性に関する地域の目が厳しくなったことが、点検と安全対策の強化の必要性を高め、設備利用率の低下に繋がってきたのは事実であろう。その結果、東日本大震災後には、原発の安全性はもとより原発による電力の安定供給性や低コスト性にも疑問が強まることになっている。

原発の安全性に疑問を抱かせる様々な出来事が起こり、連動する形で、原発の効率性が低下し、立地地域における警戒意識が高まる中で、学術会議はどのような行動をとってきたのであろうか。本節①では、原子力関連法が成立する一九五六年頃までを追った。学術会議は原子核研究、原水爆実験、原子力潜水艦の寄港、原爆被災資料の収集保存、原子力船むつ、原子力利用三原則問題等について、毎年のように、勧告・申入等の形で見解を発出してきた。特に、各国の原水爆実験に対しては当該国の科学者や世界の科学者に対して実験への反対を表明するように呼び掛ける英文メッセージを送ってきた。また、原子力船むつの放射線漏れ事故では、申入によって安全管理の欠陥を指摘し[23]、原子力基本法の改正によって、同法第二条の基本方針に、「安全を旨として」の一文が挿入され、原子力安全委員会が設置されることになった。しかし、これまでの最大の原発事故である旧ソ連のチェルノブイリ原発事故に関しては沈黙だった。一九九〇年代のJCO臨界事故を始めとする国内の原発関連事故、電力会社による事故隠蔽、新潟での地震による柏崎刈羽の原発の事故など、国内でも看過できない事故や行為があったにもかかわらず、原因究明を求めたり、警鐘を鳴らすことはなかった。被爆体験から放射線被曝に対して最も厳しい対応をとるべき日本のアカデミーとして、この沈黙は変節との誹りを免れない。

そうした中で、具体的な事故などに対して社会に警鐘をならす役割は果たせなかったものの、放射線に関する監視体制を整えることが重要との観点、つまりは放射線対策の基本姿勢は保ってきた。それらのうちで最新のものが、二〇〇五年に公表された、荒廃した生活環境の回復研究連絡委員会に設置された「放射性物質による環境汚染の予防と回復専門委員会」による対外報告「放射性物質による環境汚染の予防と回復に関する研究の推進」である。[24]地球上の各地における放射性物質の拡散による汚染は多様な要因によってもたらされているとして、その要因を整理して、要因ごとに必要に応じた監視体制を提起している。要因には、六〇年代までに行われた大気中核爆発実験による環境汚染、ロシアが主たる原因国となる放射性物質の投棄や原子力潜水艦の老朽化に伴う核物質の廃棄、東アジアでも八〇基ほどある稼働中の原子力発電所（現在では一〇〇基を超える）や原子力軍艦からの放射性物質放出の可能性、天然放射性物質の産業用利用から発生する汚染等で生ずる環境の放射線量増大を的確に監視する仕組みを国内外で整えていくことが必要としている。この報告では、基準になる値も示しつつ、放射能による環境影響の全体像を明らかにし、対策の重点を定め、さらに原子力災害防護のための研究体制や人材育成を進めるよう提言した。

④　東電福島第一原発事故

学術会議による原子力関係の対外発信が、原子力平和利用の発足時――それは学術会議の発足時とも重なるが――の活発さに比べれば次第に減少していったことは否めない。それが再び活発になるのは二〇一一年の東日本大震災時であった。東日本大震災では、地震と津波による災害と、誘発された福島第一原発のメルトダウン事故が起こった。学術会議では、事故直後から、すべての会議体でといってもいいくらいに学術会議を挙げて、東日本大震災で何が起こり、被害を減らすには何をするべきなのか、そして復旧・復興の基本方向は何か等の観点での議論を開始した。とくに原発事故に関しては、被害の全貌が簡単に掴めない中で、放射線量調査の必要性、放射線防護対策の正しい理解、放射性物質の挙動調査、原発事故の影響から子供を護るといった観点から集中的な議論を行い提言等をまとめた。また、政府が組織した東日本大震災復興構想会議に向けた発信も試みた。

次の第二二期は震災から半年後の一〇月にスタートした。会長に選出された筆者は、政府の復興構想会議の委員を務めていたこともあって、震災復興と原発事故問題を引き続き取上げるのが学術会議にとっても重要と考え、会長就任と同時に東日本大震災復興支援委員会を発足させ、半年後の二〇一二年四月に提言をまとめた[25]。その中の一つが「放射能対策の新たな一歩を踏み出すために——事実の科学的探索に基づく行動を」であった。そこでは、放射性物質による被曝がもたらす住民への健康影響を評価し、その影響をできるだけ減らすという観点から、年少者の健康管理や除染を的確に実施することが重要であることを強調した。また、少し時間をかけて一四年九月には放射性物質の拡散、沈着、移行等のメカニズムをモデル化していく枠組みを示し、学際的な専門家が実証的な裏付けとなる作業をベースにして長期的な放射能対策に関する政策的助言を行うことの必要性を提言した[26]。これらを始めとして、学術会議が東日本大震災に関連してまとめた提言等は数十に及んだ[27]。

事故直後の健康被害等に関わる緊急な問題への対応方向が見えてくると、今後の原子力の利用に向けて事故体験からどのような教訓を導くかというエネルギー供給施策に関わる議論も重要となってきた。そこで、原子力利用を、発電とそれ以外の利用（研究用、産業用、医療用など多目的の放射線・ＲＩ利用）に分けて、その在り方を検討することにした。初めにまとまったのは副会長の家泰弘さんが中心となった分科会による発電以外の利用であり、そこではもっぱら低出力の原子炉を用いることから、従前の安全対策を施すことと周辺住民の理解を得る努力を不断に行うことを条件に、利用を継続することを提言した[28]。医療用原子炉については、基礎医学と工学の合同グループ、そして臨床医学を中心としたグループからも同趣旨の提言が出された[29]。続いて、発電利用については、再生可能エネルギーの供給量を飛躍的に拡大させる動きがあることを踏まえながら、将来像を検討し、以下の七点にわたる提言をまとめた[30]（以下原文を抜粋整理している）。

提言一　東電福島第一原発事故の被災者の健康管理・生活再建と被災地域の復興――被災者の健康管理、生活再建、被災地の除染、事故原発の安全管理と廃炉、汚染物質の中間貯蔵と最終処分等の解決されていない問題が多く、特に被災地の復興には時間を要する。東京電力と国はこの事故に責任あることを認識して、被害の修復と再発防止に向けてそれぞれが役割を果たす必要がある。

提言二　安全性に関するバックフィットの徹底――新たな知見の獲得に対応して安全対策を不断に更新し、常に原発の安全性を最高レベルに維持するというバックフィットの考え方を適用する。安全の追求に要する費用は原発の稼働に不可避の費用とみなすべきで、原子力発電によって得られる収益をもとに、安全向上のために投入可能な費用を判断するべきではない。

提言三　自然の脅威等の外的要因からの安全確保――自然災害、テロ、サイバーテロや犯罪の標的等、原発の安全を脅かすものは様々なので、国と事業者は運転期間中だけではなく放射性廃棄物の安全管理に必要な長期間にわたってモニタリングや予測システムを整備する。

提言四　使用済み核燃料と高レベル放射性廃棄物の管理処分――取り組みが極めて長期に及ぶことから、原子力発電利用世代が担うべき後続世代に対する責任を明確に認識し、利用世代は、その責任で十分な対策を究明して施すべきである。また、使用済み核燃料の再処理によって累積するプルトニウムが原水爆の原料になり得ることを踏まえて、その安全確保、量の減少に努めなければならない。

提言五　再生可能エネルギーの基幹化によるエネルギー供給方法の転換――電力供給方式は電力会社の経営判断によるが、その結果が国民に重大な不利益をもたらすことが予想される場合には、国も日本の電力が安定的に、低環境負荷で、低コストで、さらに安全に供給されるよう関与することが必要である。特に、再生可能エネルギーの低コスト化、安定供給に向けた研究開発を促進して、供給拡大を図り得る環境を整えることが必要である。

提言六　原子力に関わる人材育成の継続――福島の事故処理、他の原発の廃炉、使用済み核燃料や高レベル放射性廃棄物の処分を始めとして、原子力に関わる事業は長期にわたって継続せざるを得ない。そのために、原子力発電、放射性物質・放射線に関わる専門知識はもとより、エネルギー問題全般、安全や安心、社会との対話や社会における合意形成等の幅広い分野の知識を修得した人材の育成を図るべきである。

提言七　原子力平和利用における日本学術会議の責任と役割――学術会議は原子力の平和利用にむけて科学技術の発展を促してきたので、原子力発電の安全には大きな責任を有する。このため、国内外の原発・関連施設の事故等に際しては、原子力利用の安全管理の観点から検討を行う必要がある。他分野の研究者との協働や、市民社会との意見交換に努め、海外の研究者、放射性物質の管理に関する研究者と連携し、政策的助言を行う体制を整えるべきである。

これらの提言は、日本に原子力発電所や関連施設がある限り、長く必要とされるものである。本書執筆中の二〇二二年二月に、ロシアによるウクライナへの侵略が起こった。その中で、ロシア軍がチェルノブイリや他の稼働中の原発を攻撃し、占拠したために、原発が危険にさらされる事態が生じた。これまでの度重なる事故の経験から、原発は停止した状態が安全なものではないという、他の類似施設とは大きく異なる性質をもっているため、悪意を持った攻撃に脆弱であることが明らかになっている。こうした諸点を踏まえて、原発を恒久的なエネルギー供給手段と考えることがさらに難しくなっていることを十分に教訓化するべきであろう。

一方で、先の提言四で述べているように、日本でのこれまでの原発稼働によって蓄積されている高レベル放射性廃棄物の処分問題は、福島事故への対応とともに、将来にわたって避けて通れない課題である。学術会議は、東日本大震災前の二〇一〇年九月に内閣府原子力委員会委員長から「高レベル放射性廃棄物の処分に関する取組について」と題する審議依頼を受けた。依頼は、高レベル放射性廃棄物の最終処分が進むように、国民への説明や情報提供の在り方、地層処分建設予定地選定に向けた対象地域への説明や情報提供の在り方に関わる審議を求めたものであった[31]。しかし、東日本大震災によって、エネルギー政策・原子力政策に関する社会的合意形成、超長時間にわたる放射性汚染発生の可能性、発電による受益地と廃棄物処分地の分離に関わる問題に正面から取り組むことが不可欠という観点から、期間を延長して検討した結果、現状は直ぐに地層処分を行う状況にはないとして、暫定保管（国民的合意未形成の段階で超長期の保管場所と方法を決めない）と総量管理（高レベル放射性廃棄物の総量を増加させない措置をとる）からなる回答（提言）をまとめ、[32]さらに結論ありきではない合意形成の在り方について改めて提言を発した。[33]こうしたバックエンド問題が解決しない限り、高レベル放射性廃棄物を増加させる原発の稼働、新増設を進めるべきではないだろう。

1　後に本文でも触れるように、一九五三年一二月八日に行われた、アイゼンハワー大統領による国連総会での演説。
2　一般社団法人日本原子力産業協会「世界の原子力発電開発の動向」。
3　日本学術会議『日本学術会議二五年史』（一九七四年）「第一期報告」一五頁。
4　山崎正勝『日本の核開発：一九三九～一九五五――原爆から原子力へ』（績文堂出版、二〇一一年）一二七～一二九頁によれば、一九五二年六月頃、前田から学術会議側に示された。前田は戦後間もなく米国での科学技術政策の調査を行った。しかし、科技庁設置法の提案には、中央科学技術特別研究所は含まれていなかった。
5　伏見康治『時代の証言』（同文書院、一九八九年）二一七頁。
6　日本学術会議・前掲書三五頁。
7　日本学術会議・前掲書三六頁。
8　山崎・前掲書一二九～一四四頁。
9　伏見・前掲書二二五頁。伏見は以下のように述べている。「結果においてはこれは（三九委員会を設置し、哲学者（務台理作東京文理科大教授）を委員長に充てたこと（筆者注））まちがいであった。日本の哲学者は多かれ少なかれ講壇哲学者であり、カントやヘーゲルが何と言ったかはよく御存知であっても、現実の問題をどう考えるのかについては、案外無力であった。」続いて、「三九委員会の議論の中で私の頭に残っているのは、工学部の先生方が、原子力発電などは全く夢の中のもので、現実性がないとみなしていたことである。実際は原子力はもう物理学者の手を離れて工学者の手に移っていたというのに。」

10　中山茂・吉岡斉『戦後科学技術の社会史』（朝日選書、一九九四年）中の常石敬一「原子力研究・開発のスタート」七二頁。

11　山崎・前掲書一五五～一五六頁。伏見・前掲書二三一～二三二頁。

12　日本学術会議・前掲書五四～五六頁。

13　吉岡斉『新版　原子力の社会史』（朝日新聞出版、二〇一一年）八三～八四頁によれば、一九五五年八月にスイスのジュネーブで開催された国際連合主催の原子力平和利用国際会議（ジュネーブ会議）が開催された。日本からオブザーバーとして参加した政治家（原子力調査団国会議員団）は、中曽根康弘（民主党）、前田正男（自由党）、志村茂治（左派社会党）、松前重義（右派社会党）による超党派グループであった。彼らは、九月中旬に帰国するまで、欧米各地を視察した。その後、原子力平和利用のための諸法案制定のために協力して動くことになった。

14　武谷三男編『原子力発電』（岩波新書、一九七六年）。日本における原子力発電の導入期の動きについて、政府や学術会議執行部に批判的な観点から論じている。

15　制定時の原子力基本法第二条（基本方針）は以下である。「原子力の研究、開発及び利用は平和の目的に限り、民主的な運営の下に、自主的にこれを行うものとし、その成果を公開し、進んで国際協力に資するものとする。」

16　伏見・前掲書二四二～二四三頁で、「（学術会議の諸声明の中に、）放射能という言葉が現れていない。私はいささか不安になって、この年一九五四年秋の学術会議の総会で、春の総会の三原則声明を、対政府勧告の形にする作業の中で、放射能に関する項目を挿入するように、努力した。…（六）放射線障害対策に万全を期すること、…この（六）番目の項目を入れたことに注目して欲しい。」と述べている。

17 吉岡・前掲書七九頁。
18 吉岡・前掲書同頁。
19 「原子力白書（令和二年度版）」二六九頁。各国の二〇〇五年からの設備利用率が掲載されている。日本は福島事故前には六〇％台で、原子力発電所が一〇基以上立地するような主要国の中では下位であり、事故後は〇～数％となり、最も低くなっている。
20 設備利用率のデータは、IAEAが提供、日本のデータは、原子力安全基盤機構の原子力施設運転管理年報に詳しい（機構は二〇一四年に原子力規制庁に統合され廃止）。最新のデータは「原子力白書（令和三年版）」七九頁。
21 菅原慎悦、城山秀明「原子力施設をめぐる自治体関与の日仏比較分析」土木学会論文集六七巻四号、二〇一一年、四四一～四五四頁。
22 二〇〇三年電源開発促進法が廃止され、これを根拠としていた電源開発基本計画も廃止された。このため、電源開発基本計画が有していた意義・機能を承継するために、二〇〇四年九月一〇日に「電源開発にかかる地点の指定について」が閣議了解され、推進することが特に重要な電源開発にかかる地点については、電気事業者などの申請に基づき、経済産業大臣が「重要電源開発地点」の指定を行い、地元合意形成や関係省庁における許認可の円滑化などを図ることとされた。これに基づき、二〇〇五年二月一八日に「重要電源開発地点の指定に関する規程」が官報に告示、施行された。この中に、指定適合要件として、「所在地を管轄する市町村長の同意がある」、「知事意向に対する考慮がなされている」が含まれている。
23 日本学術会議「原子力船「むつ」をめぐる問題について（申入）」（一九七四年一〇月七日）。法改正に先立って、「原子力安全の全般的な問題解決のために（勧告）」（一九七四年一一月二〇日）を公表し、「科学的に見れば、いかなる実験も開発も絶対的に安全であるということはあり得ない。原子力の開発に際しては、常にこの認識に立って安全の確保についての徹底した措置がとられなければならない」という安全に対する考え方を示した。また、一九七七年には、「原子力施設等の事故情報の収集、整理、保存及び公表に関する体制の整備確立について（勧告）」（一九七七年一一月二一日）を公表し、情報の公開、研究・調査・発表に関する民主的な手続の保証を求めた。

24 日本学術会議、対外報告（二〇〇五年三月二三日）。

25 独立した四つの提言から成る。東日本大震災に際して海外アカデミーからも様々な支援が寄せられたので、この提言は英語版を作成して、HPにアップし、海外アカデミーへの情報提供にも使った。

26 日本学術会議・東日本大震災復興支援委員会放射能対策分科会「復興に向けた長期的な放射能対策のために――学術専門家を交えた省庁横断的な放射能対策の必要性（提言）」（二〇一四年九月一九日）。

27 東京電力福島第一原発メルトダウン事故以降、第二一期では原発事故関係で一四編の提言等を発出、第二二期に最初の一年間には、二三編の提言等を発出した。大西隆「日本学術会議における原子力問題への取組み」日本原子力学会誌五七巻三号、二〇一五年三月にそれぞれの提言等が対象とした事項を整理した一覧表がある。

28 日本学術会議・原子力利用の将来像についての検討委員会原子力学の将来検討分科会（委員長家泰弘）「発電以外の原子力利用の将来のあり方について（提言）」（二〇一四年九月二六日）。

29 基礎医学と工学関係からは、日本学術会議基礎医学委員会・総合工学委員会合同放射線・放射能の利用に伴う課題検討分科会「研究用原子炉のあり方について（提言）」（二〇一三年一〇月一六日）、臨床医学からは、日本学術会議臨床医学委員会放射線・臨床検査分科会「緊急被ばく医療に対応できるアイソトープ内用療法拠点の整備（提言）」（二〇一四年三月三一日）。

30 日本学術会議・原子力利用の将来像についての検討委員会原子力発電の将来検討分科会「我が国の原子力発電のあり方について――東京電力福島第一原子力発電所事故から何をくみ取るか（提言）」（二〇一七年九月一二日）。

31 地層処分とは、高レベル放射性廃棄物及びTRU廃棄物をガラス固化体キャニスターに格納して、三〇〇メートル以深の安定した地層に埋設し、数万年からそれ以上の時間をかけて放射性物質の安定化を図る案である。しかし日本における実施事例はない。

32 日本学術会議「高レベル放射性廃棄物の処分について（回答）」（二〇一二年九月一一日）。

33 日本学術会議高レベル放射性廃棄物の処分に関するフォローアップ検討委員会「高レベル放射性廃棄物の処分に関する政策提言――国民的合意形成に向けた暫定保管（提言）」（二〇一五年四月二八日）。

第四節　自然災害

自然災害に対する防災・減災の取組も学術会議にとって重要な領域である。様々な自然災害に対して、観測、予測、予報などを通じた災害現象そのものの解明に加えて、予防、避難、復旧、復興などの対策と結びつける研究も進んできた。つまり、地震、津波、台風、風水害、火山活動等の自然災害の多発国として、必然的に発展してきた領域が災害・防災研究であった。

学術会議にとってこの分野が特別な意味を持っているのは次の二点である。第一は、日本の学術界は、明治期に地震に関する科学的研究を通じて国際舞台へデビューしたという経緯があり、それ以来最先端の研究体制を構築して成果を上げることが世界から期待されてきたことだ。第二は、近年では、防災の領域で、学術会議と関連諸学会とが緊密に連携する組織が形成され、二〇〇五年法改正以降会員選考に関する学協会の役割が縮小したことによって全般に希薄になり勝ちと指摘される学術会議と学協会の連携を再び深める活動の先例となっていることから、学協会との協働という意味で防災分野の活動が注目されていることである。まず、第一にあげた点に関連して、歴史を振り返ることから始めよう。

①　自然災害と学術

明治初期には、維新政府の方針でいわゆる御雇外国人学者が西洋発の学問の移入、浸透、発展を支えた。[1] 外国人学者といっても、来日後、長く滞在し学問の伝播に貢献したのは大学を出たばかりの若手研究者が多かったようだ。そうした外国人学者が関心を持った日本での研究テーマが地震であった。このため地震学においては、比較的短期間に日本の研究水準が世界から注目される段階に達することになった。日本地震学会が創設されたのは一八八〇（明治一三）年四月で、八一年当時会員数は一一七名、そのうち日本人三七名、在外会員一八名、残りの六二名は日本に在住した外国人とある。[2] 地震の観測記録は昔から様々な形で残されていたが、地震計による観測は、オランダ人宣教師フルベッキ（一八三〇～一八九八年、Guido Herman Fridolin Verbeck）が布教のため来日後、御雇外国人学者となり、七二年に自作の装置で行ったのが嚆矢とされ、七三年にはイタリア製のパルミエリ地震計が取り寄せられた。地震観測の動機となったのはやはり地震体験である。明治時代には浜田地震（七二年三月一四日島根県浜田市付近、M七・一、死者五五二人、以下災害データは内閣府資料）、濃尾地震（九一年一〇月二八日、M八・〇、死者七二七三人）、庄内地震（九四年一〇月二二日、M七・〇、死者七二六人）、明治三陸沖大地震（九六年六月一五日、M八・二強、死者二一、九五九人）等の、死者が五〇〇人を超すような大地震が起こった。被害が最も大きかったのは、明治三陸沖大地震に伴う津波によるもので、死者は二万人を超えた。地震による直接的な被害が大きかったのは、濃尾地震と庄内地震であった。

地震災害に対応させると、外国人による地震観測が始まったのは浜田地震の後、日本地震学会が設立されたのは八〇年二月二二日に横浜地方を襲った横浜地震（M五・九、死者二名）後であった。横浜地震の規模はそう大きくなかったものの外国人居住地区の近くで起こったために、外国人学者にも衝撃を与え、地震研究への関心を高めたとされる。[3] 学会の初代会長には、後に明治三陸地震津波の際に岩手県知事として復興に尽力することになる服部一三（一八五一～一九二九年）が就き、研究者として精力的に活動したのは、ジョン・ミルン（一八五〇～一九一三年、John Milne）、関谷清景（一八五五～一八九六年、ミルンの弟子、理科大学・東京大学で初代の地震学講座教授となった）、大森房吉（一八六八～一九二三年）等であった。学会は地震を予知する方法を解明することによって地震による被害を軽減することを目的に、地震計の作製や種々のデータ収集に当たるとともに、日本地震学会輯報等を刊行した。戦中・戦後の地震研究をリードした一人である萩原尊礼（一九〇八～九九年）は、「(明治の) 日本地震学会の時代は、いわば日本の地震学、さらには世界の地震学の黎明期ともいうべきものであった。」と述べている。[4]

次のステップは東京でも強い揺れを感じた一八九一年の濃尾地震を機に訪れた。[5] 帝国大学理科大学の教授として大学から派遣されて現地調査にあたった田中舘愛橘は、帰京後、菊池大麓（一八五五～一九一七年、理科大学長）に「地震そのものに対しては何とも致しようがないとしても、それから生ずる災害は、これを軽減する予防策を研究するのは国家として大切なことであるから適当な研究機関を創立したいものだ」[6] と話したという。当時、貴族院議員でもあった菊池はこれに賛同し、提案をまとめて帝国議会に建議した。これが採択され、一八九二年に、地震を予知する方法の有無の研究、地震被害を軽減する建物材料・構造の研究、地震の多い地域の解明等を目的に国による総合的な地震調査・研究を進めるために文部省所管の地震予防調査会が設立されることになった（日本地震学会は解散）。調査会（会長一名、幹事一名、委員二五名）には、加藤弘之（一八三六～一九一六年、東京帝国大学総長、会長）、理科大学の菊池大麓（幹事）、小藤文次郎（一八五六〜一九三六年）、関谷清景、田中舘愛橘、長岡半太郎（一八六五〜一九五〇年）、田辺朔郎（一八六一〜一九四四年）、大森房吉、古市公威（一八五四〜一九三四年、土木工学、理科大学）、工科大学等から辰野金吾（一八五四〜一九一九年、建築学、工科大学）、巨智部忠承（一八五四〜一九二七年、農商務省技師、地質学）、中村精男（一八五五〜一九三〇年、気象学。中央気象台）、さらに内務省土木局、農商務省等からの委員が参加し、ミルンも嘱託となった（しかしミルンは直ぐに辞職）。調査研究内容は、地質学・地球物理学、建築や土木等の専門領域にわたるもので、地震・津波・火山噴火・傾斜変動・地盤の記録収集、地震動・地温・地磁気・重力・地下温度・地電流等の観測・研究、耐震家屋の設計や試験等の合計一八項目を掲げて取組んだ。[7] また、この頃には、御雇外国人は日本人指導者を育てる役割を終えて帰国し始め、地震研究の分野の専門家としては長く日本に滞在したミルンも九五年にイギリスに帰国したので、震災予防の研究活動を中心となって進めたのは日本人研究者、中でも、大森房吉と今村明恒（一八七〇〜一九四八年）であった。特に大森は、地震計の開発、データ収集とその分析で実績をあげ、地震予防調査会の出版論文等（地震予防調査会報告、同欧文報告、同欧文紀要、同欧文観測録）の約四割に名を連ねており、まさに中心研究者であった。[8] 次いで多数の論文に関わった今村は、関東大震災の発生を警告したことで名を上げた。

この他、明治期の地震研究においては前述の関谷や寺田寅彦等が著名であり、外国人としてはフルベッキ、ユーイング（一八五五〜一九三五年、James Alfred Ewing）、メンデンホール（一八四一〜一九二四年、Thomas Corwin Mendenhall）、ミルン等が地震に関心を持ち、計測機器・方法、データ取集や分析、理論化に注力した。そして、地震予防調査会にみられるように、予知と被害軽減という目標に向けて、地震学者だけではなく、理学や工学の多くの分野の研究者が参加して成果を上げたことは記憶されるべきことであろう。これを支えることになった日本地震学会及び地震予防調査会がとった研究スタイルは、実際の地震を対象にした実証を重視する科学的アプローチであり、欧州におけるような地震を地球の活動の一環としてみる地球物理学的なアプローチとは異なる地震国ならではの特色を持つものであった。[9]

関東大震災（一九二三年九月一日、死者一〇万人余）で未曾有の被害を体験して、地震災害研究を強化する必要から、震災予防調査会が発展的に解消したのは二五年一一月であった。新組織は、研究を担当する地震研究所（東京帝国大学附置研究所）と、文部大臣の諮問に応じて震災予防に関する重要事項について関係大臣に建議する機関として発足した震災予防評議会（第二次世界大戦中に廃止、その後財団法人震災予防協会として二〇一〇年まで存続）とに分かれた。このうち地震研究所は、地球物理学的観点を含む理論的なアプローチをも強めた総合的な研究機関として発展し、国際的な地震研究の拠点として現在に至っていることはよく知られている。

ここまで、明治以降、学術会議が発足する第二次世界大戦直後まで、日本の自然災害に関わる研究・対策を、地震を中心に概観してきた。このおよそ八〇年間における自然災害による被害（特に人的被害）は、地震と、それが引き起こした津波によるものが顕著であった（前述した明治期の地震に続いて関東大地震、鳥取地震、東南海地震、三河地震、昭和三陸地震津波等）。このため、災害に関わる研究関心も地震に置かれることになった。加えて、初期に研究をリードしたのが御雇外国人であったことも、彼らが母国（欧州・米国東部等）であまり体験したことのない地震に関心を持ったという点で組織的な観測や解析を通じた科学的な地震研究を促すことになった。しかし、他の自然災害がなかったわけではない。火山噴火では、磐梯山噴火（一八八八年）、桜島噴火（一九一四年）、十勝岳噴火（二六年）があった。また台風による風水害としては室戸台風（三四年）、枕崎台風（四五年）、さらに神戸大水害をもたらした豪雨（三八年）等が記録されている。これらのうち、室戸台風や枕崎台風は、三千人を超える死者が出るような大災害であった。しかし、大地震やそれが引き起こした津波による犠牲者は万の単位になったこともあり、地震への関心が高くなったともいえよう。

この時期の国際活動についてである。欧州の科学者が、日本での学術研究活動が急速に発展していることを知ったのは、日本における地震学の発展を通じてであった[10]。地震学の基礎を構成する測地学の分野では、田中舘と木村栄（一八七〇〜一九四三年）が、一八九八年にドイツのシュツットガルトで開催された万国測地学協会の第一二回総会に出席している[11]。そこで、北緯三九度八分の地点を世界で六ヶ所選んで緯度観測所を設置することが決まり、日本の水沢市（岩手県）も含まれた。木村は、その後、同所の所長として水沢に四一年間在職し、その間一五年間は中央局として国際データの取りまとめに当たった。木村は、水沢での初期の研究でｚ項を発見したことで知られる[12]。こうした蓄積の上で、第二章でも触れたように、一九〇四年のＩＡＡ第二回総会では、万国地震学連合や万国地質連合等の国際組織が中心となって地震学・地質学観測拠点のネットワークを設けることが議論された。これがきっかけで、帝国学士院がＩＡＡに参加することになり、国際舞台へのデビューを果たしたのである。[13] 現在では、防災分野での国際活動はＩＳＣ（国際学術会議）に設置されている災害リスク統合研究（ＩＲＤＲ）への積極的な参加という形で継承され、林春男さん（防災科学技術研究所所長）や小池俊雄さん（水災害・リスクマネジメント国際センターセンター長）が内外の研究活動のリーダー役を果たしている。

② 防災体制、耐震教育研究への関わり

学術会議設立後の防災活動に話を進めよう。学術会議は、防災に関して政府における防災体制の整備や地震対策、とりわけ耐震技術の教育研究によって被害の低減を図るべく政策提言を行ってきた。その最初のものは、防災に関する総合調整機関の設置申入（一九五〇年五月）であり、同趣旨の勧告が五九年にも行われた。[14] これらの申入や勧告との直接的なつながりははっきりしないものの、国は六一年に災害対策基本法を制定し、首相を議長とする中央防災会議を中心とした国・都道府県・市町村、さらに関連行政機関を含んだ災害対策体制を整えた。学術会議の求めていた防災に関わる恒常的な総合調整機能は、当初、総理府官房審議室に置かれたが、七四年に国土庁が発足した際に、同庁長官官房災害対策室に移され、その後、八四年に同庁に設置された防災局に移された。[15] 国土庁は二〇〇一年の省庁再編によって廃止されたため、防災行政は内閣府に移され、それ以降、内閣府防災担当が担っている。[16]

防災行政は、防災研究と同様に大規模自然災害の体験に応じて強化されてきたといえよう。第二次世界大戦の末期には昭和東南海地震・津波（一九四四年一二月七日）、三河地震（四五年一月一

三日）、敗戦後も昭和南海地震・津波（四六年一二月二一日）、さらに福井地震（四八年六月二八日）等といった一千人を超す死者を出した地震災害が立て続けに起こった。また、台風による風水害も続き、特に、五九年に五千人を超える死者を出した伊勢湾台風（五九年九月二六・二七日）が襲来したことが直接のきっかけで、災害対策基本法が制定され、防災体制が強化されることになった。国土庁に防災局が新設された八四年に向けては、伊豆大島近海地震（七八年一月一四日、死者二三名）、宮城県沖地震（七八年六月一二日、死者二八名）、日本海中部地震・津波（八三年五月二六日、死者一〇四名）等のM七・〇を超える地震が頻繁に起こっていたのに加えて有珠山の噴火（七七年八月から）や三宅島の噴火（八三年一〇月）等も起こり、社会不安が高まっていた。

こうして、災害の頻発とともに、対応する国等の機関も次第に拡充されていった。防災関係の実働人材は消防、警察、自衛隊、海上保安庁等に及び、また災害の起きる可能性がある地域や施設の管理という点では、火山はもとより、治山治水、海岸、急傾斜地等の観測・監視・安全確保を所管する担当行政は多岐にわたり、それらの調整や基本政策を担うのは、現在では内閣府防災担当となっている。しかし、総理府から始まって、担当部署が頻繁に動いてきたこともあって、防災における司令塔機能が何処にあるのかを国民が認識し難いうえ、〝防災担当〟という恒久性が感じられない名称となっていることなどから、国民の生命財産を守ることに直結するような行政実務の取りまとめを、より存在感のあるものとすることはなお課題として残っているように思う。

地震そのものは自然現象で避け難いとしても、人間が利用する構造物を地震の揺れに耐えられるものとすることは重要な研究領域であり、そのための耐震工学は、先述のような地震への強い関心を背景に、個別の学術分野という枠を超えて学術会議が取り組んできたテーマである。明治期の地震予防調査会の活動に関わり都市建築物の耐震設計で多くの研究成果を上げた佐野利器（一八八〇〜一九五六年）らの活躍によって、耐震設計理論においては日本に優れた研究蓄積ができていた。これをもとにして、学術会議は、六〇年には、「国際地震工学研修所」の設立を求める勧告を行った[17]。さらに、主要な建築物や地点に強震計（一定レベル以上の地震動で記録を開始し、強震でも記録可能な地震計）を設置し、データの集約・分析を総合的に行える体制構築、耐震工学研究の強化拡充等を求める一連の勧告や要望、あるいはより広く自然災害科学研究体制の拡充強化を求める勧告等をまとめ、成果を得てきた[18]。

国際的な研修所については、一九六〇年に勧告が出されたのは、第二回世界地震工学会議が東京で開催された機会であり、会議において地震災害が予想される途上国の若手研究者に対する地震工学研修の必要性が認識されたことを受けて、日本での研修が始まった。その後、建設省建築研究所に国際地震工学部が設置され、ＪＩＣＡやユネスコとも協力しながら研修事業が発展してきた。現在では、国立研究開発法人建築研究所内の国際地震工学センターとなって、通年コース、短期コースなどを組み合わせた研修が行われている。

また、強震計についても、気象庁、防災科学技術センター（現防災科学技術研究所）等による設置が進み、全国的な観測網や高層ビルやダムなどにおける観測体制が整えられている。その他、自然災害に関わる研究体制も大学や国関係の研究機関を中心に整えられてきたといえよう。様々なタイプの自然災害が発生し、人的被害を引き起こしてきたことへ対処しつつ、自然災害の観測や研究が次第に発展し、その過程で、学術会議も勧告などを通じて役割を果たしてきたことになる。

③　東日本大震災と学術の反省

災害が現実に起これば、事前対策、救命救急、復旧から復興までの様々な課題が現れ、それに対応する学術的な検討が求められることになる。一九九五年一月に起こった阪神淡路大震災、そして二〇一一年三月に起こった東日本大震災は、まさにこれまでの都市や地域における人工物の作られ方、それを導いた制度やそれを支えてきた学術的な裏付けに根底から疑問を投げかけ、再考を求める契機となった。

二〇一一年三月一一日に起こった東日本大震災に際して学術会議は組織をあげて対応するべく議論を興したことは序章（はじめに）や本章第三節で述べた。その結果が、東日本大震災対策委員会の七次にわたる提言、分科会や個々の委員会等からの提言といった幅広い活動となって表れた。同年一〇月から始まった第二二期にもこの活動は引き継がれ、新たに発足した東日本大震災復興支援委員会や、個別の委員会等によって、多数の提言等が公表されていった。それらは合計で五〇編以上となり、内容をみれば、原子力発電所事故や放射線対策に関わるものが全体の半分近くを占めており、原子力平和利用や安全性に深く関わってきた学術会議の関心の方向が示されている（［図1］）。それ以外のテーマにおいても、被災地の復興に関わる水産業を始めとする産業や雇用の復興、復興過程における男女共同参画、暮らし、社会、コミュニティの再建といった多様な視点で議論が深められた[19]。切り口は様々であったが、通底していたのは津波と原発事故によって地域社会が大き

［図１］ 学術会議21·22期 震災関係提言·報告内訳

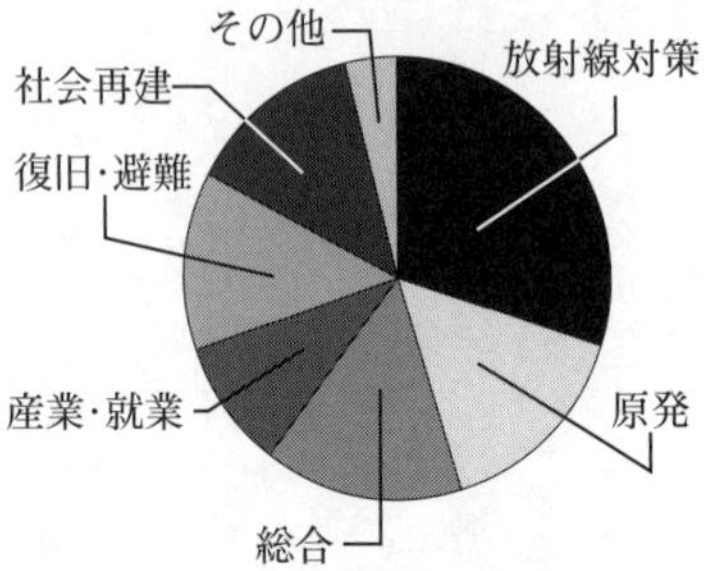

日本学術会議公表データより大西作成

な被害を受けたことに対する科学者・研究者としての衝撃と反省であったと思う。つまり、科学技術の発達が可能とした原子力発電所、あるいは臨海部の港湾、産業地帯、住宅地等の土地利用と地震津波による被害が関連していることを感じざるを得なかったのである。

なかでも重大事故を起こすはずがないとされてきた原発が深刻な事故を起こしたことは最大の衝撃であったが、それ以外にも、これまでに何度も津波に襲われてきた三陸沿岸のまちを守るために構築されてきた防潮堤や防波堤がことごとく破壊されたことも大きな衝撃であった。科学や技術を利用した成果に対する過信が自然災害を克服できるという意識を生み、結果として危険な状態が放置されていたからである。岩手県から福島県の海岸は、古くは貞観地震津波（八六九年）、慶長地震津波（一六〇五年）に襲われた記録がある。被害や復興過程が文書等で残されている明治以降でも、一八九六年に起こった明治三陸地震津波の際に壊滅的な被害を受けた集落は少なくなかった。この時期の復興について、例えば以下のような記録がある。

「かくの如き大災害に対して、当時（一八九六年、筆者補足）国費をもって施行せられし復旧並びに浪災防護施設の無きは勿論、部落に於いて個人的の努力に依る対策すら殆ど講ぜられざりしに等しき状態」（内務省官房都市計画課「三陸津波に因る被害町村の復興計画報告書」一九三四年）

結局、築堤事業や集落移転等を実施するまでの国力はなかったので、自力（村営事業や組合事業、あるいは集落の自力）で高台に集落を移した事例[20]を除けば、従前の場所での集落再建が進んだ。

一九三三年の昭和三陸地震津波では、明治の津波と同じような地域で被害が発生し、再来に備える観点からの組織的な復興事業が初めて行われた。その方法は、主として高台移転や盛土であり、国庫補助や低利融資を活用して事業が進められた。漁業や水産業を中心とした地域なので、港から離れておらず、海を眺められる場所を居住地にするといった条件を付けて高台の適地を探したり、盛土によって高さを稼ごうとしたのである。高台への集落移転を中心とした事業は、一年後には主要な被災地である宮城県で二一・三ヘクタール、岩手県では二八・九ヘクタールで竣工したというから[21]、東日本大震災後の高台移転事業よりもかなり速いペースで実施されたことになる。しかし、高台生活の不便さなどから、いったんは居住地としては放棄された低地に住宅が建ち始めるという緩みが起こった。一部の地域では低地部での住宅建設に建築規制をかけたり、津波被害の危険を伝える碑を設けて安易な開発を戒めたが、低地部の居住地利用に歯止めをかけることはできなかった。

低地部利用をさらに促すことになったのが、チリ津波（一九六〇年）の経験であった。チリ地震はM九・五と観測史上世界最大級のものであり、三陸海岸の大船渡や南三陸では大きな津波被害が出た。しかし、震源地が日本から離れていたので、明治・昭和の三陸津波に比較すれば三陸海岸の多くでは津波高は低かった。津波がそれほど高くなかったところでは、既設の防潮堤等が効果を発揮し、被害を防いだ例もあった。こうした経験に加えて、六〇年という日本の高度成長期にあって、科学技術力を始めとした国力が増大していたことから、復旧・復興事業において(例えば、チリ地震津波対策特措法による事業)、海岸堤防、河川堤防、防波堤、防潮堤、防潮林、水門等が整備されていった。これらの事業で施設整備の基準となった津波高はチリ地震津波のものであり、多くの地域では明治・昭和の三陸地震津波より低いものであった。戦後にできた建築基準法第三九条に基づく災害危険区域による建築規制が適用される例もあったが(宮城県志津川町、現南三陸町)、海岸沿いの限定された地域にとどまった[22]。また、防潮堤などの整備は、その背後地は安全であると期待させることになり、開発・利用を促すことにもなった。

そして、昭和三陸地震津波やチリ地震津波後の高台移転、盛土、防災施設やその背後の土地利用が東日本大震災で厳しい試練を受けることになった。その結果、高台移転が完全に効果を発揮したのは十分な高さがあり、低地での住宅立地を認めてこなかったごくわずかの事例に限られた。多くのケースでは、高台部分は被災を免れたものの低地部の住宅が被害を受けたり、高さが不足して高台の居住地そのものが被害に遭った。また防潮堤や盛土によって集落を守ろうとした地域はことごとく被害に遭った。例えば、宮古市の田老地区は、明治、昭和の三陸地震津波で二度にわたって大きな被害を出した。しかし、適当な移転先となる高台を見出せなかったことから、高さ一〇メートルの防潮堤を二重に張り巡らして防護する道を選んだ。壮大な防潮堤の様子は津波対策の先進例として紹介されることも少なくなかった。しかし、今回の津波では、外側の防潮堤は破壊され、内側の防潮堤は津波に乗り越えられたため、多大な人的被害と家屋の流出を免れなかった。

このように、東日本大震災では、三陸地域が明治以降三度の地震津波の経験から培った防災対策をもってしても効果を発揮できずに大きな被害を受けたのである。政府の東日本大震災復興構想会議の提言も、そして学術会議の主要な提言も、「防災対策」への過信を戒め、減災の考え方の重要さを述べている。東日本大震災復興構想会議の提言には、「「減災」の考え方に基づけば、これまでのようにもっぱら水際での構造物に頼る防御から、「逃げる」ことを基本とする防災教育の徹底やハザードマップの整備など、ソフト面の対策を重視せねばならない。」とある。[23] また、学術会議の提言は、「東日本大震災からの復興は、これまでの災害からのそれに比べても特別な難しさを伴っている。それは、津波被災地では、被災した場所での原状復旧では、将来再び津波に襲われる危険があるため、如何に将来の安全を確保して復興するのかが課題となるからである。このため、将来の災害においても、防波堤・防潮堤などの防災施設と、安全な場所でのまちづくりと、避難によって、人命を守り、物的被害を軽減する減災の考え方に基づいて、復興のためのまちづくりを進めることが重要である。」と述べている。[24] いずれも、防潮堤や防波堤などの人工物による災害対策は想定した災害規模から人々を守るためのものであり、起こり得る自然現象のすべてに対応できるものではないはずが、投じた費用や、事業に費やした時間や労力に見合った効果への期待が強まるあまりに、安全神話が生じる隙があることに注意を促している。したがって、東日本大震災からの復興では、自然災害に予め定まった限度がある訳ではないことを前提に、防災施設による防御、安全な土地利用、特に住居の安全確保、さらに避難路と避難場所を確保して逃げるという重層的な安全対策をとることが必要である。

④ 防災学術連携体

東日本大震災を通じて学術会議が教訓として導いたことは、自然現象に謙虚に向き合い、科学や技術の力を過度に信頼しないこと、そして専門化され、細分化された科学や技術の領域を減災という観点から統合することの重要さであった。専門性が細分化されていけば、個々の現象の解明には有効性があるものの、特に、要因の複合的な大規模な災害においては、全体像を見失いがちという問題が生ずる。災害の全体像を把握するには、個別現象を統合的に理解する体制構築が不可欠である。こうした統合の試みの成果が、現在では六〇以上の学協会が会員として参加している防災学術連携体である。二〇一六年一月からの任意団体としての活動期間を経て、二一年一月に一般社団法人となった際には、「防災減災・災害復興の推進には地震、津波、火山、活断層、地球観測、気象、地盤、耐震工学、耐風工学、機械制御工学、水工学、火災、防災計画、防災教育、救急医療、看護、環境衛生、都市計画、都市漁村計画、森林、海洋、地理、経済、情報、エネルギー、歴史、行政など、多くの研究分野が関係する」とし、学術は専門分化が進み、全体を統合する力が弱くなっているため、「防災学術連携体は、高まる災害外力から国土と生命を護るために、学会を超えて議論し、学会間の連携を深め、防災減災・災害復興に関わる諸課題に取り組む」と述べている。[25] 防災学術連携体設立に向けては、東日本大震災に関する学協会連絡会による連続シンポジウムが、二〇一一年一二月から一六年一月まで四年余りにわたって合計一一回、学術会議の主催で継続的に開催されてきた。そして、第一一回目のシンポジウムの日に防災学術連携体という新たな組織の結成総会が行われた。発足時、四七学協会によって構成された新組織の代表幹事の一人には、これらの連続シンポジウムを牽引してきた和田章さん（建築構造学）が選出された。

発足早々に、新組織の有効性が試されることになった。二〇一六年の四月一四日と一六日に熊本を中心に連続して震度七クラスの大地震が起こり直接死五〇名の被害を出したのである。地震の回数としては一六日をピークに五〇〇回以上を数え、被害拡大の懸念もあったこの連続地震への関心は強く、様々な意見が交わされることになった。地震の発生メカニズムから、被害の構造、さらに救助救援から復旧復興に至るテーマについて、それぞれの関連学会の研究者が防災学術連携体主催の記者会見や報告会に出席し、データや現場の状況観察に基づいて議論の基盤となる見解を示すことによって、いたずらに論点が拡散することを防ぐことができたとされる。その後も、一七年の九州北部豪雨、一八年の西日本豪雨、一九年の夏に連続的に発生した九州北部の集中豪雨や台風一九号・二一号、さらに二〇年七月の九州から中部地方の豪雨と、毎年のように襲う自然災害に対して、総合的に論ずる報告会等を実施してきた。このように種々の研究分野の研究者の協力によって災害の全体像を解明することが不可欠な状況において、すでに実質的に一〇年以上にわたって実績を積んできた防災学術連携体は大きな力を発揮し始めている。

もう一つ防災学術連携体の活動で重要なのは政府防災機関との連携である。政府系の種々の防災行政機関の連絡調整役を担っている内閣府防災担当は、防災推進協議会や防災推進国民会議を組織して、防災減災の取組における関係組織の連携を図るとともに、二〇一六年から毎年防災推進国民大会を開催して防災・減災の考え方や行動の普及・啓発に取組んでいる。防災学術連携体と学術会議は学術研究団体として防災推進国民会議の構成員になり、防災国体にも積極的に参加してきた。加えて、政府との連携という観点で、毎年、防災学術連携体が中心となって学術会議・学協会・府省庁連絡会議を開催し、防災制度や行政の最新の動向の把握に努めるとともに、学術的見地から意見を述べたり最新研究成果に関わる情報提供を行う機会としている。

このようにして防災学術連携体は次第に防災減災分野の学術団体として存在感を高めてきている。その構成員ともなっている学術会議にとっても、防災学術連携体は格別の意味を持つ組織である。その理由は、過去に比べて学協会との結びつきが希薄になっていると指摘される現在の学術会議にとって、学協会との結びつきを強めることは最重要テーマの一つだからである。過去二度の法改正で、会員選考の直接選挙制と学協会からの推薦制が廃止されたことによって、様々な学協会に属する科学者・研究者と学術会議との結びつきは希薄になりがちになった。日学法では、「わが国の科学者の内外に対する代表機関」（日学法第二条）と謳ってはいるものの、代表であることを保証するような制度上の裏付けが弱くなっていることは否めない。現在も、会則で規定された「日本学術会議協力学術研究団体」（日本学術会議会則第三六条）があり、約二千の学協会が承認されている。学術会議は協力学術研究団体と緊密な協力関係を持つものとされ、普段の活動における協力や、会員や連携会員の候補者に関する情報提供を受けたり、各委員会の審議に協力してもらうとされている。ただ、会員・連携会員選考でも情報提供者という位置づけであり、選挙権を有しているわけではなく、登録された組織として会員推薦に関わるわけでもない。日常活動においても、かつての研究連絡委員会のように分野ごとの登録された有力学協会から委員が選ばれるといった制度も存在しない。もちろん、本書でも詳しく見てきたように、学協会と学術会議の関係は様々な出来事や議論を経て現在の関係に至っているのであり、容易に変更できるわけではないだろう。そうであれば現行制度の下で、両者がより緊密に連携する方法がもっと模索されてよいはずだ。現状でも、学術会議会員の中には、それぞれの専門分野においてリーダーとなっている研究者が多いのに加えて、審議には、連携会員としてそれぞれの専門分野での最新の知見を持つ研究者に参加してもらうための努力が行われているとしても、学協会とのさらに緊密な連携に注力する必要がある。また逆に、例えば、研究者の倫理といった問題では、学術会議での議論が広く学術界で共有されることが望ましい。こうしたことから、会員選考がコ・オプテーションとなっている現行制度の下で、如何にして学協会と学術会議との結びつきを強めるのかは、学術会議にとって現在でも大きな課題である。

したがって、防災減災という、総合的であるとはいえ個別の研究領域において、学術会議が防災学術連携体を得たことは、今後、より多くの分野における学協会との連携を強める上で大きな価値がある。現在防災学術連携体の代表幹事で、学術会議側の責任者でもある米田雅子さんは、「未知の自然災害、複合災害に備えるには、多くの学会の協力が欠かせず、異なる分野の専門家が集まり、知恵を結集して考えることが重要である。今後は、防災学術連携体の組織を強化して、学会間・政府・自治体の情報共有と相互理解を進めるとともに、統合的な研究を育てていく」[26]ことの必要性を述べている。

⑤ 緊急事態における学術会議の活動

科学の研究者は、功を焦るのではなく、反証を検討し、再現性や理論との整合性を十分に確認して成果を公表する、という訓練を受けてきている。このため、多数決での決定を急ぐのではなく、十分に時間をとって審議を尽くすことに重きを置くことになる。時にこの点が、意思決定が遅いという批判を受けることになってきた。特に、二〇〇五年改革前は、総会主義といわれたように、対外的な公表文書の多くが総会で決定されていたため、年二回の総会に合わせるとタイミングが遅れる場合が生じた。このために政府などからも批判を受ける場合があった。現在は、毎月開催される幹事会に学術会議としての多くの意思決定が委任されているので[27]、意思決定に時間がかかるという批判は強いものではなくなっている。しかし、自然災害等の突発的な出来事に関連して科学的な観点からのメッセージの発出が必要な場合には、対応する専門分野の会議体の発足から、取りまとめの決定に至る過程に当該委員会と幹事会での意思決定が必要となり、事態の進行に即応できない場合も起こり得る。事例として、大規模の自然災害、あるいは感染症の大流行等が考えられ、これに対応して、第二二期には、「緊急事態における日本学術会議の活動に関する指針」（一四年二月、幹事会決定）を定めて、緊急事態と宣言した場合には、幹事会メンバーと当該事態に関わる専門家等からなる委員会を設置して、幹事会と委員会との意思決定の重複を避けて迅速化を図ることにした[28]。また第二四期には危機対応科学情報発信委員会（一九年二月）を設置して、緊急時に関連した科学情報を発信できる準備をする体制を整えた。

本章で述べたように、東日本大震災、放射能汚染という形で災害そのものが長期に及んだ原発事故に対応して、学術会議が多数の科学的情報をかなりのスピードで発信した実績を踏まえれば、自然災害など、科学的な見解が求められる緊急事態への迅速な対応も可能といえよう。ただ、緊急時には、政府が一元的に情報を集約することになるから、学術会議は、政府からの情報提供も受けながら、科学的助言を行うという立場に立つことが必要となる。しかし、現状では、政府と学術会議の関係は、必ずしもこうしたことが円滑に進むようになっているとは言い難い。

その理由は、政府が専門家からなる審議会等を設けてアドバイスを受けながら政策決定を行うことが長年行われてきたことから、緊急事態に応じても、事態に対応して専門家からなる組織体を設けてアドバイスを求めることが通常になっているからである。例えば、二〇二〇年からの新型コロナウイルス感染症対策でも、厚生省や内閣府はこうした専門家組織を、実質的には新たに設置してきた。東日本大震災の場合には、災害の進行中には専門家の組織を設置することはなかったが、復興過程では様々な専門家会議が政府によって設置された。[29] したがって、学術会議は、こうした必要に応じて設置される専門家会議との役割分担の観点から、最新情報をもとに審議に当たり、即応的な対策を提言する政府設置の専門家組織に対して、より総合的、俯瞰的な観点から対策の弱点を指摘したり、長期的なスタンスからの対策の総合性を補う助言を行う役割を果たすよう努めるべきではないか。そのために防災学術連携体の活動は優れた先例となろう。

1　ユネスコ東アジア文化研究センター編『資料　御雇外国人』（小学館、一九七五年）によれば、明治期（初年から三〇年間程）の御雇外国人は二六〇〇人程で、イギリス、アメリカ、フランス、中国、ドイツ、オランダからが全体の九〇%を占めていた。あらゆる分野に及んだが、学術教育分野が最も多かった。

2 現在の日本地震学会によれば、一八八〇年設立の日本地震学会は一八九二年に解散し、一九二九年に新たに地震学会が創立され、一九九三年に日本地震学会と改称され、その後公益社団法人日本地震学会となって現在に至る。

3 宇佐美龍夫「わが国の地震学の歩み」地震第三四巻特別号、一九八一年、五頁。

4 萩原尊礼「各研究機関の歴史、日本地震学会」地震第三四巻特別号、一九八一年、一三五〜一三六頁。

5 大八木規夫「自然災害とその研究史」地学雑誌一〇〇巻一号、一九九一年、八四頁

6 中村清二『田中館愛橘先生』（中央公論社、一九四三年）九六〜九七頁。

7 萩原尊礼「震災予防調査会」地震三四巻特別号、一九八一年、一三九〜一四〇頁。

8 宇佐美・前掲書一二頁。

9 宇佐美・前掲章二〇頁。

10 ミルン等が日本での地震学の発展を紹介していた。Greenaway "Science International, P5.

11 田中舘は、明治後半から四〇年近くにわたって、地球物理学関係、国際学術団体、航空、度量衡等様々な国際会議に出席し、日本代表として活躍した。彼の第一回の国際会議がこの万国測地学協会総会であった。

12 中村・前掲書第三篇第四節「緯度変化」。木村栄は、z項の発見で第一回文化勲章受章者のひとりとなった。

13 国際組織への関りについては、中村・前掲書第二章参照。

14 日本学術会議「防災に関する総合調整機関の設置について（申入）」（一九五〇年五月六日）。日本学術会議「防災に関する総合調整機関の常置について（勧告）」（一九五九年一一月五日）。

15 国土庁『国土庁史』（二〇〇〇年一一月）八四頁。

16 内閣府設置法第四条。

17 日本学術会議「国際地震工学研修所の設立について（勧告）」（一九六〇年一一月四日）。

18 以下何れも日本学術会議による文書。「耐震工学研究の強化拡充について（勧告）」（一九六四年一一月一七日）。「耐震工学研究の強化拡充に関する勧告の実施について（要望）」（一九六五年六月九日）。「自然災害科

学研究の拡充強化について（勧告）」（一九六七年一一月一〇日）。「建造物の震害防止に関する研究促進について（要望）」（一九七一年一〇月二二日）。

19　以下何れも日本学術会議による提言。いくつかのタイトルを上げておくと、「東日本大震災から新時代の水産業復興へ」、「救済・支援・復興に男女共同参画の視点を」、「東京電力福島第一原子力発電所事故による長期避難者の暮らしと住まいの再建に関する提言」、「『ひと』と『コミュニティ』の力を生かした復興まちづくりのプラットフォーム形成の緊急提言」、「大震災の起きない都市を目指して」等である。

20　宮城県大谷村大谷（現気仙沼市大谷）、岩手県鵜住居村箱崎（現釜石市鵜住居）、岩手県船越村船越（現山田町船越）等。

21　内務省官房都市計画課「三陸津浪に因る被害町村の復興計画報告書」（一九三四年三月三一日）四八～五〇頁。

22　宮城県本吉郡南三陸町（当時の志津川町）では、建築基準法三九条による災害危険区域を定めた「志津川町災害危険区域設定条例」（二〇〇五年一〇月一日）ができ、区域内で住宅建設が禁止された。ただ、この段階では規制区域は海岸沿いの限定された区域にとどまった。

23　東日本大震災復興構造会議「復興への提言――悲惨のなかの希望」（二〇一一年六月二五日）。

24　日本学術会議「学術からの提言――今、復興の力強い歩みを（提言）」（二〇一二年四月九日）六頁。

25　防災学術連携体HPに掲載されている設立趣旨（http://www.janet-dr.com/010_about/012_about.html）。

26　米田雅子、日本学術会議主催のシンポジウム「東日本大震災からの一〇年とこれから―五八学会防災学術連携体の活動」（二〇二一年一月一四日）における挨拶。

27　日学法第一四条第三項にある幹事会への委任規定に基づいて、日本学術会議会則第一九条で具体的な委任事項が明記されている。その第一項に「一．法第三条第一号に規定する職務のうち、第二条の意思の表出に関する事項」とあり、「要望、声明、提言、報告、回答」（会則第二条）がこれに該当する。また、勧告も同様である。

28　幹事会メンバーが全員委員となっている委員会なので、そこでの決定が幹事会決定の効力を持つとの観点から、委員会で決定したことを改めて幹事会に諮る手続を省略できる。

29 その最初のものが二〇一一年四月に設置された「東日本大震災復興構想会議」であった。

第五節　憲章と行動規範

組織においては、〝何をしようとするのか〟とともに、そのために〝自らをどのように律していくのか〟を内外に示して構成員の協働に向けた求心力を強めるとともに、社会の信頼を得ることが必要である。学術会議は、二〇〇八年に「日本学術会議憲章」を公表し、組織としての学術会議が果たすべき義務と責任を公にした。[1] また、自らを律する行動規範については、〇六年に作成されていた「科学者の行動規範」を、[2] 筆者の会長時である一三年に、大量破壊兵器の開発に関わる研究の禁止、社会との対話、科学的助言等の項目を加えて拡充した。[3]

①　憲章

まず憲章からみていこう。背景説明や経緯とともに公表された憲章の本文は、七項目からなる四〇〇行に満たない簡潔なものである。科学者の代表機関、科学に関する重要事項の審議、研究の拡充といった学術会議の在り方や役割は日学法に明記されており、憲章では、第一項でそれを要約的に述べている。続いて、「人文・社会科学と自然科学の全分野を包摂する組織構造を活用して、普遍的な観点と俯瞰的かつ複眼的な視点の重要性を深く認識して行動する」（第二項）と行動原則を示した。科学的助言を行うことに相当するのは、「科学に基礎づけられた情報と見識ある勧告および見解を、慎重な審議過程を経て対外的に発信して、公共政策と社会制度の在り方に関する社会の選択に寄与する」（第三項）である。第四項では、日学法にある〝国民生活に科学を反映浸透させる〞ことに触れるとともに、「科学の最先端を開拓するための研究活動の促進と、蓄積された成果の利用と普及を任務とし、それを継承する次世代の研究者の育成および女性研究者の参画を促進する」と、若手育成、女性研究者の参画を取上げた。第五項には、「内外の学協会と主体的に連携して、科学の創造的な発展を目指す国内的・国際的な協同作業の拡大と深化に貢献する」とある。第六項は、日学法に明示的には含まれていないＳＤＧｓ（持続可能な開発）の概念を取り入れて、「各国の現在世代を衡平に処遇する観点のみならず、現在世代と将来世代を衡平に処遇する観点をも重視して、人類社会の共有資産としての科学の創造と推進に貢献する」と述べている。第七項では会員選考に触れ、「会員及び連携会員の選出に際しては、見識ある行動をとる義務と責任を自発的に受け入れて実行する」と述べている。

学術会議が憲章を定めたのには歴史的な経緯がある。第三章でも触れたように、学術会議を生み出す役割を与えられた学術刷新委員会の発足に際して、学術会議の設立に至る一連の動きに中心的に関わってきたＧＨＱのケリーは挨拶に立って、会議の任務が新たな組織の憲章（チャーター）を作ることであると述べた。これを受けて刷新委員会は、「最善と思う新体制のチャーターを作ることに全力を尽くす覚悟である」との決議を行った。その後、刷新委員会は、日学法要綱（ほぼそのまま法律として国会で議決）、会則、会員選挙規則等を作成し、その最後の総会から九か月後には、選挙を終えて二一〇名の会員が揃って学術会議の第一回総会を迎えるという大きな成果を上げた。

しかし、最も重要とされた憲章は作成しなかったのである。

学術会議発足時における会長などによる説明やケリーのスピーチなどに、憲章を作成しなかった理由を述べたものはない。[4] 恐らく、日学法の前文及び目的等を定めた主要条項に憲章で定めるべき内容が凝集されていると関係者が納得していたのであろう。あるいは、ほぼ修正なしにそのまま日学法になった法律要綱を刷新委員会がまとめたことは、憲章を基に設置法を作るという手順からみれば、期待を超えた成果とみなされたからと考えた方がいいかもしれない。[5] つまり憲章を法律そのものが包含しているという理解である。この理解は、日学法が、前文等で学術会議の設立の意義や目的についても触れていることから導かれるのであろう。

しかし、やや無理もある。何故なら、組織の憲章が、誰が、どのように自らを律して、何を行おうとする組織なのかを明らかにするものであるとするならば、そうした内容の一部は、前文や目的を定めた条文等に示されているとしても、すべてが書かれているわけではないからである。特に会員、延いては組織が備えるべき倫理や行動規範、すなわち学術会議という組織は〝どういう規律を自らに課して行動するのか〟については日学法には書き込まれていないという点で不十分さがあると感じられる。そして、学術会議が「科学者の行動規範」を作成したのは二〇〇六年一〇月のことであり（その後、一三年一月に改正）、憲章は〇八年にできた。つまり、学術会議という組織やその構成員たる科学者が備えるべき倫理や規範については、刷新委員会の仕事に積み残し感があり、約六〇年を経てその宿題を終えたことになる。[6]

設立以来の宿題に応えることに加えて、二〇〇八年の憲章はもう一つのより直接的な問題意識をもって作成された。それは、〇五年の日学法改正によって会員選出手続が大きく変わり、「組織の性格と会員の意識の両面において、第一九期（〇三年七月〜〇五年九月）までとは実質的に相違がある」（日本学術会議憲章、背景説明、〇八年四月）とし、この変更に際して組織の目標、責任及び義務を明確化するべきであったが、果たせずに課題として残されていたものを憲章という形でまとめた、という憲章の声明文の冒頭に述べられた認識である。その意味では、〇八年憲章は、設立以来の宿題と、〇五年法改正に伴う宿題の二つに応えるものであった。

ところで、学術会議は憲章作成を六〇年間放っておいたわけではない。発足から約三〇年目の一九八〇年には「科学者憲章」をまとめている。これは、学術会議が二度にわたって政府に制定を勧告していた科学研究基本法（六二年と七六年）と表裏をなすものである。学術会議には、基本法制定要望によって国に科学研究の推進を求めるとともに、憲章によって科学者が自ら負う責務を国民の前に明らかにしようする意図があったと考えられる。しかし科学研究基本法は制定されず、九五年になって、自然科学・生命科学・工学等理系に限定した形で科学技術基本法が制定された。つまり、政府・国会の役割になる科学研究基本法は実現しなかったが、学術会議の手によって科学者憲章だけが実ったことになる。

二〇〇八年の日本学術会議憲章では、一九八〇年の科学者憲章を、「当時の時代環境を大きく反映して行われた歴史的な文書である。第二〇期日本学術会議が置かれている環境とその担うべき機能は当時とは大きく異なっているだけに、歴史的使命を終えた『科学者憲章』をそのまま存続させることの妥当性は乏しいと言わざるを得ない」として、科学者憲章に替えて日本学術会議憲章を公表すると述べている。この記述を読むと、〇八年（第二〇期）の学術会議は、八〇年（第一一期）の学術会議が制定した科学者憲章の内容にかなり批判的な観点に立ち、これに替わるものを作成したという思いが伝わる。しかし、科学者憲章のどのような内容が批判の対象となったのかは、以下に述べるように必ずしもはっきりしない。

一九八〇年に公表した科学者憲章は、科学の健全な発展とその有益な応用の推進が科学者の果たすべき任務として、五項目の遵守事項から構成されている。それらは、

一．自己の研究の意義と目的を自覚し、人類の福祉と世界の平和に貢献する。

二．学問の自由を擁護し、研究における創意を尊重する。

三．諸科学の調和ある発展を重んじ、科学の精神と知識の普及を図る。

四．科学の無視と乱用を警戒し、それらの危険を排除するよう努力する。

五．科学の国際性を重んじ、世界の科学者との交流に努める。

である。これを〇八年憲章の内容と対照させると、右の一、三、五が概ね同趣旨で盛り込まれているのに対して、二の学問の自由や、四の科学の無視と乱用の警戒については対応する記述が存在しない。そうなると、こうした項目が批判の対象となって、科学者憲章から日本学術会議憲章への発展的な改正というよりは、〃存続させる妥当性は乏しい〃という強い論調で前者を否定した上での改正になったということなのだろうか。しかし、学問の自由や科学の無視や乱用への戒めは、それ自体、科学者組織が掲げる憲章にふさわしくないとはとても思えないので、厳しい批判には理解し難いところが残る。加えて、日本学術会議憲章に先立って〇六年に作成された「科学者の行動規

範」では、学問の自由に言及するとともに、科学者が倫理的な判断と行動をとることの重要性を述べているのだから、一九八〇年の科学者憲章にあったこうした条項を〝存続させる妥当性に乏しい〟とまで断言したのは言葉が過ぎたのではないかと思える。

総括すれば、学術会議が提唱してきた人文社会科学から自然科学までをカバーする「科学研究基本法」が実現せずに、自然科学、工学、生命科学を対象とした「科学技術基本法」が制定された後に新たな憲章を作成したという経緯は理解できるとしても、科学者憲章をなぜ否定的に葬り去らなければならなかったかについては、理解し難い点が残っている。〇八年の憲章にある若手や女性研究者の参画、SDGsの重視、あるいは科学的助言などは、ぜひ新たに明示する必要があったとしても、科学者憲章は今日の視点でも受容できる内容を有しており、前憲章から新憲章への発展的継承という連続性も十分に見て取れる。ともあれ、こうしたやや意図不明な点を含みながら、二〇〇八年までに、「日本学術会議憲章」が整ったことになる。

②　行動規範

一方で、科学者の行動規範は、まず二〇〇六年に声明として公表された。作成の背景として「日本学術会議は、最近国内外で続発した科学者の不正行為には強い危機感を持ち、また再発防止の対策を関係諸機関に促す責任を有すると認識している」と述べている。行動規範の議論が始まったのは二〇〇〇年頃であり、その前、つまり一九九〇年代の終わり頃からはドイツで細胞成長に関するデータ偽造[7]、イギリスで三種混合ワクチン接種と新種の疾病を結び付けた論文でワクチン接種が激減して麻疹感染者が増加した事件[8]、あるいは日本では旧石器ねつ造で検定済み教科書の記述が削除される事態になった事件[9]、さらに国内国立大学での論文不正事件[10]などが次々と起こり、科学研究に対する社会の不信感が強まった。このため、行動規範では研究不正に対する社会の厳しい目を意識して、科学者の責任、行動、説明、研究活動の在り方等について述べている。ただ、作成過程で行った研究者や学協会へのアンケート調査でも示されたように、抽象的な表現が多いために、研究不正防止という具体的な問題意識がありながら、趣旨が分かり難いという批判が多かった。そこで、行動規範に併せて「科学者の行動規範の自律的実現を目指して」（この表題も分かり難いと言えようが）というパートを加えて、研究組織責任者、研究者に対して不正問題が生じた際の対処や予防的措置についてより具体的に示すことになった[11]。

しかし、研究不正はその後も止まず、二〇〇〇年代に入って国内においても、一七〇数本の論文にデータねつ造があったとされた私大医学部教員の事件、iPS細胞を使った心筋移植手術が虚偽であった事件、降圧剤の臨床試験論文に不正があった事件、さらにSTAP細胞研究不正事件等が続いた。研究不正が止まらない理由の一つは、分野によっては不正を認定することが容易ではないことが指摘される。論文に関わる研究不正の疑念を晴らす重要なカギのひとつは再現性、すなわち、論文が示す実験方法で実験すれば他の研究者も同じ結果が得られることである。しかし、物理や化学等の実験に比べて、生物を対象とした実験では、個体差が大きく、多様な要素が結果に介在することによって追試自体が簡単ではないという問題がある[12]。

もう一つのカギは、実験記録によって実験経過を辿り、不自然さがなく、整合がとれていることを確かめることである。だが、これも、正確な記録をとり、保存する習慣がないと主張したり、初めから不正を行うことを決めているような確信犯の場合には見抜くことは容易ではない。

そこで、不正の疑いがあるものについて不正の有無を調査するだけではなく、研究者としての高い倫理観を醸成して、不正の起きない研究環境をつくる必要がある。具体的には、先ず何が研究不正かを学習し、不正に手を染め難い研究記録の作成の習慣と記録の保存、あるいは実験装置を含む実験環境の再現性確保等、研究者、特に若手研究者や学生に不正予防のための教育・学習機会を提供することが重要となる。予防対策が重視される中で、日本学術振興会や科学技術振興財団等の研究助成組織が、応募資格に研究不正防止研修を受講し一定の知識を身に着けていることを加えるようになった[13]。

これに先立って、文部科学省と厚生労働省は、それぞれ研究活動における不正行為への対応に関するガイドラインを定めた[14]。こうして、大学教員等の研究者はもとより、大学院生等、これから研究活動に入ろうする者は必ず研究不正防止について学習し、オンラインなどで行われる習得度確認のための試験をクリアしなければ実験などの研究活動に参加したり、研究助成に応募したりすることができなくなった[15]。また、研究不正については、内外からの告発を受ける仕組みも整っており、告発に基づく調査やその他の調査の結果で、不正が認定された場合には、研究費助成機関のＨＰ上に氏名等が公表され、応募資格停止などの処分が科されるようになっている。

こうしてみると、日本においても、最近一〇数年の間に研究不正に対する取組は格段に拡充してきたことが分かる。その過程で、学術会議も、文科省や厚労省、あるいは研究助成機関等と連携して研究の公正性を高めることを目指して声明や行動規範を公にしてきた。もちろん問題は国内にとどまらないので、国際学術機関においても積極的に取組みが進められてきた。例えば、ＩＡＰ（InterAcademy Partnership, 二〇一六年発足）は、その前身であるＩＡＰ（InterAcademy Panel, 一九九三年発足）やＩＡＣ（InterAcademy Council, 二〇〇〇年発足）の時代から、研究公正（research integrity）を重要なテーマとしており、二〇一二年に研究公正のレポートをまとめ、[16]二〇一六年にも新たなレポートをまとめている。[17]

不正防止の学習や予防措置が重要であることは言うまでもない。しかし、組織的な学習だけで研究不正が防止できると楽観はできない。研究不正に手を染める背景には、ポストや研究費をめぐる競争が激しくなる中で短期的に成果を上げる、つまり評価を受けそうな成果を出して、研究論文を多数発表する必要に駆られていることがあると指摘される。日本でも若手研究者のポストに任期が付き、業績を上げなければ次のステップに進めないという条件下に置かれることが焦燥感を煽るようになった。[18]したがって、若手の研究者が、研究を仕事にしたいという希望を生かしながら活躍できる職場を増やして、過度な競争状態をつくらないことも必要となる。例えば、大学以外の諸研究機関で活躍する道など、研究者となる多様なルートが見えるようにして、精神的、経済的に追い詰められない環境で研究成果を上げることができるようにすることも、間接的に研究不正を軽減することにつながる。

③　行動規範の改訂

筆者の会長時代に、科学者の行動規範の改訂のための議論を始めたのは二〇一三年であり、小林良彰副会長が中心となった[19]。改定では、特に、科学・科学者と社会との関係を重視し、社会の期待に応える研究を行ったり、政策形成に有効な科学的助言を行うことを科学者の任務として加えた。また、科学研究の成果の利用には、民生的な利用と軍事的な利用という両義性があることから、破壊的行為に悪用される可能性があることを自覚して、研究の実施や成果の公表では、社会に許容される適切な手段と方法を選択するというデュアル・ユースへの適切な対応も求めている。こうした項目を行動規範に追加することで、研究不正を行なわないだけではなく、研究を通じた社会への貢献や、科学的助言などのより積極的な方法で社会と関わることを科学者に促した。

改訂で新たに盛り込んだ科学・科学者と社会との関係を重視する視点は、ユネスコとＩＣＳＵが主催した世界科学会議における「科学と科学的知識の利用に関する世界宣言[20]」の中で提唱されたものである。科学の発展が牽引してきた現代文明が地球環境問題、つまり文明の発展が人間の居住に適さない環境変化を地球上にもたらすという負の効果に逢着したことへの反省と対応が科学者・技術者にも求められるという認識があった。宣言は、この認識を背景として、「知識のための科学・進歩のための科学」、「平和のための科学」、「開発のための科学」、さらに「社会における科学と社会のための科学」の四つの視点を科学の在り方として提示した。次節でも触れるように、地球規模の環境問題、特に人為による気候の変化は、ユネスコやＷＭＯ等の国連機関とＩＣＳＵがかねてから関心をもっていた問題であった。

しかし、一九九九年のブダペストでの会議の準備過程では、国連やICSUの開発途上国のメンバーから、これから社会の発展を目指す国々にとっては科学技術がもたらす産業経済活動の発展という視点が重要であることが強調された。「開発のための科学」の項の冒頭には、

今日、科学とその応用は、開発にとって、かつてないほど不可欠なものとなっている。政府はあらゆる段階において、また民間部門も、経済的、社会的、文化的、そして環境的に健全な開発のために欠くべからざる基本である適切な教育・研究計画を通じて、十分でかつバランスのとれた科学的・技術的能力を育成するために、強力な支援を行わなければならない。このことは特に途上国において急務である。(ブダペスト宣言第三章第三三項)

とあり、教育の機会均等、途上国における高等教育や科学研究の強化、途上国と先進工業国との協力等を相当な紙幅を割いて強調することになった。地球温暖化などの産業・社会発展がもたらした地球環境の危機的変化は、先進工業国におけるそれが主因であるという観点から、地球環境保全の取組においては、産業・社会の今後の発展を願う途上国にその可能性を保障する形で進められる必要があること、つまり途上国と先進工業国の責任には差異があることは一九九二年に行われた国連地球サミット[21]などでの議論を通じて、〝共通だが差異ある責任〟として国際的な共通理解になった。ブダペスト宣言でもこの点が重視され、社会に対する科学の責任や役割という文脈で不可欠のテー

マとして掲げられたのである。しかし、科学が社会の発展に寄与するという構図が、すべての国や地域で内在的に起こることは容易ではない。そのためには、科学者の養成に至る教育体系、科学者が活動する場の確保、自由で活発な学術国際交流による科学研究水準の向上、科学の成果を経済社会活動に結びつける産業や政府の活動等が整うことが必要であり、それは取りも直さず、社会が相当なレベルまで発展すること、つまり南北間格差の総合的な是正を意味する。ブタペスト宣言には、ユネスコやＩＣＳＵが関わったので、これらのうちで、途上国における科学教育や研究の発展が強調されることになった。

ＩＣＳＵが提起した科学文明の気候体系への影響という観点からの科学の社会的責任論は、別な形で日本の学術界にも影響を与えてきた。このことが強く噴出したのが東日本大震災における東京電力の原発メルトダウン事故であった。原子核反応によるエネルギー創出という点で原子物理学の成果をベースにし、巨大なエネルギー創出を平和的利用に適した形で制御するという点で工学技術を組み合わせた科学技術の集成といえる原子力発電所が制御不能に陥り、放射性物質を大量放出するに至ったことは、科学の失敗を鮮明に浮かび上がらせることになった。ことに、原因が地震・津波等自然現象であったので、現場における人為的なミスというよりは原発の技術体系そのものの不完全さ、不適切さを示すことになって根が深い。改訂された科学者の行動規範では、この点について、「科学者の責務」の章に新しく項目を追加して以下のように述べている。

二（科学者の姿勢）科学者は、常に正直に、誠実に判断し、行動し、自らの専門知識・能力・技芸の維持向上に努め、科学研究によって生み出される知の正確さや正当性を科学的に示す最善の努力を払う。

三（社会の中の科学者）科学者は、科学の自律性が社会からの信頼と負託の上に成り立つことを自覚し、科学・技術と社会・自然環境の関係を広い視野から理解し、適切に行動する。

少し掘り下げて考えれば、好奇心の発露としての科学研究とそれを実社会に実用する際の科学者の責任の差異としてとらえることができよう。科学者がそれぞれの思考や研究の途上において様々な科学的テーマを設定して取組む場合にも誠実な研究態度が求められるが、その成果を実社会に実用する場合に人々や社会に与える影響の大きさから生じる社会的責任ははるかに重いものになり得るということだろう。

さらに、科学的探究それ自体は純粋な研究的行為として常に批判されない、という考えが成り立たなくなってきたことも重要な論点である。つまり、好奇心に発する科学的探究はいわば人間の本性に根差した行為であり常に正当化される、その上でこれを実社会で実用しようとする場合にはその及ぼす影響に関わる配慮がいるという、科学研究の二段階的枠組みの限界である。「科学者の行動規範（改訂版）」には次のような項を設けた。

六（科学研究の利用の両義性）科学者は、自らの研究の成果が、科学者の自身の意図に反して、破壊的行為に悪用される可能性もあることを認識し、研究の実施、成果の公表にあたっては、社会に許容される適切な手段と方法を選択する。

純粋な科学的好奇心の発露であっても、それが破壊的行為に悪用される危険があることを認識するのは科学者の責任であるとしている。つまり偶然の、あるいは予期せぬ発見もあり得ることから研究成果を得ること自体の善悪には言及していないものの、その利用については研究にあたった科学者が破壊的行為への悪用の可能性を十分に想像して、その恐れがある場合、研究の継続や、成果の公表を控える責任があるとして、研究の自由は制約されるという立場に立っている。第二次世界大戦における核兵器の開発競争に照らせば、実用を目指した研究開発は、国家によって推進される可能性が高く、一介の科学者がそれに抵抗できるのかは、本質的で、重要なテーマである[22]。しかし、こうした行動規範を設けることによって、科学研究の動機づけにおいても制約を設けることは、科学的研究がもたらす結果への責任は、科学者自身が負うべきものであることを科学者に知らしめることになる[23]。

④　研究の自由と責任

近年、国際関係の緊張が再び高まりつつある中で、科学者の倫理が問われるテーマが浮かび上がってきた。それは、これまでオープンサイエンス、オープンデータなどの用語で論じられてきた、根本的には研究者の自由な結びつきによる、自由な研究実践と成果の公表、そしてそれへの自由なアクセス（この点にはオープンアクセスやオープンジャーナルの用語が用いられてきた）の普及が科学を真に発展させるという考えに対して、例えば、そのことが研究者の所属する国の不利益となる恐れがある場合でも是認されるのかという問いかけである。換言すれば、共同研究、さらに国際的な共同研究とその成果の共有（利用範囲）という場合に、共同や成果共有の範囲を特定の価値観を共有する国の研究者（例えば民主主義諸国の研究者）に閉じるべきなのかという問いでもある。旧ソ連崩壊で冷戦が終結し、国際政治における体制間対立が緩和された時代には、科学技術の領域でも〝オープン〟という用語は、政治体制を超えた研究成果の共有はもちろん、さらに貧富の差を超えて、低所得国の研究者が科学研究やその成果に容易にアクセスでき、科学技術の力も活用してキャッチアップできる機会を保障するという南北格差是正に重きが置かれるようになった。しかし、サイバー攻撃の危惧が高まったり、中国が世界の政治、軍事、経済等の領域での存在感を高めて政治的緊張感が増すとともに、科学技術分野においても最先端の成果を共有するべき研究者の範囲を問うという問題が議論されるようになった。現段階では、代表的な国際学術組織であるＩＳＣには、Ｇ７諸国を中心とした諸国だけではなくロシアや中国やその他のＢＲＩＣＳをはじめとして多数の国が参加しており、第一次、第二次世界大戦時のような学術国際組織の機能停止が起きているわけではない。しかし、二〇二〇年のロシアによるウクライナ侵略は、ＮＡＴＯ加盟国やその同調国と、ロシアや中国をはじめとする勢力との対立構造が深まる懸念を生んでいる。

こうした中で、科学と科学者はどういう行動をとるべきなのか？　筆者はそれでもなお、多数の科学者が国境を越えて自由に成果を交換し、評価し合ったり、共同研究を行うこと、つまりオープンサイエンスは、科学の進歩とその社会への貢献にとって重要さを失っていないと考えている。その意味で、この間、ＩＳＣを始め国際学術組織等の場で深められてきたオープンサイエンスの議論は、成果公表における科学情報産業による寡占の弊害除去（オープンジャーナルやオープンデータを通じたオープンサイエンスの具体化）という実践的課題への取組に留まることなく、国境を超えた科学者の競争と協力、つまり留学生や研究者の交流や成果の相互評価といった取組を進めることに発展する必要がある。しかし、悪用しようとする意図を持って成果へアクセスすることが容易に行われれば科学技術や研究体制への信頼が損なわれ、警戒感が強まるのは疑いない。したがって、特に大学のように自由な研究交流を通じた科学の発展を重視する研究機関では、オープンサイエンスを基本としながらも、悪用の意図を持った研究者や外部機関の混入を防止する適切な措置を講ずることによって研究の健全性を保つ必要がある。同時に、軍事機密に相当する情報を利用して機密扱いとなるような成果を生む研究とも一線を画すべきである。

研究の健全性（research integrity）に関しては、日本でも最近活発な動きがあった。二〇二一年に内閣府統合イノベーション戦略推進会議が対応方針[24]をまとめ、文科省が大学向けの情報提供を行った。これらの基となった報告書が内閣府の委託で行われた民間による研究インテグリティに関する調査分析報告[25]であった。その趣旨は、科学技術・イノベーション創出の大前提はオープンイノベーションである、としたうえで研究者が陥る利益相反や責務相反[26]の危険に対応して国際的に信頼性のある研究環境を構築することが必要というものである。それは、〝科学は国際公共財（a global public good）〟という観点から、科学技術研究の発展のために留学生や研究者の国際的交流は不可欠で、研究の健全性はこれを維持した上で進められる必要があるというＩＳＣの主張[27]とも通底している。こうした、大学等における研究に関わる議論に関連する可能性をもつものとして、二〇二二年になって、（一）重要物質の安定的な供給、（二）基幹インフラの重要設備の維持管理の確保、（三）重要技術の開発支援、（四）安全保障上機微な発明の技術流出防止の観点から特許出願の非公開、を骨子とした経済安全保障法[28]が制定された。しかし、この法律には、現段階では外国研究者との共同研究や研究成果の公表に係る規制は含まれていない。

学術会議は、研究の健全性については、これまでも研究不正の防止、産学連携による利益相反などへの取組や、オープンサイエンスの推進という観点から取組んできた[29]。今回の内閣府や文科省による研究の健全性に関わる動きに対しても、科学技術の発展は、研究者による自由なテーマ設定、自由な共同研究や成果公表等を通じて実現し得ることを明確にすることが何よりも重要である[30]。この点を認識したうえで、研究者が行動規範に悖る行動をとることで、研究成果が悪用されることがないような体制を構築する必要があろう。

1　日本学術会議「日本学術会議憲章（声明）」（二〇〇八年四月八日）。
2　日本学術会議「科学者の行動規範（声明）」（二〇〇六年一〇月三日）。
3　日本学術会議「科学者の行動規範──改訂版（声明）」（二〇一三年一月二五日）。
4　日本学術会議『日本学術会議二五年史』（一九七四年三月）「第一期の活動」二一～二二頁。
5　新しい科学アカデミー（日本学術会議）を創設するに当たって、憲章→要綱→設置法という順に作成していくと考えていたとすれば、憲章がなくとも設置法そのものに等しい要綱をまとめたことは大きな成果になる。
6　二〇〇八年の憲章に、そうした経緯が記述されているわけではない。
7　ドイツの研究者が一〇年間近くにわたり多数の論文でデジタル画像のねつ造、データ偽造を行っていたことが一九九七年に発覚、研究資金の返還に至った。

8　イギリスで一九九八年に発表された麻疹予防の三種混合ワクチンが自閉症の原因となるという説を述べた論文が不正論文として掲載誌によって撤回された。しかし、ワクチン接種が激減して、麻疹に感染する子供が増加した。

9　日本の研究者が発見したとした旧石器がねつ造だったとして、検定教科書が書き直される事態になった。

10　国内のいくつかの国立大学で論文不正疑惑が次々浮上し、論文の撤回や関係者の処分が行われた。

11　二〇〇六年の科学者の行動規範には、「三　科学者の行動規範の自律的実現を目指して」が付け加えられた。

12　榎木英介『嘘と絶望の生命科学』（文春新書、二〇一四年）一六七～一七三頁。研究不正の判定は容易ではないことを述べている。

13　例えば、科学研究費の応募資格として、日本学術振興会は以下のように定めている。「科研費により行われる事業に参画する代表者については、令和二（二〇二〇）年度科学研究費助成事業の新規事業課題の交付申請前までに、自ら研究倫理教育に関する教材（『科学の健全な発展のために――誠実な科学者の心得』日本学術振興会「科学の健全な発展のために」編集委員会、「研究倫理　e　ラーニングコース（e-Learning Course on Research Ethics［eL CoRE］）」、APRIN　e　ラーニングプログラム（eAPRIN）等の通読・履修をすること、または、「研究活動における不正行為への対応等に関するガイドライン」（平成二六年八月二六日　文部科学大臣決定）を踏まえ研究機関が実施する研究倫理教育の受講をすることが必要です。過去に研究倫理教育の受講等をしている場合や、他の研究機関で研究倫理教育の受講等をした後に異動をした場合などには、所属する研究機関に研究倫理教育の受講等について十分に確認してください。

また、日本学術会議の声明「科学者の行動規範――改訂版」や、日本学術振興会「科学の健全な発展のために――誠実な科学者の心得」の内容のうち、研究者が研究遂行上配慮すべき事項についても、十分内容を理解し確認してください。」

14　文部科学省、厚生労働省では、競争的資金に関する研究不正防止のためのガイドラインを二〇〇六年、〇七年に定め、改訂を重ねて現在に至っている。現在のガイドラインは以下である。文部科学大臣決定「研究活動における不正行為への対応等に関するガイドライン」（二〇一四年八月二六日）。「厚生労働分野の研究活動における不正行為への対応等に関するガイドライン」(二〇一五年一月一六日)。
15 二〇一六年四月に設立された一般財団法人公正研究推進協会が中心となって、研究不正防止のための教育プログラムや教材の提供などによる公正な研究推進の普及啓蒙を行っている。
16 IAP, "Responsible Research Conduct", 2012.
17 IAP, Doing Global Science, A Guide to Responsible Conduct in the Global Research Enterprise, 2016. Princeton University Press.
18 日本学術会議「科学者の行動規範(声明)」(二〇〇六年)二四〜二七頁は、草案に対する研究者の意見をアンケートで聴取している。それによれば、成果主義が研究不正を生む環境を生んでいるという指摘が多い。
19 日本学術会議「科学者の行動規範——改訂版(声明)」(二〇一三年一月二五日)。策定にあたったのは、「日本学術会議改革検証委員会学術と社会及び政府との関係改革検証分科会」(小林良彰委員長)。
20 ハンガリーのブタペストで開催された会議における宣言であることからブタペスト宣言と呼ばれる、一九九九年七月一日採択。(学術の動向二〇一九年一月号に日本語訳。)
21 ブラジル・リオデジャネイロで開催されたので、リオ・サミットと呼ばれる。正式には、国連環境開発会議(UN Conference for Environment and Development)で、環境と開発に関するリオ宣言、気候変動枠組条約、森林原則声明、アジェンダ二一が採択され、生物多様性条約に多数の国が署名した。
22 第二次世界大戦における核兵器の開発は、少なくともアメリカ、ドイツ、日本で始まり、成功したのはアメリカであった。いずれの国でも国が関わる形で研究開発が進められた。特にアメリカでは、他国をはるかに上回る資金と人材が投入され、マンハッタン計画として開発が進められた。そのアメリカでも、開発の途上で、道義的な観点から核兵器開発に反対したり、その使用に反対したり、あるいは警告なしの使用に反対した科学者は存在したが、国家の中枢が進める開発計画は、国の方針が変わらなければ転換できないことを示した。ピーター・グッドチャイルド『ヒロシマを壊滅させた男　オッペンハイマー』(白水社、一九九五年)。
23 唐木順三『「科学者の社会的責任」についての覚え書』(筑摩書房、一九八〇年)一〇六〜一〇八頁。村上陽一郎『科学者とは何か』(新潮選書、一九九四年)一四〜一七頁。
24 統合イノベーション戦略推進会議決定「研究活動の国際化、オープン化に伴う新たなリスクに対する研究インテグリティの確保に係る対応方針について」(二〇二一年四月二七日)。

25　ＰｗＣあらた有限責任監査法人「研究インテグリティに係る調査・分析報告書」(内閣府委託事業、二〇二一年三月)。

26　前掲の対応方針では、「利益相反・責務相反は、研究者又は大学・研究機関等が研究活動に伴って得る利益(実施料収入、兼業報酬、未公開株式、研究成果等を含む。)と、国又は研究資金配分機関から交付、補助又は委託される経費を用いて行われる研究開発において求められる責任や各機関において所属する研究者に求められている責任が衝突・相反している状況を意味する。」とある。

27　ＩＳＣ "Science as A Global Public Good" a position paper of the ISC.(二〇二一年一一月)。「グローバルな公共財としての科学」という科学の普遍的価値を強調した意欲的なタイトルが付けられている。

28　「経済施策を一体的に講ずることによる安全保障の確保の推進に関する法律」(二〇二二年五月一八日公布)。

29　学術会議・オープンサイエンスの取組に関する検討委員会「オープンイノベーションに資するオープンサイエンスの在り方に関する提言(提言)」(二〇一六年七月六日)。学術会議・オープンサイエンスの深化と推進に関する検討委員会「オープンサイエンスの深化と推進に向けて(提言)」(二〇二〇年五月二八日)。

30　学術会議では、科学者委員会学術体制分科会「科学者コミュニティからの研究インテグリティに関する論点整理」(二〇二二年七月二二日)、会長名の「『研究インテグリティ』という考え方の重要性について」(同日)を出している。なお、これらの文書の中で、先のＩＳＣのポジション文書(注27)のタイトルを「グローバルな公共善としての科学」としているのは、「公共財」の誤りであろう。

第六節　国際活動とフューチャー・アース

学術界の国際活動は研究者間、大学等研究機関間の交流といった様々なレベルで行われてきた。何層にも重なる交流活動の上層にあるのが、現在では、国際学術会議(ＩＳＣ、International

Science Council）を中心とした国際的協力活動である。ＩＳＣは非営利、非政府の国際学術組織であり、二〇一八年に、国際科学会議（ＩＣＳＵ、一九三一年設立、一九九八年に名称をInternational Council of Scientific UnionsからInternational Council for Scienceに変更。しかし、それ以降もＩＣＳＵのアクロニムが使われてきた。）と国際社会科学評議会（ＩＳＳＣ、五二年設立、International Social Science Council）が合併して発足した。会員は、一四〇以上の国や地域を代表する学術組織（科学アカデミー）と、学術分野ごとに組織された四〇以上の国際的連合組織（ユニオン。多くは〝International Union〟で始まる名称を持つ。）で構成され、さらに四〇以上の地域的・国際的機関が連携組織となっている。ＩＣＳＵとＩＳＳＣは自然科学と社会科学という二つの主要な学術分野を代表する国際学術組織であり、これらが合併したことによって学術分野の国際的統合が進んだことになる。しかし、それでも、人文学系、医学系、工学系等の分野は十分には組み込まれておらず国際組織は別にも存在する。実は、日本学術会議にとっては、ＩＳＣの誕生は、国際組織の構成が自らに近づいてきたと感じさせるものであった。その理由は、主要国の科学アカデミーでは構成員が物理・化学・生物等の自然科学分野の研究者を中心とする場合が多いのに対し、学術会議では、人文社会科学系、生命科学系、自然科学・工学系がほぼ三分の一ずつを占める構成となっており、学際性が強い点でユニークな存在であるからだ。一八年の合併に向けて始まった議論に際して学術会議は、合併前の両組織の構成員である（科学アカデミーとしてはそう多くない存在）という立場からも合併を積極的に支持してきた。現在、新組織の副会長（財務担当）に白波瀬佐和子さんが就任し、二四年からの次期会長（President-elect）には小谷元子さんが選出されており日本の存在感は小さくない。[1]

①　国際学術活動の発展とユニオン

学術界においては、研究者の倫理等のようにすべての分野に共通するテーマの下での国際協力もあるが、多くの場合、専門分野での研究交流を通じてそれぞれの発展を目指すことが国際活動の基本となる。これを支えてきたのは、ＩＳＣやその前身であるＩＣＳＵとＩＳＳＣの構成に示されるように、各国の科学アカデミーとユニオンであった。ただ、ＩＳＣに所属する国や地域を代表する科学アカデミーは、各国の事情によって一つとは限らない。加えて、合併前のＩＣＳＵ加盟組織とＩＳＳＣ加盟組織（前者が理系、後者が文系ということになる。）が異なる国もあり、それらがＩＳＣの構成に反映されているから、一四〇を超える国・地域代表の科学アカデミーといっても、代表している国や地域の数は、それよりは少ない。例えば、中国系は、北京にある中国科学技術協会と中国社会科学院に加えて、台湾に拠点を置く台北科学アカデミーが会員となっている。また、イギリスは文系の英国アカデミーと理系中心のロイヤル・ソサエティーが会員といった具合である。

ユニオンについては、古いものは一九世紀を起源とするものもあり、ＩＣＳＵが一九三一年に発足した時には八ユニオンが会員となった。[2]その後、新たな学問分野の発達とともに、新ユニオンが設立されて数が増えてきた。一方でＩＳＳＣにも、社会科学系のユニオンが加盟していた。両組織を比較すると、理系ユニオンと文系ユニオンの数は概ね三対一で、中にはＩＧＵ（国際地理学連合）のように両国際組織に加盟していたユニオンも少数ながら存在した。

各国の科学アカデミーは、学術の全分野を包含しているのか、自然科学系を中心としているのかの差異はあるとしても、特定の専門的学術分野には特化せずに、学術分野を横断して形成されている。同時に研究活動を支えている学会や協会と呼ばれる専門的学術分野ごとの国内組織と様々な関係を保って学術活動の現場と繋がろうとしている。その意味で、科学アカデミーは分野を横断的に結びつける機能を持っている。

それでは、国際学術組織はどうであろうか。現ＩＳＣの中心母体であったＩＣＳＵは、〝ユニオンの国際会議〟という名称が示すように、学術分野を統合する活動を行う組織であることがその名に刻印されていた。改めて経緯を振り返ると、第二章第三節でも述べたように、第一次世界大戦に際して、ドイツを中心にしていた当時の国際学術組織（ＩＡＡ・万国学士院連合）と決別して、新たな組織を発足させようという議論がアメリカ、イギリス、フランス等を中心に起こった。新組織となったＩＲＣ（万国学術研究会議）では、その支部に相当するＮＲＣ（学術研究会議）を各国につくることが合意されたことからも、国を代表する科学アカデミー主導の国際組織を目指したことは明瞭であり、設立時にはユニオンは投票権を有する正会員ではなかった。ユニオンが正会員となり、理事会メンバーにもなったのは、同じくブリュッセルでの第二回総会からであった[3]。ただ、新組織が諸学術分野の発展を促すものとなる必要があることは強く意識されており、設立総会では、各学術分野でユニオンを組織していくことが決議された。ユニオン形成のモデルとなったのが、各地での観測が重要という分野の性格上国際的な連携を早くから実施してきた天文学や測地学及び地球物理学であった。そして国際天文学連合（ＩＡＵ、一九一九年設立）、国際測地学及び地球物理学連合（ＩＵＧＧ、一九一九年設立）が正式なユニオンとして最初に認められ、さらに他分野のユニオンの設立と加盟が続いたのである。しかし、学術分野として国際的に関心のある分野であるからといって、ＩＲＣの下でのユニオン結成が順調に進んだわけではないようだ。例えば、地質学の分野では一九世紀後半から四年おきに国際会議が開催されてきたものの、ユニオンの結成は一九六一年とかなり遅くなってからであった。

ＩＲＣでは、ユニオンに関わる様々な動きを伴いながらも、一九二八年に開かれた第四回通常総会から本格的に新組織の議論が始まった。というのは、ＩＲＣの継続期間を一二年として、その時点で組織の在り方を見直すことが設立の際に予め決められていたからである。ＩＲＣが発足時から抱えていたのは二つの難問、第一次世界大戦の敵国である中央同盟国（ドイツ、オーストリア等）の科学アカデミーをどう扱うのかと、ユニオンを如何に形成し、ＩＲＣとの関係をどう定めるのかであった。それらに答えを出すために必要な期間を一〇年程度と見積もって、その時点で組織の在り方を検討するとしたのである。このうち中央同盟国については、一九年にロンドンで行われたＩＲＣ設立の準備会合での中央同盟国と決別する決議を踏まえて定款に盛り込まれていた中央同盟国排除の条項を削除することが、二六年の臨時総会で決まり、二八年の通常総会に向けて、ドイツ、オーストリア、ハンガリー、ブルガリアにＩＲＣへの加盟を求める招待状が送られた。しかしこの時点ではハンガリーのみが参加意向を表明したに留まった。一方、ユニオンの結成も進み、その活動も活発になっていた。これらを受けて、第四回通常総会以降、新組織の設立に向けた動きが本格化していった。[4]

そして、一九三一年に開催された第五回通常総会では、IRCの解散が決議され、引き続きICSU設立総会が行われた。IRC設立時との大きな相違は、国代表が四〇に増えたことと、当初から八ユニオンが会員となり、理事会では多数派になるなど、国代表の科学アカデミーとユニオンが対等の位置づけを得たことである。[5] ICSU設立の過程で中心となってきた米英仏などの科学アカデミーが拘ってきたのは、国際学術組織を外交駆け引きの場とせずに、国際的な科学研究の発展を促す場とすることであった。このため、その構成組織として重要となるのが、学術分野別に組織されて国際性を体現しているユニオンと考えられた。したがって、ユニオンが未形成であったIRCは過渡的な国際組織と捉えられ、その後、主要分野でのユニオンが組織されたことがICSUへの発展的移行を可能とした。ICSUの定款では各ユニオンは三票の投票権を与えられ、国ごとに一票が割り当てられた国代表科学アカデミーに比して重視された。[6]

しかし、ICSUは、発足後間もなく第二次世界大戦によって研究施設の休止、研究者の戦争への動員や戦死によって事実上の活動停止を余儀なくされた。[7] 戦後の活動再開後、大きな影響を与えることになったのが、新たに発足した国際連合の専門機関として四六年に設置されたユネスコ（UNESCO）によってパートナー非政府組織（NGO）として認定されたことである。ユネスコの設立に当たっては、〝S〟、つまり科学をその所掌に含めるのかが論点の一つとなり、それが含まれることによって、国際学術組織との連携が進むことになった。そして、ICSUが最初のパートナーとして選ばれ、今日に至るまで両者は密接な関係を保つことになる。特に、新組織ISCのもう一つの母体であるISSCは、ユネスコ決議に基づいて一九五二年に設立され、ユネスコ本部内に事務所を置いていた。科学に関係の深い国連機関としては、ユネスコの他にもWHO（World Health Organization、世界保健機関）、WMO（World Meteorological Organization、世界気象機関）、IAEA（International Atomic Energy Agency、国際原子力機関）、FAO（Food and Agriculture Organization of the United Nations、国連食糧農業機関）等があり、ICSUとの間で様々な協力関係を続けてきた。

学術会議は、ICSUの第二次世界大戦後の二回目の第五回総会が行われた年に発足した。それまで会員であった学術研究会議の地位を継承して会員となることを申入れ、一九四九年九月に開催されたICSU第五回総会（コペンハーゲン）には副会長の仁科芳雄が出席した。この時期には国際会議への代表者の派遣はGHQの許可を必要としており、許可されないケースも散見された。それでも、五〇年に学術会議としてICSUに加盟して、分担金を支出するようになったのを皮切りに、ユニオンにも加入し、五三年に国際理論物理学会議を主催したのを始めとして、毎年のように、場合によっては複数の国際会議を主催するようになり、学術会議においてもそれぞれの開催費用に充てるために、一定の予算が計上された。つまり、五〇年代半ばからは、相当活発な国際交流が、それぞれの学術分野で進められていったといえよう。

②　ICSUの活動

日本での国際会議の開催状況からも明らかなように、学術の国際交流は、各学術分野において、研究成果の相互報告、研究者の交流によって進められ、各分野の更なる発展を促していく。その意味では、ICSU設立に向けた米英仏等の科学アカデミーの当初の狙いのように、学術の国際活動の内実を形成するのはユニオンや、さらにその中に設けられたより実質的な専門分野に対応した委員会の活動である。それでは、もう一方の柱である科学アカデミーや、さらに、ICSU自体はどのような役割を果たしてきたのであろうか？

一九三一年にICSUが発足した時に目的として定めたのは次の三点である。

（一） 各国科学アカデミーやユニオンの活動を調整すること
（二） 他の国際組織の担当事項の範囲内にはない国際的な科学活動を牽引すること
（三） 各国科学アカデミーを通じてICSUに加盟する国々の政府と連携してそれらの国における科学的研究を推進すること

（一）は地味なようだが、個々の学術組織がばらばらに活動するのではなく、何らかの求心力によって、科学的な活動をまとめていく必要性は高いと認識され、ICSUの重要な役割となってきた。（二）で重要なのは、既存のユニオンではカバーできていなかったり、科学的な活動が必要となる新たな領域を切り拓いていく活動とされた。（三）は科学的研究発展の一翼を担いたいと考えている国に種々の科学的活動を起こしていく役割と理解されている。

そして、第二次世界大戦終了後、ユニオンが増えていく中で、ICSUとしては、宇宙や南極など未知の部分が多い領域の調査研究、防災や地球規模の環境問題といった分野横断的な学術領域を、世界の科学者が協力し取組むべきとして設定し、科学アカデミーやユニオンを結集して活動することに自らの存在意義を見出すようになっていった。ICSUとしての最初の試みで、世界の自然科学者が協力して地球観測を行って成功例となったのがＩＧＹ（International Geophysical Year、国際地球観測年、一九五七年七月～五八年一二月）であった。ＩＧＹは、一八八二年～八三年に行われた一回目のＩＰＹ（International Polar Year、国際極年）[8]、五〇年後の一九三二年～三三年に行われた二回目のＩＰＹを継承する活動であり、地球を取り巻く自然の変化が急速なものになっているとの観点をいれて、五〇年ごとという当初の想定を短縮して、第二回ＩＰＹから二五年後に行われることになった。そして、さらに五〇年後の二〇〇七～〇九年には第四回ＩＰＹが実施された。一、二、四回目が、ＩＰＹと名付けられたのに対して、第三回目だけがＩＧＹとなったのは、観測対象を極地によらず、すべての緯度地域に拡張したからである。また、日本は第二回ＩＰＹから参加してきた。

ＩＧＹに向けて、ＩＣＳＵでは、ＵＲＳＩ、ＩＡＵ、ＩＵＧＧが中心となり、一九五二年にＣＳＡＧＩ（Comité Scientifique pour l'Année Géophysique、国際地球観測年科学委員会）を組織し本格的な準備を開始した[9]。国連機関としてはユネスコ、ＷＭＯ等が加わり、観測には、学術会議を含む七〇ヵ国近い国の科学アカデミーが参加した。観測項目は、オーロラ・夜光、宇宙線、地磁気、重力、電離層、経度緯度の正確な確定、気象学、海洋学、地震学、太陽活動と多岐にわたり、ちょうど太陽活動の活発な時期に当たったので観測に適していたとされた。ＩＧＹはユニオンを横糸に、各国の科学アカデミーを縦糸にした連携によって、大きな成果を収めたと評価された。

具体的には、まずＩＧＹの一環としての南極観測が、国を超えた様々な協力の下で成功裡に行われ、南極の平和的利用、科学的調査の自由と国際協力、南極地域における領土主権と請求権の凍結

（厳密には、南極地域のおける領土の新たな請求権又は既存の請求権の拡大を主張することの禁止）等からなる南極条約が締結され、発効したという成果を上げた。[10] 締約国にはG7諸国、ロシア、中国等が含まれ、主要国を網羅した形になっている。また、学術会議も、政府に対して一九五四年に、南極地域観測への参加を要望したことを皮切りに、[11] 政府とともに昭和基地を拠点とした南極観測を積極的に推進し、敗戦後に改めて国際的な研究活動の一翼を担う国として認知され、さらに南極における観測・研究の継続に貢献した。また、国内における南極地域研究の拠点として極地研究所の設立を勧告して一九七三年に創設された。[12] 一方で、わが国の南極観測が自衛隊も参加して行われることになったことから、南極観測を推進する組織において学術会議会長が自衛隊職員と同席するべきではないとする議論が起こり、会長は参加しないという申入を行った。[13]

また、地球観測を通じて得られたデータを保存して、利用可能とするための組織としてWDC（World Data Center）が設置されたことも成果であった。この枠組みによって、世界の各地にデータ保存のセンターを設けて、科学者による利用を進めた。その中で、日本はWDCの国際プロジェクト事務所（IPO）の設置国となっていた。WDCは設置から五〇年を経て、WDS（World Data System）へと発展し現在に至っている。

新しい地球観測方法、つまり人工衛星からの観測もIGYから始まった。旧ソ連の代表が、観測方法の一つとして、ロケットで打ち上げられた人口衛星による観測の可能性を提案し、実際、一九五七年一〇月に世界初の人工衛星スプートニク一号の打ち上げに成功し、登載されたイオン捕集器、磁力計等による観測を実施した。[14] このように国際的に様々な話題を提供したIGYは、科学に対する人々の関心を高めるという点で大きな効果があった。加えて、同時期に行われたインド洋に焦点を当てた海洋調査の枠組みであるＳＣＯＲ（Scientific Committee on Oceanic Research, 海洋研究科学委員会、五七年発足）も実施され、これらの観測結果は、次第に科学者の関心を地球の環境変化に向かわせることになり、現在の地球環境問題につながる問題提起や、その裏付けとなる研究が体系的に進められる契機となった。そして、ＩＣＳＵは、学際的な研究計画を組織して地球環境問題に取り組んでいくのである。

具体的には、ＩＢＰ（International Biological Programme、国際生物学事業計画、一九六四年〜七四年）、ＳＣＡＲ（Scientific Committee on Antarctic Research、南極研究科学委員会、五八年発足）、ＳＣＯＲ、ＣＯＳＰＡＲ（Committee on Space Research、国際宇宙空間研究委員会、五八年発足）等がそれぞれの対象に関する学際的な調査観測を実施する研究計画であり、さらに、ＧＡＲＰ（Global Atmospheric Research Programme、地球大気開発計画、六七年発足）、ＳＣＯＰＥ（Scientific Committee on Problems of the Environment、環境問題に関する科学委員会、六九年発足）、ＷＣＲＰ（World Climate Research Programme、地球気候研究計画、八〇年にＧＡＲＰはＷＣＲＰに吸収された）、ＩＧＢＰ（International Geosphere-Biosphere System、地球圏・生物圏国際協同研究計画、八六年発足）といった研究計画が発足していった。[15]

これらのうちで、ＧＡＲＰは、ＷＭＯがユネスコ等の他の国連機関、ＩＣＳＵを始めとする非政府機関、国家機関等とともに設立した地球規模の気候問題を対象とした研究計画である。具体的には、気象衛星を用いた観測と、そのための研修・教育を進めることとし、国連がＩＣＳＵと連携していくことを国連総会の決議でも明らかにした[16]。

こうして、ＩＣＳＵを中心とした国際学術組織に連なる科学者は、地球環境問題という国際的な政治・経済・社会の最重要問題の取組みにおける役割を強めていった。それはテーマに関連した科学的なデータの収集、分析、さらにはその含意を解くこと通じて、地球温暖化を始めとする環境問題の重要性を国際社会に広くアピールしていったからである。そうした過程で日本の科学者も様々に活躍した。例えば、二〇二一年にノーベル物理学賞を受賞した真鍋叔郎さんは一九六〇年代半ばから気候モデルによる二酸化炭素濃度の上昇などの大気環境の変化の研究に取組んだことが評価された。まさに国際的な研究プログラムを発足させるための先駆的な業績を上げることに貢献したことになる。先に示したＩＣＳＵと国連による様々なプログラムは、研究資金をこれらのテーマに充当して研究を促進することに役立っており、日本においても、それぞれ分野の研究者がＩＣＳＵの推進する研究計画の下で重要な役割を果たしてきたといえよう。

③ 学術会議とフューチャー・アース

ＩＣＳＵが力を入れてきた地球規模の環境問題、特に地球の持続可能性に関心を置いた取組は、現在では、ＦＥ（フューチャー・アース、Future Earth）という研究プログラムとして新たな展開を示している。ＩＧＹを契機としてＩＣＳＵが関わって設けられたＷＣＲＰ、ＩＧＢＰ、ＩＨＤＰ(International Human Dimensions Programme on Global Environmental Change)、ＤＩＶＥＲＳＩＴＡＳ等の国際的な研究プログラムのうちで、ＷＣＲＰを除く研究プログラムはＦＥに統合されている。その意味では、ＩＣＳＵを中心に重ねられてきた地球規模の環境観測が地球環境の持続可能性に対する危機意識を醸成した結果、より総合的に地球問題に取り組む科学研究の枠組みとして組織されたのがＦＥであるといえよう。

日本学術会議はＦＥと深いかかわりを持ってきた。ＦＥは地球環境問題への取組、つまり、研究分野だけにとどまらない社会の多様な分野の人々が参加して環境悪化防止の具体的な動きを強めていくためには、産学官金融等に跨る国際的なネットワークが必要であるとの観点から、二〇一二年にロンドンで開催されたPlanet Under Pressureと題する国際会議、及び同年六月にリオデジャネイロで開催された国際持続可能な開発会議（Ｒｉｏ＋20）で提唱されて、ＩＣＳＵが中心となって始まった研究プログラムである。当時のＩＣＳＵ会長は台湾出身で米国を拠点に研究活動を行ってきた、日本にも縁が深い李遠哲さん（一九三六～、八六年のノーベル化学賞受賞者）であった。彼が日本学術会議を訪ねて、ＦＥへの協力を求めたのに対して、学術会議では、科学者が国際的な協力の下で進める事業として重要性の高いものであると考えて、これに積極的に参加することにし、国際担当であった春日文子副会長が中心となって取組んだ。

二〇一三年に、それまで暫定的な事務局体制で進められてきたＦＥの活動を、恒久的な国際事務局とするための国際公募が行われ、学術会議は日本でこれを引き受けるべく立候補する方針を固める準備を進めた。パリで開催された国際事務局を決定するための会合で、日本、スウェーデン、フランス、アメリカ、カナダからの立候補者が互いの提案に賛成できる点が多いという認識から、協力して国際事務局を運営してはどうかという案が持ち上がり五か国共同事務局案がまとまった。結局この案が最有力となって、東京、ストックホルム、パリ、ボルダー、モントリオールに同格の国際合同事務局（Global Hubs、事務局長はモントリオールハブを拠点。日本ハブでは春日文子さんがハブ・ディレクターを務めることになった）を置くというユニークな決定が行われた。事務機能を分解して、五つのハブが分担・協力して受けもち、リモート会議の諸手法を駆使して運営していくというもので、FE活動を軌道に乗せる原動力となってきた。

FE全体については、しばらく暫定的な体制[17]が続いてきたが、FEの活動が定着していくとともに、二〇二一年一一月秋の総会で組織再編が行われ、国際的な推進体制が整備された。総会そのものが新しく導入されたもので、コロナ禍もあって、オンライン会議で行われたことも総会方式を取り入れやすかった理由と思われる。総会の構成員は、テーマごとの研究実施グループとして形成されてきたGRPs（Global Research Projects、多くは、FEがスタートする前のICSUの研究計画であったIGBP、IHDP、DIVERSITASなどの下で行われてきた研究プロジェクトの発展版）と、FEとして新たに設けた、科学者だけではなくより幅広いメンバーが参加するKANs（Knowledge Action Networks）とを統合したGRN（Global Research Network）を構成する二七の研究グループ、そして日本を含む国・地域別にFEを担う委員会、アフリカやアジアの広域地域別委員会、国際事務局（Global Secretariat Hubs、九か所に拡充）の理事会とその資金提供者、パートナーと呼ばれる国際的学術研究組織[18]、若手研究者、低・中所得国の研究者である。また、投票権を持たない参加者として、国際事務局代表と事務局長、監理機関[19]、評議会メンバーが含まれる。投票権を持つ参加者は一六〇〜一七〇と見積もられ、FEを支える学術研究に携わる研究者だけではなく、それを支える資金提供者や国別のネットワーク、さらには若手や途上国の研究者も主要メンバーになっている。総会では、総会と評議会に関わる規約も決定されて運営体制が整ってきたといえよう。総会は年に一回開催とされているので、日常的な意思決定は、総会を構成するグループの代表からなる評議会（Governing Council）が行い、国際ハブが執行に当たる。ＦＥの主たる活動は調査・研究・普及・啓蒙・連携であるから、その中心となるのは、ＧＲＮを構成する研究グループの下でネットワークされた研究者達である。

こうしたＦＥの活動に、日本は、学術会議を中心に当初から積極的に参加してきたことはすでに述べた。現在では、評議会に二名が日本から加わっているとともに、国際ハブや広域地域事務局にも参加している。こうしてみると、一九五〇年にＩＣＳＵに加入して以来、学術会議が行ってきた国際活動の中で、最も積極的に推進に当たり、運営の担い手にもなってきたのがＦＥではないだろうか。また、注目されるのは、九ヵ所の国際事務局には、日本に加えて中国と台湾も参加していることである。南アジアのハブが置かれているインド（バンガロール）を含めれば、四つがアジアに存在することになり、ヨーロッパの二つを上回る。学術の国際共同活動は、これまで、ともすればヨーロッパを中心にすることが多かったが、地球環境問題に関わるＦＥでアジアにおける取組が活発になっていることは学術活動が国際的に新たな展開を遂げつつあることを示しているともいえよう。

1　二〇二一年に行われたＩＳＣ第二回総会で選出された。

2　当初のメンバーとなった八ユニオンは以下である。ＩＡＵ（International Astronomical Union, 国際天文学連合）、ＩＵＢＳ（International Union of Biological Sciences, 国際生物学連合）、ＩＵＰＡＣ（International Union of Pure and Applied Chemistry, 国際純正・応用化学連合）、ＩＵＧＧ（International Union of Geodesy and Geophysics, 国際測地学及び地球物理学連合）、ＩＧＵ（International Geographical Union, 国際地理学連合）、ＩＭＵ（International Mathematical Union, 国際数学連合）、ＩＵＰＡＰ（International Union of Pure and Applied Physics、国際純粋・応用物理学連合）、ＵＲＳＩ（Union Radio-Scientifique Internationale、国際電波科学連合）。このうち、ＩＭＵは三二年に解散したために退会し、五二年に復帰した。

3　Frank Greenaway, “Science International : A History of the International Council of Scientific Unions”.（一九九六年）二八頁。

4　Greenaway・前掲書三一～三二頁。

5　Greenaway・前掲書三三頁。ただ、ＩＣＳＵの設立総会時点では、旧中央同盟国のうち、ハンガリーとブルガリアは加盟していたが、ドイツとオーストラリアは加盟していなかった。

6　Greenaway・前掲書三五～三六頁。その後、国代表学術組織とユニオンの重みを均等化させる配慮から、国代表とユニオンの投票総数が同一となるよう重みづけが行われるようになった。

7　ＩＳＣのＨＰによれば、ＩＣＳＵの三年ごとの通常総会は、三七年の第三回ロンドン大会から、一九四六年の第四回ロンドン大会まで飛んだ。

8　一八八二～八三年に各国が協力して同じタイミングで北極の観測を行ったもの。参加国は欧州諸国、アメリカ、カナダで、氷、大気、電磁気、地磁気、オーロラ、海流等の観測を行った。

9　ＩＧＹについては、Greenaway・前掲書第一二章“The International Geophysical Year and its heritage”に詳しい。

10　南極条約は一九六一年六月二三日に効力発生。

11　日本学術会議「国際地球観測年の実施について（要望）」（一九五四年五月一日）、「国際地球観測年における南極地域観測への参加について（要望）」（一九五五年九月二九日）、「南極地域観測事業の継続について（要望）」（一九五八年四月二四日）、「南極地域観測の再開について（首相宛の勧告）」（一九六二年五月一五日）

等、南極地域観測に関する要望や勧告を継続的に行ってきた。

12　日本学術会議「南極地域観測事業について（勧告）」（一九六〇年五月一八日）、「極地研究所（仮称）の設立について（勧告）」（一九六一年五月二二日）を提出し、国立極研究所は一九七三年九月に設立された。

13　日本学術会議「南極地域観測統合推進本部への会長の参加について（申入）」（一九六六年一一月五日）。同趣旨の申入を一九六九年一月一七日に再度行った。なお、「学術的な面においては本会議との関係は、従前どおり継続されるべきものである」としている。

14　Greenaway・前掲書一五五頁。

15　ＩＳＣのＨＰ、Highlights from the history of the International Council for Science（ICSU）.（https://council.science/about-us/a-brief-history/）

16　Greenaway・前掲書一五七〜一五八頁。

17　発足時における、ＦＥのガバナンスの仕組みとしては、評議会（Governing Council）のもとに、関与委員会と科学委員会が置かれ、運営や執行には国際合同事務局と地域事務局（中近東・北アフリカ、ラテンアメリカ、ヨーロッパ、アジア）が当たるというものであった。この中で、評議会、関与委員会、科学委員会にも日本からの機関や個人が参加し、さらに国際合同事務局に加えてアジアの地域事務局の一つも京都に置かれるなど日本は積極的に推進役を果たしてきた。また、国内においても、ＦＥ日本委員会が組織されて、大学、研究機関、研究支援機関、環境関係団体、民間企業、ＮＧＯ等の四〇近い機関が参加している。

18　国際共同事務局（Global Hubs）は九か国・地域（カナダ、中国、フランス、日本、南アジア（インド）、スウェーデン、台北、アメリカ、アフリカ（南アフリカ））に置かれ、さらに数ヵ所の地域オフィスがある（二〇二二年七月現在）。

19　ＦＥ全体に対する監理機関（Custodian Organizations）が置かれ、ユネスコ、ＩＳＣ、ＵＮＥＰ（国連環境計画）、ベルモントフォーラム（研究支援機関の国際的連合組織）の四機関から構成されている。

第六章　学術会議改革論

第一節　改革論の経緯

日本学術会議法の改正を伴うような学術会議改革はこれまで二度行われ、その結果、会員選考方法を始めとする制度改革が行われてきた。その経緯や改革内容については既に述べた。本章で取り上げるのは、二〇二〇年末から始まった、いわば三度目といってもいい改革論議である。そこに至る経緯を改めて確認しておこう。

第四章第五節で述べた二度目の改革、すなわち二〇〇五年施行の法改正による改革で結論が先送りされた学術会議の設置形態についてはは、それから一〇年目の一五年の報告書（有識者会議によって担当大臣へ提出された）で、国の機関という現在の設置形態を変える積極的な理由は見出しにくいとされ、それが政府の方針となった。それ以降、学術会議に対して政府から法改正などを伴うような改革の提起はなかった。したがって、筆者の会長時代も、それに続く時期においても、この報告書に基づいて、指摘にしたがって設けた外部評価制度の下で評価を受けながら、学術会議としての種々の改革を進めてきた。ここまでがこれまでの経過であった。

ところが、二〇二一年五月に、総合科学技術・イノベーション会議（以下、総科イ会議と略す）において、「日本学術会議の在り方に関する政策討議」が始まり、九回の討議を経て二二年一月に「同取りまとめ」（以下、政策討議取りまとめと略す）が公表された。討議は、科学技術政策担当大臣の要請によって、同会議有識者議員懇談会において日本学術会議の在り方をテーマとして行われたものであった。[1]

しかし、すでに二〇一五年に結論の出ている設置形態の在り方について、なぜ改めて大臣の下で検討が必要なのかについては説明がない。このため、設置形態の検討が必要となった理由については推測するしかないことになる。筆者を含めて、大方の推測は、第二章で述べた菅義偉元首相が起こした会員任命拒否問題への厳しい世論、つまり首相による任命拒否は法律に反した行為であり、だからこそ内閣支持率の低下を招くような世論の批判を浴びているという当時の状況において、学術会議に非があるという論陣を張って、首相への批判をかわそうという意図が政権にあったのではないかというものである。そのため、懇談会では任命拒否問題については議論せずに、改革問題だけを議題とすることで、あたかも学術会議の改革問題が懸案事項であるかのように装おうとしたのではないかとみられる。もちろん、政府組織を含めて、あらゆる組織には、絶えず点検、評価、改善が必要であり、そのことで、よりよい実践が行えるようになり、延いては国民の負託に応えることにつながることになるのは言うまでもない。一五年にまとめられた有識者会議の報告にも、〇五年改革の成果が順調に得られている点やなお努力が必要な点が指摘されており、当時の担当大臣はそうした指摘を踏まえて学術会議としての更なる改善努力を求めた。これに対して、学術会議としてもさらに改善していくべき点を自ら確認し、その後の活動方針に取り入れてきたのである。

しかし、設置形態の変更は、こうした組織の継続性の下での改善努力では済まないといえよう。これまで行われたことのある会員選考方法の変更すら超えた非連続的な変更を伴いかねないものであり、学術会議が現在行おうとしている改革とは次元が異なるものといえる。もちろん、法律によって設置を定め、税金を原資として運営している組織であるから、それに値するのかどうかを点検することは必要である。しかし、一方で、政策討議を行うに当たっては、経緯を十分に踏まえた検討が、手続上も、国民が納得できる審議という観点からも必要だった。この意味で、この度の政策討議は、なぜ今、学術会議設置形態の見直しが必要なのかについての十分な説明のない、乱暴な議論の場の設定であったことは否めない。しかも、いやむしろ、だからこそというべきか、今回の政策討議取りまとめを読んでみると、以下に述べるような、事実経過の歪曲が行われているとさえ疑われる記述で構成されていて驚かざるを得ないのである。

第二節　日本学術会議の在り方に関する政策討議取りまとめ

政策討議取りまとめの構成は「一．序」として検討の経緯、政策討議の趣旨等が述べられ、「二．日本学術会議の科学的助言機能」、「三．科学者間のネットワークの構築と会員選考等」、「四．日本学術会議の財務及び組織形態等」、「五．結論」となっており、主要項目は総科意見具申「日本学術

［表1］ 日本学術会議の改革に関する報告書等

作成者（略称）	報告書等タイトル（略称）	審議期間（公表日）	位置付け
総合科学技術会議（総科会議）…実質の審議は総科会議「日本学術会議の在り方に関する専門調査会」が行った。	日本学術会議の在り方について（総科意見具申）	2001年5月～03年2月（03年2月26日）	行革会議によって学術会議の在り方を検討するよう求められ、05年法改正につながる審議を行った。
日本学術会議の新たな展望を考える有識者会議（有識者会議）	日本学術会議の今後の展望について（有識者会議報告書）	2014年7月～15年3月（15年3月20日）	総科意見具申で積み残された設置（組織）形態を検討し、現制度の維持を答申した。
総合科学技術・イノベーション会議（総科イ会議）有識者議員懇談会	日本学術会議の在り方に関する政策討議取りまとめ（政策討議取りまとめ）	2021年5月～22年1月（22年1月21日）	第6章本文参照

各報告書等より大西作成

会議の在り方について」（二〇〇三年）や有識者会議報告書「学術会議の今後の展望について」（二〇一五年）とそう変わるものではない（これら三報告書の作成者、タイトル、作成年及び略称については［表1］を参照）。しかし、内容を読むと随所に大きな欠陥を抱えている。

① 役割、機能について

まず、「一．序」で、総科意見具申について、「…しかしながらそれは、会員の選考法や会議の構成を改正するにとどまり、日本学術会議の果たすべき役割・機能ついて、とりわけ上記のような問題意識を明確に持って深く議論したものではなかったと言わざるをえない」[2]（傍線筆者）と批判的に総括している。傍線を引いたように二か所、指示語が出てくるのだが、これが何を指すのかが文章上曖昧なのである。ここでは前者は直近の文にある総科意見具申[3]や法改正（ほぼ総科意見具申通りに法改正が行われた）、後者は、前の段落にある「各国アカデミーには、…現代社会が直面するこれらの諸問題に対し、政策立案者や社会に対する総合的、俯瞰的な学術的知見の提示が求められている」[4]と解すると、意見具申をまとめるに当たって専門調査会やそれを最終的に承認した総合科学技術会議（以下、総科会議と略す）では内外の課題に対応するという問題意識を持った議論がなかったと批判していることになる。しかし、二〇〇一年五月から〇三年二月まで、一三回にわたって行われた専門調査会では、行政改革委員会の議論を受けて、学術会議の必要性、つまり存廃を含んだ根本的な議論が交わされていた。そして、役割、あるいはそれとほぼ同義に使われてきた果たすべき機能についても複数回の会合で委員それぞれが所信表明しながら議論され、その結果が、日学法にある政府への情報提供や提言による寄与、科学者間の交流、さらに社会への情報発信に加えて、「社会の側にある意見や要望を科学の側に的確に伝えるという双方向コミュニケーションの実現」を明示するという学術会議の役割の再定義となった。〝双方向コミュニケーション〟は、日学法第二条などには直接は明記されていない内容で、これらの条文の理解として、総科会議が新たな視点を付け加えたと考えられる。こうした経緯から見ても、専門調査会や総科会議では、学術会議の役割と機能について相当掘り下げた議論が行われたといえる。もし、政策討議取りまとめにある〝深く議論をしたものではなかった〟という評価が、「現代社会が直面するこれらの具体的な問題」（例えば、気候変動、生物多様性、COVID-19の拡大、地政学的変化と世界秩序の再編といった）への取組みに関わるものとすれば、そうした具体的な問題は時代とともに変化していくのは避けられず、総科意見具申は各論に関わる議論までは対象としていなかったと解するべきであろう。

② 組織形態について

さらにもう一つ、総科会議（意見具申）と有識者会議（報告書）の議論の経緯を曲解、というより歪曲して引いていると言わざるを得ないのが組織形態に関してである。少し丁寧に検討しよう。政策討議取りまとめでは、この点について以下のように述べている。

・日本学術会議の組織体制については、総合科学技術会議「日本学術会議の在り方について」（平成一五年二月二六日）において、「日本学術会議が政策提言を政府に対しても制約なく行いうるなど中立性・独立性を確保したり、諸課題に機動的に対応して柔軟に組織や財務上の運営を行っていくためには、理念的には、国の行政組織の一部であるよりも、国から独立した法人格を有する組織であることがよりふさわしいのではないか」との意見具申がなされている。[5]

・一方、日本学術会議の新たな展望を考える有識者会議「日本学術会議の今後の展望について」（平成二七年三月二〇日）において、「国の機関でありつつ法律上独立性が担保されており、かつ、政府に対して勧告を行う権限を有している現在の制度は、日本学術会議に期待される機能に照らして相応しいものであり、これを変える積極的な理由は見出しにくい」と報告されている。[6]

これを読むと、組織形態について、総科意見具申と有識者会議報告書とであたかも異なる結論が出されたかのように思えてしまうだろう。しかし、事実はそうではない。総科意見具申では、設置形態について、詳しく記述していて、総科政策討議取りまとめにある先の引用「日本学術会議…ふさわしいのではないか」）はまだ結論ではなく、論述の過程で示されている一つの考え方である。これに続いて、欧米のアカデミーが政府から独立しながらも法律、勅許による設置根拠を有し、政府から財政支援を受けていると述べた上で、最終的な理想像としては「国家的な設置根拠と財政的な基盤の保証を受けた独立の法人とすることが望ましい方向である」としている。しかし、一方で、「わが国の社会や科学者コミュニティの状況に照らして直ちに法人とすることが適切かどうか、また、法人化すればどのような設置形態の法人とすることが適切であるか、なお慎重に検討する必要がある」と述べ、当面は国の特別の機関の形態を維持し、改革の他の項目に関わる法改正を早急に行って、学術会議が期待される役割に応える活動を積極的に行うことを求めた。そして、「今回の改革後一〇年以内に、新たに日本学術会議の在り方を検討するための体制を整備して上記のような評価、検討を客観的に行い、その結果を踏まえ、在り方の検討を行うこととすべきである」と結んでいる。つまり、この最後の文、〝改革後一〇年以内に…在り方の検討〟がこのテーマに関する総科意見具申の結論であった。[7]

そして、これに対応して、改革のための法施行から一〇年に当たる二〇一五年一〇月を前に評価・検討した有識者会議の結論が先の二つ目の「・」にある「国の機関～見出しにくい」であった。したがって、総科会議の結論と有識者会議の結論という二つの異なる結論が存在するわけではなく、両者はいわば縦に連なる一連の議論であり、設置形態・組織形態に関する最終結論が有識者会議によって報告されたのである。この最終結論は、〇五年法改正とそれ以降一〇年間の実績評価を踏まえた重いものである。それだけに、これを見直す場合には、なぜ見直すことが必要になったのかを十分に説明することが求められるはずである。しかし、政策討議取りまとめにはそうして説明は見られず、これまでの議論を歪曲して、あたかもまだ結論のない問題を今回総科イ会議の有識者議員が検討したかのように装うのは、とても誠実な報告のまとめ方とは思えない。

③ 科学的助言について

政策討議取りまとめで、もう一つ触れておく必要があるのは、学術会議が行う科学的助言について、「テーマ設定から発出後のフォローアップまで、ステークホルダーと十分に意見交換を重ねていくことが強く求められている」[8]との点である。一見もっともらしく見えるこの文に、しかし、見過ごせない独善振りが潜んでいる。科学アカデミーが行う科学的助言には、通常二種類がある。一つは、政府などから諮問を受けて、然るべき態勢で審議を行ったうえで答申するものである。学術会議のこれまでの経験では、諮問・答申という日学法に定められている形式の他に、審議依頼・回答、つまり、省庁等の責任者から文書による審議検討の依頼をうけて、然るべき態勢で審議した上で回答するというものがあった。官公庁の手続上、両者にどれ程の差異があるかははっきりしないが、諮問・答申がより公式な検討依頼に当たるということだろう。

もう一つは学術会議自らがテーマを設定して、審議の上、多くの場合、名宛人を定めて勧告を出すというものである。学術会議からの文書は公開されているから、〝誰に、何を求めるのか〟を明記しつつ勧告するという形をとる。日学法では前者（諮問・答申等）は第四条、後者（自主的な勧告）は第五条に規定されていて、学術会議の最重要機能といえる。さらに日本学術会議会則においては、法に加えて、日学法第三条第一号（科学に関する重要事項を審議し、その実現を図ること）の職務として、要望、声明、提言、報告、回答を上げている。これらは、勧告と同じく日学法第五条に示す事項、すなわち、

一．科学の振興及び技術の発達に関する方策
二．科学に関する研究成果の活用に関する方策
三．科学研究者の養成に関する方策
四．科学を行政に反映させる方策
五．科学を産業及び国民生活に浸透させる方策
六．その他日本学術会議の目的の遂行に適当な事項

という科学に関する事項の全般にわたることが規定されている。そして、会則で要望、声明、提言、報告、回答が日学法第三条第一号の職務と明記されているのは、これらが学術会議の独立した職務であることを示している。したがって、学術会議が審議を行う場合、その内容に関連する政府の部署や民間の団体などから、現状、問題点や課題などについて意見を伺うことによって状況を把握することは重要なこととして行われるとしても、審議そのものは、外部の意向に沿って行われるべきではなく、学術の蓄積を踏まえた自らの見識に基づいて独立して行われる必要がある。

こうした認識の上で政策討議取りまとめの前述の箇所を改めて読むと、「科学的助言については、社会の重要な諸問題に関する中長期的、俯瞰的分野横断的な観点からの学術的知見の提示に対するニーズが高まる中、テーマ設定から発出後のフォローアップまで、ステークホルダーと十分に意見交換を重ねていくことが強く求められている」と述べており、ここで論じた二種類の助言（諮問・答申等と勧告等）の区別が曖昧にされているとともに、ステークホルダー（利害関係者）と十分に意見交換を重ねることで、迎合的な結論を出すよう示唆しているのではないかと疑わせる記述になっている。

第三節　日本学術会議と総合科学技術・イノベーション会議

政策討議とりまとめに一知半解で、独善的な記述が生ずるのは、学術会議と総科イ会議の立場の違いが曖昧にされていることに由来する、と筆者は考えている。両者の関係はしばしば〝車の両輪〟と表現されてきた。この表現は、総科意見具申で使われたのが最初と思う。そこでは、「総合科学技術会議は、閣僚と有識者議員が一同（原文のママ）に会して科学技術に関する政策形成を直接行う役割を担う。日本学術会議は、ボトムアップ的に科学者の意見を広く集約し、科学者の視点から中立的に政策提言を行う役割を担う。こうした役割分担に沿って、両者は「車の両輪」としてわが国の科学技術の推進に寄与するものと位置付ける」[9]とあり、トップダウン型組織（総合科学技術会議）とボトムアップ型組織（日本学術会議）の役割の違いを明確にしたうえで、〝科学技術の推進〟という大きな目標に互いに寄与すると、車の両輪の意味を述べている。

こうした観点は、有識者会議報告書でも踏襲されている。有識者会議は総科イ会議とは別組織（科学技術政策担当大臣の諮問組織）であった。そのためより明快に「政府の打ち出す政策について科学的見地から分析を行い、場合によっては批判的なものも含め、科学的なエビデンスに基づく見解を出していく、という機能は、わが国の科学アカデミーとして重要な役割である[10]」としたうえで、「（日本学術会議は）科学者の代表機関として、政府との関係における独立性と中立性を保つという意味においては、科学技術の「司令塔」である総科イ会議をはじめとする政府の諸機関との役割の違いを明確にし、日本学術会議としては、あくまで学術的な観点からの見解を政府に対して提示することが役割である、という姿勢を保つべきである[11]」と述べているのである。

これに対して、政策討議取りまとめには、「本政策討議としては、我が国全体の科学技術を俯瞰し、科学技術に関する政策形成を直接担う立場から、「車の両輪」である日本学術会議と対話を継続していくというスタンスを確認する。[12]」としたうえで、「科学的助言機能の強化について、日本学術会議が取組を進める中長期的、俯瞰的分野横断的な課題を一例として取り上げ、テーマ設定やタイムフレームのセットから、とりまとめ、発出、関係者への働きかけ、フォローアップまでの一連のプロセスにおいて、例えば数か月程度など、一定の期間ごとに活動状況を確認し意見交換を行う場を設けることにより、日本学術会議自身が改革を進めるにあたってのあい路の発見・解消や必要なサポートを共に考えていくことを改めて提案する。[13]」とある。しかし、学術会議は、法律においても独立してテーマを設定し、審議し、結果を公表することが求められている組織であるから、総科イ会議が、審議の経過を報告させることなどによって、審議に干渉することは適当なこととはとても思えない。総科イ会議として、これまでの総科意見具申や有識者会議報告書が、学術会議の独自の役割を評価してきたことを否定して、その審議過程に介入しようとすることがわが国の科学技術政策の司令塔を標榜する組織に対して国民が期待していることなのかを改めて考えるべきだろう。そして現に行おうとしていることが、日学法に規定された「独立して職務を行う」という学術会議の役割に対する過度な干渉という越権行為になりかねないことを知るべきではないか。

あらためて「車の両輪」論に戻ると、車の両輪とはあくまでも比喩的な慣用表現であろうが、イメージが湧きやすい表現なので、場合によっては誤解が生じる。つまり、この表現を総科イ会議と学術会議の関係に適用した場合に、車は何に当たるのかが問われる。総科意見具申、有識者会議報告書、そして学術会議は、車は〝(わが国の)科学技術〟そのものと考えているのであろう。総科イ会議と学術会議はそれぞれの立場に立ちながらも、協力して、日本の科学と技術の発展に努めようとしているという意味で、両輪を形成している。これに対して、総科イ会議の有識者議員による政策討議取りまとめは、車を〝科学技術政策〟と考えている節がある(あるいは少なくとも、総科イ会議と学術会議が異なる見解を持ち得ることに無自覚である)。総科イ会議は総理以下関係閣僚が約半数を占める組織であり、科学技術領域における政策立案に当たっているのであるから、その結論は科学技術政策に直接的に反映される。したがって、時の政府の方針(政策)だけではなく、より普遍的な観点から科学技術の発展を考える立場に立とうとする学術会議とは車輪が支えている本体(車)の捉え方が違うといえよう。総科イ会議はもちろんのこと、総理や関係閣僚は、科学アカデミーは常に政権の科学技術政策を推進していくための車輪という存在ではなく、より普遍的な科学と技術の振興という観点から、科学的知見に基づいて、時には、政策に批判的な立場に立ったり、辛口の助言・意見を述べることもあることを理解するべきだと思う。そのことが、政策の改善や進化を促し、国の科学技術の発展に寄与することになる。

第四節　学術会議の在り方論

日学法のこれまでの二度の大改正では、会員の選考方法が変更された。しかし、その一方で、その設置形態、目的、職務、権限などの基本的な事項については、所轄が内閣総理大臣から総務大臣となり、再び内閣総理大臣に戻ったことと（法第一条第一項）、国際団体への加入やその経費に係る規定が加わったこと（法第六条の二）を除いて変更されていない。これらの大改正時には、その在り方をめぐって、存亡の危機と表現されるような大きな論争があったのにもかかわらず、設置形態の根幹に手が付けられなかったのには理由があると筆者は考えている。それは社会経済的に発展した国家として、〝社会のかたち〟（政府のみならず国を構成する主要な社会機構の総体）の観点からも、その一角に科学者組織が必要だからである。換言すれば、広く社会経済活動において、科学の応用に基づく種々の技術はもとより、科学的な価値観や思考が不可欠といえるほど重要な役割を果たすようになっているからである。第二章で考察したように、先進工業諸国では、古くは一七世紀から、特に一九世紀末からは国家間で相互に影響を及ぼしながら科学アカデミーが社会のかたち

［表2］主要科学アカデミーの設立・組織・財政

名称	設立	組織	予算	財源
全米科学アカデミー(NAS)	1863 年 NAS 設立法によって創立。	非政府非営利団体	452.6M ドル (2019 年度)	政府契約グラント (47.2%) 民間 (11.5%) 等
英国王立協会(ロイヤル・ソサエティ)	1660 年創立、1663 年国王勅許。	登録公益団体	129.8M ポンド (2020 年度)	英ビジネス・エネルギー産業戦略省関係(76.9%)
フランス科学アカデミー	1666 年ルイ 14 世によって創立。	独立機関	4640 万フラン (2000 年)	政府 60%、寄附その他 40%
ドイツ科学アカデミー（レオポルディーナ)	2008 年ドイツ政府によって国家アカデミーとして認定(創立 1652 年)。	大統領下の国の機関	13.2M ユーロ (2019 年度)	ドイツ政府 80%、ザクセン・アンハルト州 20%
リンチェイ国立アカデミー（イタリア)	1603 年創立。中断後、1944 年の法令で新設。	公的独立機関	700 万ドル (2000 年)	政府 50%
韓国科学技術アカデミー(KAST)	1994 年創立、当初 NPO、2005 年基礎科学振興法で法定組織。	非営利組織、政府から独立	458 億元 (2013 年)	
中国科学院(CAS)	1949 年創立。	国家直属の科学研究機関、政府機関		中国政府 54.5%、傘下機関の事業収入 38.5%

日本学術会議・各国アカデミーデータより大西作成

に組み込まれてきた（［表2］）。もちろん、その過程で、科学アカデミーが政治・行政や軍事機構とどのように距離を置くのかは重要な論点であり、各国が戦時体制などの試練を経つつ、科学アカデミーの社会における位置を定めてきたのである。しかし、その位置は安定的なものというよりは、現代・未来において生起する諸問題に対応して変化するものではある。規範的な整理を試みれば、科学アカデミーの役割として考えられるものを上げると次のようになろう。

A．栄誉（授与）機能…功績のあった科学者を選定し、会員としての栄誉を授与し、年金支給などによって処遇する。

B．学術の統合・体系化機能…学術

の体系化をはかり、新たに興った学術領域を見出して体系の中に位置づけ、学術全体の発展を促す。
C．学術の振興機能…研究費の拡充、研究機関の設置・拡充の提案を行う。あるいは科学アカデミーが自ら研究所を有し、研究促進を図る。
D．政府や社会に対する科学的助言・提言機能…学術の成果を基に、産業や社会、あるいは行政に対して助言や提言を行ない、社会の諸活動に科学の成果が生かされるように図る。
E．学術人材の育成機能…研究活動の担い手を育成するための教育・研修の充実を図る。
F．学術における倫理意識の向上機能…学術組織の憲章や研究者の行動規範などを定め、普及させることを通じて、学術に携わる者の倫理意識を高める。
G．科学アカデミーの国際的な連携機能…科学アカデミーの国際組織に加盟したり、種々の国際活動に参加して、国際社会の様々な場面で学術の蓄積が生かされるよう努める。
わが国、あるいは諸外国の科学アカデミーは、場合によっては一国の中で複数に分かれ、それぞれがここに挙げた機能のいくつかを担っている。日本の場合には、Aは日本学士院が、Cの研究費配分は日本学術振興会（ＪＳＰＳ）や、国立研究開発法人科学技術振興機構（ＪＳＴ）等が担っている。[14]日本学術会議は、これらを除くB、D、E、F、Gの機能を果たしている。欧米の科学アカデミーは日本学術会議が担っているこうした機能に加えて、Aの栄誉授与機能を担っているものが多く、終身会員制をとっていたり、会員が年金支給の対象となっている場合がある。また、Cの研究費についても、英国のアカデミー（ロイヤル・ソサエティ）のように若手に配分する研究奨励資金を有している場合がある。また、社会主義国のアカデミーは、Cの機能に関連して、科学アカデミーが研究機関を統括する組織に置かれていることが多く、行政スタッフとともに国立研究機関を指導する立場にあったり、自ら研究を推進する立場にある。しかし、わが国を含めて西側諸国のアカデミーでは、国立の、または国の影響力が強い研究機関が、科学アカデミーと同一組織に属すのは一般的ではない。

これらを踏まえると、科学アカデミーが存在するのは、科学の振興や発展、政策や社会の諸活動に科学の成果を生かすとともに、そのことを内外に示すためであり、現代社会にとって必須の機能となってきた。したがって、各国では、必ずしも国立という設置形態ではないとしても、科学アカデミーの地位を法的に位置づけたり、国王など国の統治者が認定することによって国における存在を位置付けてきた。また、科学アカデミーが主として理学系分野を代表しており、このほかに工学系、医学系、人文社会科学系などのアカデミーが別にあるなど複数のアカデミーが認知されている国も少なくない。

こうした国における科学アカデミーの重要な役割に起因して、その機能を維持するために国から直接間接に資金が供与されている。科学アカデミーの収入は、各国の経済財政システムによって多様性がある。税に代わって寄附を行うことで社会の公益的な活動に貢献することが広く認められてきた英米などの国々では、毎年の政府からの資金供給や会費収入などとともに、寄附やその運用益が大きな財源となっている。これに対して、日本のように、毎年の国からの収入が活動資金の大宗を占める場合もある。

国による認知や財政支出が行われるにもかかわらず、多くの科学アカデミーはその活動の独立性・自律性が保障されている。政府機関ではない場合には、政府の指示が直接には及ばないことは制度上明らかであるが、政府機関である場合には、活動における政府からの独立性が認められていることが重要となる。活動における独立性とは、会員選考、審議事項や内容、成果の公表に関わる意思決定における独立性が保障されていることである。この点で、政府の機関として設立されているケースが多い社会主義国のアカデミーや日本学術会議の場合には、独立性に関する明確な規定が設置法等で与えられていることが、機関そのものが国から独立している諸国の科学アカデミーとの同質性を示す上で鍵を握ることになる。

これらを総合すれば、科学アカデミーを社会のかたちにおいて位置付けるためには、（一）法律によって設置し、国の科学者を内外に代表する組織であることを明記すること、（二）活動を支えるために政府が安定的な財源を確保すること、（三）政府等から諮問に答えることに加えて、独立した活動、すなわち自律的な課題設定の上で、審議、勧告・提言・声明・報告等の適切な形での科学的助言や科学的見解を公表できること、（四）会員・連携会員といった構成員選考において、コ・オプテーション[15]等の自律的な方法を適用し得ること、が必要となり、日本もその例外ではない。そして、もちろんこうした要件は、先に検討したように、特に欧米諸国の科学アカデミーでは共通して満たされており、いわば同質、同等のアカデミーとしての国際交流のパートナーの資格条件になっているといえよう。

第五節　組織形態と独立性

民主的な社会のかたちとして、社会を構成する機構の一角に科学アカデミーを置くことが必要であり、その際に満たすべき基本要件となる四点を指摘した。実は、筆者はこれを二〇二一年一月発行の雑誌への寄稿で示した。[16] そして、これらは基本的に日本学術会議が発表した「日本学術会議のより良い役割発揮に向けて」（二一年四月二二日）の中で提示されたナショナルアカデミーの五要件と同一のものと考えている。第二五期の日本学術会議が示しているナショナルアカデミーの五要件を示すと、

要件①　学術的に国を代表する機関としての地位［日学法第二条・第六条の二］
（i）内外に対する代表機関であることの明記
（ii）国際学術団体への加入
要件②　そのための公的資格の付与［日学法第三条・第四条・第五条・第六条・第七条］
（i）組織に対する公的機能の付与
（ii）組織の構成員の選出に関する規定
要件③　国家財政支出による安定した財政基盤［日学法第一条］
要件④　活動面での政府からの独立［日学法第一条・第三条・第二十八条など］
（i）職務遂行に当たっての独立

（ii）内部管理の独立
（iii）内部規則制定権
要件⑤　会員選考における自主性・独立性［日学法第七条・第八条］
（i）会員の選考に当たっての自主性・独立性
（ii）会長の選考に当たっての自主性・独立性

である。[17]筆者が先に示した四項目は、これら五要件のうち①と②を一つにまとめ、四要件としたものといえよう。そこで学術会議が五要件を二一年四月に公表した後にまとめられた「政策討議取りまとめ」での組織形態に関する結論を改めて見てみよう。

政策討議取りまとめは次のように述べている。「現在の日本学術会議の組織形態が、わが国の政治体制・法体系の中で一定の合理性を有してきたのだとしても、本政策討議では、これまでの改革の際の議論等を踏まえても、緊急的課題や中長期的、俯瞰的分野横断的な課題に関する政策立案者等への時宜を得た科学的助言や社会からの要請への対応という観点からは、現在の組織形態が最適なものであるという確証は得られていない[18]（傍線筆者）」。つまり、現在の学術会議の組織形態に対して、傍線部のように緊急的課題、中長期的・俯瞰的分野横断的な課題への対応の観点から最適か否かに疑問を呈している。しかし、意思決定や活動の機動性・弾力性は、独立性が保障される限り現在の組織形態でも可能なものである。現に、学術会議では、二〇一四年二月に「緊急事態における日本学術会議の活動に関する指針」を設けて、事態が変化しつつ、科学者の見解が緊急に求められると判断される事態においては、幹事会と当該事態に関わる分野の専門家からなる会議（緊急事態対策委員会）が中心となって検討して見解をまとめ、会長談話、声明、提言として公表し、関係者に伝えることができる体制を整えた[19]。これは、原発事故による放射性物質の拡散への対処が念頭にあって設けられた制度であるが、新型コロナウイルス感染症拡大等に際しても適用し得る制度であった。また、財政基盤や事務局機能も現在の設置形態（国の機関）の方が安定しているといえるだろう。

その意味では、こうした取りまとめを行った政策討議取りまとめが行きつく結論は、現状の国の機関という組織形態が最もふさわしいということになるのではないか。しかし、政策討議取りまとめでそのような結論を述べるに至っていないのは、そこには書かれていない論点、つまり、国の機関として存続した場合に、学術会議の「独立性」が保障されるのかが確信できないからではないかと思われる。もちろん日本学術会議法には、独立して審議を行うことが明記されているから、法律上、政府は、学術会議の審議に介入して、結論を誘導することはできない。しかし、二〇二〇年九月における菅義偉元首相のように、これまでの国会における首相見解を無視して、会員任命に係る首相の権限を不当に拡大解釈して任命拒否することによって、独立性に否定的な影響を及ぼそうとする試みが今後また繰り返されないとは限らない。あるいは予算配分などを通じて科学アカデミーの活動を低下させようとする恐れがないとは断言できない。現在のように学術会議が行政組織として内閣総理大臣の所轄とされている以上、日本における科学アカデミーの活動のあるべき姿についての国民的合意と、その上での首相と学術会議間における組織の在り方や活動に関わる独立性に関する基本的な了解の下で、学術会議が安定してその活動を行う環境を整えることは重要である。そのために学術会議としても、首相や、科学技術政策を担当する大臣との不断の意思疎通を図り、その活動について理解を得ることが必要である。こうした観点から、筆者が述べた組織形態に関する四要件（学術会議が示している五要件）の重要性を再度確認するとともに、今後学術会議がさらに検討改善していくべき点を考えてみよう。

第六節　更なる改革への課題

①　コ・オプテーション

まず、会員選考についてである。現在のコ・オプテーション制度は、世界の主要国の科学アカデミーに共通した会員選考方法であるとはいえ、多くの国では、空席となった定員を補充する際にとられている選考方法であり、日本学術会議のように、任期六年で三年ごとに半数交代がコ・オプテーションによって厳格に実施されている科学アカデミーは恐らく他に例がない。学術会議は、発足時の三年任期（重任可）の選挙制、その後の学協会からの推薦制を経て、現在の会員選考方法に至った。その意味では現在の選考法をベストなものと認識しているわけではないと思う。これまでの二つの方法に、優れた研究者が選ばれないケースや候補者の減少傾向（選挙制）、あるいは推薦母体である学協会の代弁者になり勝ち（推薦制）などの欠点が顕在化したことから、三番目の現制度に行きついた。コ・オプテーションも実質的に半年の間に一〇五名を選考するために、比較的狭い範囲での候補者選びになる（身近な人の方が業績や人柄を熟知していて安心して推薦できることを理由に）という弊害があり得る。現に、東京大学や京都大学等の限られた大学に会員が集中しているといった偏りが指摘されてきた。つまり、会員選考が狭い範囲で行われるという問題が生じやすいのである。このため、筆者が会長であった時は、「優れた研究又は業績がある科学者のうちから会員の候補者を選考」（法第一七条）という選考基準を守りつつも、これに該当する候補者は相当多いという前提で、これまであまり選ばれてこなかった女性研究者、地方勤務者、新しい研究分野の研究者、大学以外の公的研究機関や民間研究機関の研究者から積極的に登用することを、選考作業を本格的に開始する三年目の秋頃に、[20]「選考方針」として選考委員会で合意した。その成果は明瞭であり、女性会員は目標を上回り二〇年一〇月の第二五期発足時には女性会員の比率は三七・七％に増加、関東地方を拠点とする会員の比率は五一％まで低下、地域研究や環境学の研究者も確保できた。しかし、なお特定の大学を含む大学所属研究者に偏っていたり、会員の研究分野が十分に多様化しているとはいえないので、選考方針を更新して多様性の拡大を目指していくことが必要である。

選考委員会は会長が委員長となることが慣例となっていたので、筆者は会長時代の二回の半数改選でも選考過程の責任者を務めた。その体験で感じたことは、例えば、〝女性会員を増やそう〟という精神的合意だけでは不十分なことである。選考の最前線となる人選は、それぞれの専門分野で行われることになるから、選考の基礎単位ごとに何人の女性会員を選ぶことが必要かを具体的に示さなければ目標は達成できない。逆に、そうした具体的な目標が合意されれば、目標は必ず達成されてきた。もちろんその際に、「優れた研究又は業績のある科学者のうちから会員の候補者を選考」という、法に述べられている選考基準を満たす必要があるが、この基準は、例えば、科学者を研究（通常は発表論文や受賞実績等で評価）や業績（特許や社会活動の実績や顕彰等で評価）で評価するといっても、評価の高い順に並べて、上から改選数までを選ぶことを指しているわけではない。そもそも、客観性のある方法で研究者を評価して順位をつけることが可能とは思えない。そうなると、それぞれの研究機関で研究や業績を評価されていることの上で、主任格の研究者や教授職についていること、学会誌などに論文を発表して受賞する等の評価を受けていることなどが主要な評価基準となり、それを満たす人は少なくない。つまり、会員や連携会員の有資格者は選考数よりも十分に多く存在していて、その中から、さらに選考方針を適用して選考することになるから、選考結果に多様性を増す余地はまだあるというのが筆者の経験的実感である。ただ、会員・連携会員の選考、つまりコ・オプテーションは、学術会議にとって、責任の重い、重要な任務であるので、拙速を避けながら着実に改善を進めることが肝要である。

② 外国籍科学者の参画

会員の多様性に関して残されている問題の一つが外国人（日本国籍を持たない）科学者である。会員は特別職国家公務員であることが国家公務員法第二条第三項第一二号の二に明記されている（特別職国家公務員となる職として指定）。しかし、連携会員については、特別職国家公務員のリストには指定がないことから一般職国家公務員とされるものの（国家公務員法第二条第二項）、そもそも連携会員が国家公務員であると明示的に定めた法令は存在しない。そのうえで少し丁寧に経過を辿ると、連携会員制度が設けられた二〇〇五年法改正の原案を提案することになった総科意見具申には、連携会員について、「一定数以上の外国人研究者を「連携会員」とするものとする」とある[21]。学術会議が意見具申に対応してまとめた「日本学術会議の改革の具体化について[22]」では、「外国人　主として報告書案等のレビュー・コメントや寄稿あるいは評価を行うため、外国人研究者を「連携会員」として委嘱できるものとする」と書かれている。一般の連携会員の記述では、「総会で決定して会長が任命する」とあるので、外国人の項で、「連携会員として委嘱できる」と記述されているのは、日本人と外国人で取り扱いが異なることを想定していると窺わせるともいえよう。

その後、改正法案がまとまって、二〇〇四年三月に衆議院、四月に参議院で法案審議行われた。その中で、〝外国人が連携会員になれるのか〟という質問に対して、学術会議事務局長が、〝連携会員は一般職国家公務員なので、日本国籍を持っていることが必要〟との答弁を行った。細かな経緯は不明だが、首相が議長を務める総合科学技術会議の意見具申で、外国人が連携会員になれるとしたものの、恐らく事務当局による後の検討で、外国人は不可という見解が確定し、学術会議としての対応文書（改革推進委員会）の段階では、委嘱するといってみたりする曖昧な対応に留めたが、国会での法案審議の段階で外国人は不可との見解が確定したことになる。

しかしこの問題は尾を引いた。法の全面施行を前に始まった新制度の下での会員選考過程で、会員候補者の情報提供を求められた学会の一つである日本平和学会は、日本の大学で教員を務める外国籍の研究者を含めて推薦しようとした。しかし、情報提供を求める文書の留意事項に「会員候補者として情報提供していただく科学者は、日本国籍を有するものに限ります」との国籍条項があったので、学術会議に照会したところ、「日本学術会議は、内閣総理大臣の所轄機関として設置され、科学に関する重要事項についての政府からの諮問に関する答申、勧告等を行う機関であり、その会員は公の意思の形成への参画に携わるため、日本国籍が必要となります」との回答があったという。[23]その後のやり取りでも学術会議側からはそれ以上の詳しい説明は行われず、日本平和学会として不満や疑問が残るままであったようだ。

日本平和学会のケースは特別職国家公務員となる会員についてであり、以下のような日本政府がとってきた考え方が適用されている。つまり、国家公務員に共通する明文の国籍規定は存在せず、特定の国家公務員は個別法、例えば公職選挙法（適用対象は地方の首長、議員も含む）や人事院規則等によって日本国民であることを要件としている場合がある。個別法に定めがない国家公務員については、公務員に関する「当然の法理として、公権力の行使または国家意思の形成への参画にたずさわる公務員となるためには、日本国籍を必要とするものと解すべきである」とする内閣法制局の見解が示された（一九五三年）。二〇〇四年の国会質疑における学術会議事務局長の答弁はこの「当然の法理」に基づいたものと解釈できる。[24]当然の法理では、日本国籍を持つことが必要とされる公務員は「公権力の行使または国家意思の形成への参画にたずさわる」と限定されている。しかし、この限定条件を広く適用すればほとんどの公務員が含まれることになりかねない。そこで、これまでも風穴が開けられてきた。例えば、司法試験に合格した外国人が司法修習生（国家公務員ではないがそれに準じたものとされる）となることが認められることになった七六年の最高裁の方針転換、教員が公務員となる国立大学と公立大学（それぞれ法人化前）で外国人教員の任用が可能となった法施行（「国立又は公立の大学における外国人教員の任用等に関する特別措置法」八二年九月一日施行[25]）等である。しかし、学術会議ではその後検討は進まなかった。そうした中で、筆者の会長時に、外国人アドバイザー制度を設け[26]、外国人科学者が審議や国際活動に参加できるようにした。しかし、これは、外国籍の研究者に学術会議での審議に参加する道を開いたとはいえ、当然の法理の問題に真正面から取り組んだわけではなかった。

実は、主要国の科学アカデミーの多くで、外国人のメンバーが認められている。日本の大学や研究機関で日本人の研究者と同じように研究活動を行って、優れていると評価される外国人を会員や連携会員に任命できないのは、研究分野の人材における国際化が進む中で明らかに時代遅れであるし、海外で研究活動を行う外国人研究者についても国際交流の一環として日本の学術会議が会員や連携会員に任命する道もあっていい。かつて、国公立大学の教員に対して個別法で外国人の就任を認めたように、優れた科学者が国籍を問わず会員や連携会員になり得るよう法制定を進める時期に来ていると思う。

③　学協会との連携

日本学術会議は〇〇万人の科学者の代表という言葉が良く使われる。直近のデータでは〇〇は八九万人になる。これは総務省の科学技術研究調査による数値であり、企業から大学に至るまでの研究者の定義に該当する人数を指す。選挙制度が採用されていた時期は、このうちの相当数が学術会議会員選挙の選挙権者・被選挙権者であり、また続く時期には、多数が参加する学協会が会員候補者の推薦団体だったのであるが、現在では、その多くが会員・連携会員選考で情報提供を行ったり、普段学術会議から種々の情報提供を受ける日本学術会議協力学術研究団体に属するというやや距離を置いた関係になっている。つまり、科学者の代表といいながら、選挙や推薦がなくなったことによって代表性の内実は希薄化してきたと言わざるを得ないのである。

しかし、学協会との連携は学術会議にとって生命線ともいうべき重要性を持つものであることから、第四章第四節で示したように、防災分野では防災学術連携体が組織され、学術会議と関係学協会との連携が図られてきた。他にも結びつきの強弱は様々としても、学術会議と学協会との連携は、医学・歯学・薬学系や物理学関係などに見られる。また、各分野のユニオンがＩＳＣのメンバーになっている場合に、学術会議の中にユニオンに対応した国際活動のための会議体ができており、日本の関係学会の代表者がそのメンバーになっていることが多い。

学術会議の歴史を振り返ると、会員選挙制において組織票が動いたとか、会員推薦制では選ばれた会員が選出母体である学協会の利害に敏感になるなど、学協会と学術会議の関係に否定的な評価が行われてきたことが認められる。しかし、現状は、〝羹に懲りて膾を吹く〟の誹りを免れない状態といえるのではないか。先に挙げた防災等における事例を参考にして、学協会との様々な連携をもっと積極的に進める必要があるように思う。

④ 諸団体との連携

学術会議が連携するべき相手は、現在では科学者を中心とした学協会には留まらなくなっている。経済団体はもちろん、様々なNGOやNPOが、科学に関心を寄せるようになっている。本書で取り上げたフューチャー・アースは、長く科学者が中心となって行ってきた地球環境変化に関する観測や問題提起を、社会全体の共有課題へと拡張する必要があるとの認識から始まった国際的な研究計画である。したがって、研究計画とはいえ、予算を獲得して科学者が研究するというスタイルを抜け出して、温暖化、砂漠化、植生の急速な変化などを抑制する活動を実践する諸団体と積極的に連携していくことが指向されている。

防災学術連携体にせよ、フューチャー・アースにせよ、学術会議が、外部の団体と協働する組織を作ることは、もともとの学術会議の制度では想定されていなかったものであり、そのための規定は明確ではない。社会の多様な組織との連携が可能となるように、学術会議も積極的に外部組織に加わり、より積極的に社会との結びつきを強めていくべきであろう。

第七節　改革への試論

すでに述べたように、これまでの経緯を辿っていくと、現在政府で学術会議改革論が議論されているのは、必ずしも健全な審議のプロセスを辿ったものとは言えない。むしろ、首相による日学法に反するような任命拒否という失態を糊塗するものであり、それゆえ、総科イ会議の政策討議取りまとめ文書も欠陥の多いものにならざるを得なかった。しかし、政権党が学術会議改革の動きを強めているのは事実であるから、その動きへの現実的な対応も必要といえよう。そこで、その際のヒントになりそうな点をいくつか述べておくことにしたい。

① 特別職国家公務員であることは首相任命を要しない

日学法第七条第二項に「…内閣総理大臣が任命する。」とあることが[27]、あたかも首相に会員人事の裁量権があるかのような誤解を生んできた。この規定は、一九八三年の日学法改正で設けられた条文である（この時点の改正[28]では、「…内閣総理大臣がこれを任命する。」とあり、二〇〇四年の改正時に現条文になった）。その際の国会審議では、それまでは会員選挙での当選者が会員になるという規定、つまり第七条第一項は「…選挙された二一〇人の日本学術会議会員をもって、これを組織する。[29]」とあり、当選が確定した者が会員となり、任命行為は手続に含まれなかった。加えて、国家公務員法も改正され、「第二条第三項第一二号に次の一号を加える。その二　日本学術会議会員」となった。これは、第一二号に日本学士院会員とあったものに、「その二」として学術会議会員を加えたもので、この時から、学術会議会員は特別職国家公務員の身分を有することになった。これらを結び付けて考えると、会員推薦制であると（あるいは、選挙制でなければ）首相による任命が必要になり、特別職国家公務員となる、というように相互に関連しているようにとらえられ勝ちだが、必ずしもそうとは言えない。

日本学士院の場合を例にとると、日本学士院は日学法ができた段階で、学術会議の中に置かれることになり、その会員は日学法第二四条第三項「日本学士院会員の数は、一五〇人とし、日本学術会議がこれを選定する。」とあった。首相や大臣が任命するとの規定はなかった。またこの時点の国家公務員法の特別職国家公務員の規定には学士院会員も学術会議会員も含まれていなかった。

一九五六年の日本学士院法の制定によって、日本学士院は学術会議の下を離れ、独立した組織となった。その中で、同第三条第一項によって「会員は、学術上功績顕著な科学者のうちから、日本学士院の定めるところにより、日本学士院において選定する。」とあり、首相や大臣による任命は規定されていない。そして、同時に国家公務員法の改正が行われて、第二条第三項第一二号（特別職国家公務員の職指定に関する規定）に日本学士院会員が加えられた。これらはそれ以降改正されておらず、現在の日本学士院会員の選定や身分に関わる規定でもある。つまり、会員は日本学士院自らの選定によっており、身分は特別職国家公務員となっている。首相や大臣による任命は、選挙以外の方法で選定されることとも、特別職国家公務員という身分を得ることとも連動しているわけではない例が少なくともここに存在している[30]。

こうして考えると、学術会議会員についても、一九八三年法改正以前のように、国費による手当の支給はあっても、少なくとも特別職国家公務員ではなく、また、日本学士院会員のように首相や大臣による任命は受けずに、自ら会員を選定するという制度設計もあり得ることになる。そう考えると、本書でも見たように、八三年における国会審議で、首相による任命が必要なのかについて繰り返し問い質され、当時の中曽根首相が首相が行うのは形式的任命であり、学術会議による選考通りに任命すると答弁するに至った理由がより明確になる。任命行為が必然ではなかったので、そこに強い意味を持たせることはできなかったのである。そう考えると、制度設計上は必須ではない任命行為を口実に強権を振るった菅義偉首相の法を逸脱した行為が一層不当性を帯びることになる。

② 行政組織ではない選択肢

ここまで、現行の日学法の下でも、第七条第二項を改正して、首相による任命を不要とすることも、他の例に照らせばあり得ることを述べてきた。そこで少し飛躍して、行政組織としての存在ではなく、独立した組織へと移行することがどのような問題を引き起こすのかを考えてみたい。本書でも詳しく検討してきたように、二〇〇三年総科会議意見具申においては、「国の行政組織の一部であるよりも、国から独立した法人格を有する組織であることがよりふさわしいのではないかと考える」、としながらも、「我が国社会や科学者コミュニティの状況などに照らして、直ちに法人とすることが適切かどうか、また、法人化するとすればどのような設置形態の法人とすることが適切であるか、なお慎重に検討する必要がある」として、一〇年以内の再検討に委ねた。その再検討においては、現行制度を変える理由がないとして現行制度が維持されることになった。しかし、現行制度では想定されていなかった首相による強権的な任命拒否が行われたことを踏まえれば、現行制度が日本におけるアカデミーの設置形態として、特に、その独立性の確保という点で適切なのかに不安が生じていることは否定できない。換言すれば一五年の有識者会議報告書で「これを変える積極的な理由は見出しにくい」とした現在の制度の利点として述べられている「法律上独立性が担保」

という前提条件が失われてしまったのである。したがって、これを踏まえた考察が必要になってきた。

筆者が提案した、日本における科学アカデミー＝日本学術会議の設置形態の四要件や、学術会議の現執行部がまとめた五要件には、法定設置、国による予算措置は含まれているが、行政組織の一角を占めることも、会員や連携会員が国家公務員となることも明記してはいない。

そこで、例えば、国立大学が置かれているように、日学法改正によって法定の法人格（国立大学の場合には国立大学法人法による）を付与し、運営費交付金が安定して支給される制度を検討することはあり得よう。国立大学の場合には、当初の一〇年程で運営費交付金が一〇％程減額され、不安定な時期を経たが、現在では横這いではあるものの安定している。もちろん、運営費交付金の安定的な支給を受けるためには、当然ながら第三者評価によって国費が適切に使われていると評価されることが必要となろうが、そうした評価制度と一体として、会員選考や審議テーマや内容の独立性を保っていくことはあり得るのではないだろうか。つまり、評価項目の中に、会員選考や審議における独立した活動が実践されているかを含むことである。

こうして独立した法人格を持てば、国立大学と同様に、外国籍の会員を要することも可能となるだろうし、外部資金の導入も不可能ではない。また、国立大学のように、一定のルールの下で、事務局として中央官庁の人材を活用することも可能であろう。また、国立大学法人の場合には、多くの場合、法人の長は大学長を兼ね、法人の申出に基づいて文部科学大臣が任命するとされている。この点は、日本学士院のように、構成員全員による選定（総会での選定）によって会員や会長を任命できるようにすればよいだろう。

最も重要なことは、わが国の社会のかたちとして、科学者を内外に代表する組織が存在し、独立的、自立的に科学的助言、科学の観点からの情報発信、科学者の連携を進めていくことが保障されることである。

1　この政策討議とは総合科学技術・イノベーション会議（総科イ会議）の有識者議員懇談会という位置づけ。公表されている議事録によれば、有識者議員でもある日本学術会議会長は何回かの会合には参加しているが、議員間の討議には参加しておらず、取りまとめの署名者にも含まれていない。

2　総合科学技術・イノベーション会議有識者議員「日本学術会議の在り方に関する政策討議取りまとめ」「一・序」（二）第三段落の終わりの四行ほど。

3　第四章第五節で検討した、総合科学技術会議「日本学術会議の在り方について（意見具申）」（二〇〇三年二月二六日）。

4　「上記のような問題意識」とは、その前のパラグラフを指すと読み取れる。要点は本文の引用の通りである。全文は以下。

　気候変動や生物多様性の劣化、COVID-19の拡大とさらなるパンデミックのリスク、地政学的変化と世界秩序の再編など、世界全体が様々な問題に直面する中で、各国アカデミーに求められるこのような使命は、近年ますます広範かつ複雑化している。国内に目を転じれば、少子高齢化、地域間格差の拡大、エネルギー問題への対処など社会問題が山積しつつある。各国のアカデミーには、ＳＤＧｓの一七の目標にも典型的にみられるように、現代社会が直面するこれらの諸問題に対し、政策立案者や社会に対する総合的、俯瞰的な学術的知見の提示が求められているのである。

5　総科イ会議有識者議員「政策討議取りまとめ」「四　日本学術会議の財務及び組織形態等」「（二）現状」第三段落。

6　総科イ会議有識者議員「政策討議取りまとめ」前掲部分の後の、第四段落。

7　総科会議「日本学術会議の在り方について」「V　設置形態の在り方」。

8 総科イ会議有識者議員「政策討議取りまとめ」「五　結論」第二段落の二行目以降。
9 総科会議「日本学術会議の在り方について」八頁「Ⅳ．当面の改革案、一．具体的機能、（三）総合科学技術会議との関係」。
10 日本学術会議の新たな展望を考える有識者会議「日本学術会議の今後の展望について（報告書）」（二〇一五年三月二〇日）一九頁「第四　日本学術会議の活動のさら更なる活性化に向けて　一．日本学術会議の活動の在り方、（三）科学者コミュニティ外との連携・コミュニケーションの強化②政府との関係【有識者としての意見】」。
11 有識者会議「日本学術会議の今後の展望について」前掲部分の後の、「立場の明確化」。
12 総科イ会議有識者議員「政策討議取りまとめ」「五　結論」第五段落。
13 総科イ会議有識者議員「政策討議取りまとめ」前掲部分の続き。
14 科学研究に対する助成機関は多岐にわたっている。公的機関・制度としては、内閣府、総務省、文部科学省、厚生労働省、農林水産省、経済産業省、国土交通省、環境省、防衛省が助成制度を持っており、府省が直接運営するもののほか、日本学術振興会（科学研究助成事業）、科学技術振興機構、日本医療研究開発機構、新エネルギー・産業技術総合開発機構等の関連組織が運営しているものなどがある。この他に、地方公共団体、財団法人や民間企業等も種々の研究費助成事業を運営している。
15 コ・オプテーションは、一般に現構成員が新たな構成員を選ぶ制度とされる。
16 大西隆「学術会議改革はどうあるべきか」中央公論二〇二一年二月号、一〇一頁。
17 日本学術会議「日本学術会議のより良い役割発揮に向けて」（二〇二一年四月二二日）五頁。
18 総科イ会議有識者議員「政策討議取りまとめ」「五　結論」第七段落。
19 日本学術会議幹事会決定「緊急事態における日本学術会議の活動に関する指針」（二〇一四年二月二八日）。第五章第四節で詳しく紹介している。
20 選考作業は各期三年目の一二月頃から始まり翌年の七月頃に終わる。
21 総科会議「日本学術会議の在り方について」一一頁「Ⅳ．当面の改革案、二．組織、機構、運営等、⑥会員の種類と数」。

22 日本学術会議運営審議会附置日本学術会議改革推進委員会（二〇〇三年七月）。

23 田中宏「日本における「公職」と外国人――日本学術会議の資格における国籍要件を手掛かりに」経済学論集第四七巻第五号、二〇〇八年三月、七九頁。

24 当然の法理については、田中・前掲論文八五頁に経緯が示されている。内閣法制局の見解は、本書第四章第四節（一四七頁）参照。

25 国立大学の法人化によって所属教員が非公務員となったために、現在は公立大学のみに適用されるよう改正された。その後公立大学も法人化が進んだ。

26 日本学術会議幹事会決定「日本学術会議アドバイザー等について」（二〇一六年六月二四日）。

27 現行法、日学法第七条第二項「会員は、第一七条の規定による推薦に基づいて、内閣総理大臣が任命する。」

28 一九八三年一一月二八日公布の法改正、日学法第七条第二項「会員は、第二二条の規定による推薦に基づいて、内閣総理大臣がこれを任命する。」

29 制定時の日学法の会員に関する規定の全文は以下。「第七条　日本学術会議は、選挙された二百十人の日本学術会議会員（以下会員という。）をもって、これを組織する。」

30 芸術上の功績顕著な芸術家を優遇するための栄誉機関である日本芸術院の場合には、日本芸術院令第三条「会員は、部会が推薦し、総会の承認を経た候補者につき、院長の申出により、文部科学大臣が任命する。」とあるので、栄誉機関でも会員任命の手続は一様ではない。

おわりに

本書は日本学術会議の歴史と活動を取上げた。それらを網羅的に記したというより、学術組織、つまり学術会議の〝独立性〟に焦点を当てて、成立と発展の歴史的経緯と活動の広がりを考察した。独立性に注目した理由は、それこそが、学術組織が科学研究の蓄積の上に合理的な論理を重ねて得られた結論を提言等として発出する際に、信頼をもって社会に受け容れられるための必要条件と考えるからである。

学術会議の審議やその取りまとめが、政府等からの要望による場合（諮問・答申や審議依頼・回答）には、問題設定そのものには政府側の課題認識が反映されるとしても、学術会議における審議の段階では、独立性を十分に発揮して、科学の蓄積と論理的な思考を通じて結論に至ることが求められる。したがって、審議過程や結論が、諮問者の期待に沿うものになるとは限らない。この点は、新聞報道などで、審議会等の有識者会議への諮問が、政策を実施に移すことに踏みきる行為のように扱われるのとは大きく異なる。すべての審議会がそうだとは言わないとしても、多くの審議会では政府の意に沿った結論が出ることが予見されているのである。それが可能なのは、審議への事務局としての政府組織の関わり（課題設定や答申案作成）に加えて、審議会メンバーの人選を行うのは、その設置者である政府組織（省庁の担当部局）であるという理由による。資料や答申案を作成したり、構成員を選ぶことが審議の方向を決めることに繋がっている。

しかし、学術会議では全く異なる。会員は業績を重視して選ばれるにしても、多様性を重んじるように選出されてきた。諮問や審議依頼に応じて検討委員会を組織する場合にも、人文社会科学、生命科学、理学工学の三つの部からバランスよくメンバーが入るようにし、少なくとも期待される結論を想定して審議するメンバーが決められることはない。加えて、事務局の役割は限定されていて、課題の設定やまとめの原案を作成するのも委員となった会員・連携会員自身である。

このことは、諮問や審議依頼を行う政府側からすれば、期待する結論が出されるとは想定できないことを意味しており、学術会議への諮問や審議依頼を避ける傾向が生じてきた。そこで、学術会議の活動の中心となってきたのが勧告や提言等、自ら問題を設定して、審議し、得られた結論を政府や社会に提示する方法である。この場合には、問題の設定から結論に至るまで、独立して進めることができる。学術会議の歴史を振り返れば、初期には勧告が多く出され、最近では、提言が主流になってきた。取り上げているテーマは多様で、その結論は現行の政策の一歩先を提示したり、それに軌道修正を促すものであったりする。共通するのは独立性を拠り所にした科学的見解と合理的な論理構成による議論の組み立てである。これらの結論は、いつでも政府に受け容れられるわけではないだろう。つまり、宛先となる政府や議会は学術会議の提言等を受け容れるかどうかを判断する立場に立つ。学術会議に限らず、様々な団体や場合によっては個人が、政策にかかわる発言をして、それらが国会審議などに反映されて政策が練り上げられたり修正されたりしていくことは選挙制度と並ぶ健全な民主主義の姿であると筆者は考えている。様々な団体は、それぞれの構成によって、その主張が方向づけられることになる。学術会議の場合には、科学者の組織として、科学の蓄積と論理的な思考がその主張を特徴づけていなければならない。そして、科学者組織としての見解が現代社会にとって重要とされるから、各国は、学術組織を支えて、社会を構成する諸組織の一角に位置付けてきたのである。

しかし、科学と論理に立脚した見解の発出といっても、学術会議の役割は、政治や社会のあらゆる問題に関わることではないと思う。鍵となるのは、やはり科学である。つまり、科学に関わる政策や現象が学術会議の関心の範囲となる。とはいえ、それは科学技術振興政策の範疇には留まらない。本書でも取り上げたように、科学技術は様々な領域に応用されているので、その応用の在り方を取上げれば範囲は広がる、それが、科学技術の向上発達に加えて、科学を行政、産業及び国民生活に浸透させるという学術会議の活動目的とされていることであると筆者は考えてきた。科学とその応用の分野に関する限り、二二〇〇人程の学術会議の会員や連携会員の中に、我が国でその分野の第一線で活躍している人物を見出すことができるので、議論すべきテーマの核心を外すことはないといえることが、学術会議が広角のテーマをカバーすることの妥当性を裏づけている。もちろん、学術会議の中に第一線の専門家の全てが存在するわけではないから、必要に応じて学術会議外の方々の意見を伺いながら議論を進める仕組みになっていることは本書でも述べてきた。

制度的に国に支えられながら、科学及びその社会への浸透に関わる領域についての議論を行い、提言等を発出するというのは、会員・連携会員に与えられた役割であるとともに、大きな責任を伴うものである。責任をどのように感じ、どのような倫理観でその責任を果たそうとしているのかを示したのが、本書第五章第五節で述べた憲章と行動規範である。これに加えて、現在の学術会議がとっている任期制と定年制、特に任期制も、学術会議における審議の健全性という点で重要な意味を持つと言えよう。研究者の世界もそれぞれに師弟関係や組織の上下関係がある。学術会議の人事が停滞してこうした関係が持ち込まれる度合いが強まれば自由な審議が行われ難くなり、〝有力者〟と言われる集団が出てこないとも限らない。だから、学術会議の意思決定や運営に関わる会員の任期が六年間と厳格に定まっていることは、学術会議の中に学術界の師弟関係や上下関係が持ち込まれ難くなるという効果を持っていると思う。加えて、会員任期が六年間と定まっていることが、非常勤という立場から自己犠牲的な献身性と所属機関の協力が求められる会員としての任務遂行を可能としているとも言えよう。

もう一つ、学術会議の構成も今後在り方を考える際に、論点になるだろうから、補足が必要なことと思う。異なる分野の研究者の業績を比較することは容易ではないから、分野別の会員の割り当て数は、種々の根拠づけを基に予め決めておかなければならないことである。

振り返ると、学術会議の出発点である東京学士会院が明治の初めに発足した時、最初の会合を開いた七名は、今日の分類でいえば、福沢諭吉をはじめとして全員が文系であった。スタート時に目標とした二一名まで増えた時、医学や砲術学など四名の理系研究者が含まれた。理系を中心として いる海外のアカデミーとの接触が始まり、国際組織に加盟することも念頭に、帝国学士院に発展的に移行した時には、文系と理系を半々にすることを目指した。第一次世界大戦で万国学士院連合（ＩＡＡ）が機能不全に陥り、連合国によって新たに万国学術研究会議（ＩＲＣ）が作られたのに対応してできた国内の学術研究会議は、理系研究者によって構成された。後の大幅な定員増に際して、文系の研究者が入るようになったが最後まで少数派であった。戦後、日本学術会議が発足した時、文系は二一〇名の定員のうち、九〇名（第一部〜第三部、四三％）と定められた。学術会議の会員選出法が選挙制から学協会推薦制に変わった時、部ごとの会員数は政令で決められ、文系は二一〇名のうち八三名（三九％）となった。さらに、現在のコ・オプテーション制度が導入され、三部制となった時には部ごとの定員の規定はなくなったが、最初の文系の会員は七三名（第一部、三四％）であった。筆者が会長の時、定員規定がない中で部ごとの会員数をどうするかを検討し、日学法等で三つの部は同格に扱われていることから、それぞれ三分の一とすることを合意し、会員選考の方針に書き込んだ。つまり文系（第一部）会員は七〇名（三三％）である。現在（第二五期）の第一部会員は六四名、任命拒否された六名を加えれば七〇名である。

そこで、文系会員が三分の一、七〇名というのは妥当かということになる。選挙制度以来、現在でも学術会議は八〇数万人の科学者の代表と称してきた。この表現の妥当性については本文でも論じたのでここでは触れない。この数の根拠は、毎年行われている科学技術研究調査（総務省）による研究者数（二〇二一年には八九万人）である。その専門別内訳が明瞭に示されている大学と非営利団体・公的機関の合計では文系は三〇％程度を占める。学校教員統計調査では、大学教員の三四％が文系である。ただ、科学技術研究調査で最大数を占める企業の研究者（五二万人、六〇％）では全く事情が異なり、文系は二％に満たない。また、優れた研究者の要件のひとつといえる博士号取得者に占める人文社会科学系の構成比は一一〜一二％である（学校基本調査）。

多くの人々の感覚に合うように科学者・研究者が大学や公的な研究機関で研究していると考えれば、現状の構成（文系三分の一）は妥当な構成比である。しかし、企業に所属している研究者の参画をもっと求めるべきと考えれば、企業内研究者の研究業績の評価法を工夫し、さらに博士号の取得状況などを勘案して、企業に多い理工系の研究者を増加させることも考えられよう。これらを総合すれば、三分の一という現在の会員に占める文系の割合は、考えられる範囲の最大値で、下限値は博士号取得に占める割合で一割強ということになろう。

本書執筆の最終段階で、岸田文雄内閣が学術会議改革に関する政府の方針を決めようとしていることが報道された。しかし、本書の校了時点で、未だその方針は示されていない。本書でも述べてきたように、これまでの経緯を踏まえれば、学術会議の設置形態を含むその在り方に関する最新の詳細な検討は二〇一五年三月にまとめられた日本学術会議の新たな展望を考える有識者会議による「日本学術会議の今後の展望について」であり、その結論は現制度の存続である。筆者も今これを変更する大きな理由はないと考えている。しかし、もし設置形態に及ぶ議論が必要になれば、第六章で述べたように、国際的な相互認証の基準ともなっている学術組織としての独立性を最優先させて、その在り方を考えていくべきであろう。

筆者が本書を書こうとした動機は、第一章で取り上げた首相による会員任命拒否問題で様々な場に招かれて学術会議の立場や考え方を説明しているうちに、筆者自身も、自分が会長として行ってきたことを除けば、学術会議について十分な知識を持っているわけではないことを自覚し、学術会議をめぐる議論が弱い基盤の上で進められていくことは適当ではないと感じたからである。そこで、改めて歴史と活動を縦軸と横軸に、学術会議の全体像をとらえ直そうと自分なりに学び直したことを基にまとめたのが本書である。筆者自身は、本書の執筆を通して、独立性の重みを改めて感じることができた。読者の皆さんにとっても、学術会議の存在意義を考える上で、何らかのヒントを得ることができたのであれば本書を書いた目的は達せられたように思う。

筆者にとっては学び直しといっても、会長としての六年間の活動が大きなベースになっていることは間違いない。筆者が会長であった時期に、教えを受けたり、一緒に問題に取り組んでくれた多くの方々に感謝したい。会長の先達であった吉川弘之先生、黒川清先生、故金沢一郎先生、広渡清吾先生、副会長であった大垣眞一郎先生、また、執行部の同僚としてともに議論した武市正人先生、小林良彰先生、家泰弘先生、春日文子先生、向井千秋先生、井野瀬久美子先生、花木啓佑先生の副会長の皆様、そして、第二二期、第二三期のすべての会員・連携会員の皆様のご協力とご支援に感謝申し上げる。斉藤敦氏、田口和也氏、駒形健一氏、山本茂樹氏のともに仕事をした事務局長を中心とした学術会議事務局の皆様にも感謝申し上げる。梶田隆章会長をはじめ現在の日本学術会議の会員、連携会員、事務局の皆様には、心からエールを送りたい。

都市計画や国土計画を専門分野としてきた筆者にとって、日本学術会議の歴史と活動を著すことは異分野への挑戦でもあり、特にどうやって出版にこぎつけるのかは大問題であった。幸い、日本評論社の串崎浩さんに巡り合え、こうして出版に至ったことは僥倖というべきであった。作成段階では同社田村梨奈さんに丁寧に携わっていただいた。感謝申し上げたい。

学術会議の任命拒否問題が起こったのは、ちょうど筆者が大学での常勤職を終えた直後であった。定年後、暇を持て余すのかと思っていた生活が、本書執筆を思い立って一変し、仕事場にこもることになった。そんな筆者を見守ってくれた妻由紀子に感謝して筆を擱く。

《な》

《に》

《た》

《ち》

《つ》

《て》

《と》

《す》

《せ》

《そ》

《さ》

《し》

《く》

《け》

《こ》

《き》

事項索引

著者紹介

大西　隆（オオニシ・タカシ）

愛媛県松山市生まれ。東京大学工学部卒業、同大学院博士課程修了、工学博士（都市工学）。長岡技術科学大学助教授、アジア工科大学院助教授、東京大学助教授、教授。日本学術会議会長（2011年～17年）、豊橋技術科学大学学長（2014年～20年）。東京大学名誉教授、豊橋技術科学大学名誉教授。日本都市計画学会会長、日本計画行政学会会長などを歴任。主要著書に、『テレコミューティングが都市を変える』（単著、日本経済新聞社、1992年）、『逆都市化時代』（単著、学芸出版社、2004年）、『参加ガバナンス』（共著、日本評論社、2006年）、『人口減少時代の都市計画』（編著、学芸出版社、2011年）、『東日本大震災復興への提言』（共編著、東大出版会、2011年）、『東日本大震災――復興まちづくりの最前線』（共編著、学芸出版社、2013年）。

日本《にほん》学《がく》術《じゅつ》会《かい》議《ぎ》――歴史《れきし》と実績《じっせき》を踏《ふ》まえ、在《あ》り方《かた》を問《と》う

2022年12月10日　第1版第1刷発行

著　者――大西　隆

発行所――株式会社日本評論社

〒170-8474 東京都豊島区南大塚3-12-4

電話　03-3987-8621（販売）　-8592（編集）

FAX　03-3987-8590（販売）

https://www.nippyo.co.jp/　振替　00100-3-16

印刷所――精文堂印刷

製本所――井上製本所

装　丁――図工ファイブ

JCOPY 〈(社)出版者著作権管理機構 委託出版物〉

本書の無断複写は著作権法上での例外を除き禁じられています。複写される場合は、そのつど事前に、(社) 出版者著作権管理機構（電話03-5244-5088、FAX 03-5244-5089、e-mail: info@jcopy.or.jp）の許諾を得てください。また、本書を代行業者等の第三者に依頼してスキャニング等の行為によりデジタル化することは、個人の家庭内の利用であっても、一切認められておりません。

検印省略　©2022　Takashi Onishi

ISBN978-4-535-58778-6　Printed in Japan